政府采购
500问

修订版

中国政府采购杂志社　主编

中国财经出版传媒集团
经济科学出版社
Economic Science Press

图书在版编目（CIP）数据

政府采购500问／中国政府采购杂志社主编．-- 修订版．-- 北京：经济科学出版社，2023.6（2024.11 重印）

ISBN 978 -7 -5218 -4842 -7

Ⅰ.①政… Ⅱ.①中… Ⅲ.①政府采购制度 - 中国 - 问题解答 Ⅳ.①F812.2 -44

中国国家版本馆 CIP 数据核字（2023）第107202号

策划编辑：殷亚红
责任编辑：王 洁
责任校对：王京宁
责任印制：邱 天

政府采购500问（修订版）
中国政府采购杂志社 主编
经济科学出版社出版、发行 新华书店经销
社址：北京市海淀区阜成路甲28号 邮编：100142
总编部电话：010 -88191217 010 -68580916
发行部电话：010 -88191522 010 -88190453
网址：www.cgpmedia.cn
电子邮箱：cgpm@vip.sina.com
天猫网店：经济科学出版社旗舰店
网址：http://jjkxcbs.tmall.com
固安华明印业有限公司印装
710×1000 16开 18.25印张 300000字
2023年6月第1版 2024年11月第2次印刷
ISBN 978 -7 -5218 -4842 -7 定价：81.00元

编 者 序

当前，以《政府采购法》及其实施条例为统领、以部门规章为依托的政府采购法律法规体系逐步完善，政府采购货物、服务和工程的规模日益扩大，政府采购支持中小企业发展、支持绿色发展、降低市场主体交易成本、优化营商环境等政策导向作用日益增强，社会各界利用财政资金规范执行政府采购的意识日益强烈。

广大政府采购从业者，在深化政府采购制度改革工作的过程中都可能会面临或多或少的问题，有一些是行业规范上的疑问，有一些是对政策理解的问题，于是大家通过各种渠道“寻医问药”。我们收集到的600多个问题，涉及政府采购制度改革和实践工作的方方面面，经过仔细归纳梳理，依据政府采购制度体系框架，以政府采购当事人、政府采购方式、政府采购程序、政府采购合同、质疑与投诉、监督检查、法律责任等逻辑关系串联了起来。我们按照这样的逻辑顺序和体例安排，邀请政府采购权威部门和业内专家对相关问题进行分析解释，并作出权威解答，最终向读者呈现了《政府采购500问》（修订版）这样一本专业书籍。书中援引的法律法规和规范性文件均源于中华人民共和国中央人民政府官网、最高人民法院官网、财政部官网，并在问题提出时处于有效期。

希望本书能够为广大政府采购从业者提供权威和系统的指导，纠正政府采购法律法规落实时的执行偏差，为推进政府采购制度改革、切实维护政府采购市场秩序贡献力量。

编 者

2023年6月

目　录　CONTENTS

第一章　政府采购当事人

问题1：设立政府集中采购机构需要哪些资质？

问：设立政府集中采购机构需要哪些资质？是只需要设区的市、自治州以上人民政府根据本级政府采购项目组织集中采购的需要自行设立政府集中采购机构吗？为提供更好的服务，在专业人员、机构资质配备方面对标社会代理机构就可以吗？

答：按照政府采购法律法规规定，政府集中采购机构是设区的市以上人民政府依法设立的非营利事业法人，受采购人委托依法代理集中采购目录内采购项目或其他采购项目。设立的具体规定由当地人民政府根据实际情况确定。

问题2：对政府集中采购机构的法人地位、法定代理权如何理解（一）？

问：在地方整合公共资源交易平台的过程中，地方政府要求作为政府集中采购机构的政府采购中心整体划入公共资源交易中心，改为内设科室，或者改为公共资源交易中心的下属单位，这样的做法有法律依据吗？政府采购中心必须划入公共资源交易中心吗？

答：《国务院办公厅关于印发整合建立统一的公共资源交易平台工作方案的通知》明确指出，各级公共资源交易平台不得取代依法设立的政府集中采购机构的法人地位、法定代理权。在不影响政府集中采购机构独立法人地位的前提下，政府集中采购机构具体设置形式由各地区根据实际情况自行确定。

问题3：对政府集中采购机构的法人地位、法定代理权如何理解（二）？

问：如何理解《财政部关于贯彻落实整合建立统一的公共资源交易平台工作方案有关问题的通知》中“各级公共资源交易平台不得取代依法设立的政府集中采购机构的法人地位、法定代理权”的规定？作为公共资源交易平台主要形式的公共资源交易中心不得取代依法设立的政府集中采购机构的法人地位、法定代理权的规定又当如何具体落实执行？

答：按照《国务院办公厅转发国家发展改革委关于深化公共资源交易平台整合共享指导意见的通知》和《国务院办公厅关于印发整合建立统一的公共资源交易平台工作方案的通知》规定，公共资源交易平台应当着力提升服务质量，突出公共服务职能定位，精简办事流程，降低制度性交易成本。除法律法规明确规定外，不得代行行政监管职能，不得限制交易主体自主权。各级公共资源交易平台不得取代依法设立的政府集中采购机构的法人地位、法定代理权以及依法设立的其他交易机构和代理机构从事的相关服务。对于政府集中采购并入公共资源交易中心的情况，各地公共资源交易中心应当保留政府集中采购机构的法人地位，依法承担法定集中采购代理业务。

问题4：政府集中采购机构会被撤销吗？

问：《深化政府采购制度改革方案》提出的建立政府集中采购机构竞争机制，意味着下一步会撤销政府集中采购机构吗？

答：建立政府集中采购机构竞争机制，未提出撤销政府集中采购机构，目的是通过竞争激发政府集中采购机构的活力，提高政府集中采购机构的能力和服务水平，促进政府集中采购机构的规范发展。

问题5：政府集中采购机构与社会代理机构的职能有区别吗？

问：关于政府集中采购机构相关权利及责任，根据《中华人民共和国政府采购法》① 第十六条、第十七条、第十八条规定，政府集中采购机构只

① 全书均简称《政府采购法》。

有一个强制采购职能，就是采购人采购集中采购目录以内的货物、工程、服务应当委托政府集中采购机构实施，除此之外，政府集中采购机构与社会代理机构的职能基本没有区别，可以这样理解吗？

答：按照政府采购法律法规规定，政府集中采购机构是设区的市以上人民政府依法设立的非营利事业法人，受采购人委托依法代理集中采购目录内采购项目或其他采购项目，社会代理机构是政府集中采购机构以外的采购代理机构，是从事采购代理业务的社会中介机构。除此之外，二者在政府采购委托代理关系中没有区别。

问题6：未纳入集中采购目录的政府采购项目，可以自行采购吗？

问：当地财政部门把所有达到采购限额标准，不论是否在集中采购目录内的政府采购项目都审批到政府集中采购机构，这种做法合法合规吗？

答：《政府采购法》第十八条规定，采购人采购纳入集中采购目录的政府采购项目，必须委托政府集中采购机构代理采购，采购未纳入集中采购目录的政府采购项目，可以自行采购，也可以委托政府集中采购机构在委托的范围内采购。《政府采购代理机构管理暂行办法》规定采购人应当自主择优选择代理机构，任何单位和个人不得干预采购人自行选择代理机构。

问题7：集中采购目录内未达到采购限额标准的项目应按照哪种模式实施采购？

问：在集中采购目录内未达到采购限额标准的项目，是按照分散采购实施，还是按照集中采购实施？

答：纳入集中采购目录的项目都应当实行集中采购。集中采购目录以外、采购限额标准以上的项目按照分散采购实施。

问题8：未达到限额标准的项目如何采购？

问：未达到限额标准的项目如何采购？比如，省级财政部门规定的采购限额标准为10万元，那么对于10万元以下的采购项目如何执行采购程序？

答：在集中采购目录以外、采购限额标准以下的采购项目由采购人自行自主采购。

问题9：未成立政府集中采购机构的地区，可以采用公开招标方式选定集中采购项目代理机构库吗？

问：对于没有成立政府集中采购机构的区县级地区，按照《财政部关于贯彻落实整合建立统一的公共资源交易平台工作方案有关问题的通知》规定：未依法独立设置政府集中采购机构的地区，可以将集中采购项目委托给上级或其他地区政府集中采购机构代理采购，也可以引入市场竞争机制，将集中采购项目择优委托给政府集中采购机构以外的采购代理机构代理采购。但与《公平竞争审查制度实施细则（暂行）》的相关要求冲突。对于集中采购项目采购的实际操作，在没有成立政府集中采购机构的地区，可以采用公开招标择优的方式选定集中采购项目代理机构库吗？

答：公开招标作为政府采购的主要方式，是在明确具体需求的前提下，按照法定程序依据事先确定的标准择优确定具体供应商，遵循量价对等原则签订政府采购合同。选定政府集中采购机构的行为不属于政府采购所讲的公开招标。根据《财政部关于贯彻落实整合建立统一的公共资源交易平台工作方案有关问题的通知》规定，未成立政府集中采购机构的地区，可将集中采购项目择优委托给政府集中采购机构以外的采购代理机构。若无法将集中采购项目委托给其他政府集中采购机构的，可由采购人自行选择采购代理机构或者由财政部门择优遴选采购代理机构代理集中采购业务。

问题10：政府集中采购机构自身采购纳入集中采购目录的项目如何实施？

问：根据《中华人民共和国政府采购法实施条例》[①] 规定，政府集中采购机构作为依法设立的非营利事业法人，如何为自己采购纳入集中采购目录属于通用的政府采购项目？

答：《政府采购法》第十八条规定，采购人采购纳入集中采购目录的政

① 全书均简称《政府采购法实施条例》。

府采购项目，必须委托政府集中采购机构代理采购。政府集中采购机构也应遵守上述规定。

问题11：中央直属单位省级分支机构可以委托当地政府采购中心实施政府采购吗？

问：本单位为中央直属单位省级分支机构，本单位在政府采购过程中可以在当地政府采购中心确定的协议供货商、定点供货商中直接选择成交供应商，而不用自行组织采购吗？如果可以，还需要在当地政府采购中心履行何种手续？

答：按照现行规定，中央直属单位省级分支机构采购中央预算单位集中采购目录以内的产品，应当委托中央政府集中采购机构代理采购，按规定在中央政府集中采购机构确定的协议供货商、定点供货商中采购。采购中央预算单位集中采购目录以外的产品，可按规定自行采购，也可以委托社会代理机构或政府集中采购机构（包括当地政府集中采购机构）在委托的范围内代理采购；在地方政府采购中心确定的协议供货商和定点供货商中选择成交供应商的，按地方政府采购中心的规定办理相关手续。

问题12：对于既包含分散采购品目又包含集中采购品目的采购项目，如何实施采购？

问：一个采购项目中，采购内容既包含分散采购的内容，也包含集中采购目录的内容，这种项目如何实施采购？类似于这类的项目是适用集中采购方式，还是分散采购方式？有无法律依据或规定？

答：纳入集中采购目录的内容应委托政府集中采购机构进行采购，未纳入集中采购目录的政府采购项目，可以自行采购或委托政府集中采购机构以外的采购代理机构进行采购。若项目不便于拆分，可以全部委托政府集中采购机构进行采购。

问题13：采购人自行选择采购代理机构合法吗？

问：按现行法律规定和财政部监管要求，在中标（成交）供应商支付代理费用模式下，采购项目单位有权自行选择采购代理机构，这种委托代理合同不应纳入采购范围。任何单位和个人不得以任何方式为采购人指定采购代理机构，无权指定采购人选择采购代理机构的方式。在实际工作中，采购项目单位的上级单位巡察组提出两点意见：一是要求采购项目单位将供应商付费模式的委托代理合同纳入采购范围；二是要求采购项目单位采用竞争性谈判或竞争性磋商采购方式选择代理机构。采购项目单位的上级单位巡察组上述两项要求，与法律规则有冲突之处吗？

答：《政府采购法》第十九条规定，采购人有权自行选择采购代理机构，任何单位和个人不得以任何方式为采购人指定采购代理机构。采购单位可以依据实际情况择优选择采购代理机构，通过签订委托代理协议确定代理机构的服务条件和收费标准。您反映的情况中，考虑到采购项目为供应商付费模式，不宜纳入政府采购范围，但采购单位参照竞争性谈判或竞争性磋商方式选择采购代理机构是可行的。

问题14：对采购人自行选择采购代理机构如何进行监督？

问：指定采购代理机构产生了许多重大弊端。由发包方或采购人任意指定采购代理机构（无论是工程招标还是政府采购）的做法，使得采购代理机构这一在国家工商部门注册的独立市场主体成为了意向供应商事实上的“仆从”，更成为了采购人的“附庸”，是对同样具有独立市场主体地位的采购代理机构的极大冲击，与从源头上治理和遏制腐败现象的立法初衷相悖。

答：《政府采购法》规定，采购人有权自行选择采购代理机构，任何单位和个人不得以任何方式为采购人指定采购代理机构。因此，采购人指定采购代理机构属于采购人的法定权利。如您在采购活动中发现采购代理机构有违反《政府采购法》第二十五条第三款“采购代理机构不得以向采购人行贿或者采取其他不正当手段谋取非法利益”和《政府采购法实施条例》关于“采购代理机构不得以不正当手段获取政府采购代理业务，不得与采购人、供应商恶意串通操纵政府采购活动”的情形的，可以向当地财政部门反映。

问题15：服务采购招标文件中应当载明核心产品吗？

问：《政府采购货物和服务招标投标管理办法》第三十一条第三款规

定："非单一产品采购项目，采购人应当根据采购项目技术构成、产品价格比重等合理确定核心产品，并在招标文件中载明多家投标人提供的核心产品品牌相同的，按前两款规定处理。"请问，服务类政府采购招标项目，因投标时"服务"无法像货物类项目可以报出"产品品牌"，招标文件中是否应当载明核心产品？核心产品如何确定？

答：《政府采购货物和服务招标投标管理办法》第三十一条所指产品是货物，这条规定对服务采购不适用。服务采购时无须像货物采购时一样要报出服务的品牌。核心产品应当根据采购项目技术构成、产品价格比重等合理确定。

问题16：不能在自有场地进行开标评标，采购代理机构仍需要具备相应的评审条件和设施吗？

问：《政府采购法实施条例》第十三条规定："采购代理机构应当具备开展政府采购业务所需的评审条件和设施。"即采购代理机构应当具备基本的开标评标场地，能够实时录音录像。但是现在各地市普遍要求所有政府采购项目统一进入公共资源交易中心场地进行开标评标，属于强制性的规定，采购代理机构已经不能在自有场地进行开标评标，否则便属于违法。那么，在这种情况下采购代理机构是否还需要具备评审条件和设施？如果再要求采购代理机构具备而不允许使用岂不相互矛盾？

答：要求采购代理机构具备开展政府采购业务所需的评审条件和设施，是财政部门根据政府采购项目的具体情况对采购代理机构提出的基本要求。政府采购中的竞争性谈判、竞争性磋商、询价、单一来源等采购项目，有的需要分阶段多次谈判，不宜强制纳入进场交易项目，仍然需要在采购代理机构开展活动。为此，采购代理机构仍然需要具备相应的评审条件和设施。

问题17：可以优先采购本单位定点帮扶贫困村的农产品吗？

问：本单位食堂是承包出去的，最近准备以政府采购餐饮服务的形式重新招标，我们希望供应商能优先采购本单位定点帮扶贫困村的农产品，把这一条放在"采购需求"中合规吗？

答：在采购需求中写入供应商同等条件下优先采购单位定点帮扶贫困村的农产品，并不违反现行政府采购法律制度规定。

问题18：采购人可以委托非采购人单位人员作为采购人代表吗？

问：在组建评标委员会评审时，若采购人单位无符合条件的人员作为采购人代表参与评审，采购人可以自行委托非采购人单位符合条件的人员作为采购人代表参与评审吗？

答：采购人可以委托非采购人单位符合条件的人员作为采购人代表参与评审。但是要注意，采购人代表应当不存在法定需要回避的情形。

问题19：评标现场组织人员是指哪些人员？

问：《政府采购货物和服务招标投标管理办法》第六十六条规定："……除采购人代表、评标现场组织人员外，采购人的其他工作人员以及与评标工作无关的人员不得进入评标现场。"请问，在采购人委托代理机构采购的情况下，"评标现场组织人员"仅指采购代理机构工作人员吗？"评标现场组织人员"包括《政府采购货物和服务招标投标管理办法》第四十五条中规定的"采购人负责组织评标工作"的工作人员吗？

答：在采购人委托代理机构采购的情况下，采购代理机构按委托协议履行有关评标组织工作，"评标现场组织人员"是指采购代理机构工作人员，但是采购代理机构与本次评标工作无关的人员不得进入评标现场。

问题20：采购项目代理费用按什么标准和方式收取？

问：本公司中标一个服务类项目，中标金额不足20万元，代理机构在招标文件中说："本项目成交服务费为壹万贰仟元整（12000元），由成交供应商在领取成交通知书前向××项目管理有限公司缴纳。"本人查询了关于成交服务费的收取标准，服务类中标金额不足100万元的，按1.5%收取。请问，该代理机构收取12000元的服务费合理吗？我们应该怎么处理？

答：《政府采购代理机构管理暂行办法》规定，代理机构应当在采购文件中明示代理费用收取方式及标准，随中标成交结果一并公开本项目的收费情况，包括具体收费标准及收费金额等。若您对该项目代理费用的收取情况不满，可依法向政府采购监督管理、工商或物价部门反映。

问题21：如何理解《政府采购非招标采购方式管理办法》第十二条规定的供应商产生的方式？

问：《政府采购非招标采购方式管理办法》第十二条规定了供应商产生的方式，对此有两种理解，第一种理解：发布公告；从省级以上财政部门建立的供应商库中随机抽取；采购人和评审专家从省级以上财政部门建立的供应商库中分别书面推荐。第二种理解：发布公告；从省级以上财政部门建立的供应商库中随机抽取；采购人和评审专家分别书面推荐。请问，上述两种理解哪个正确？

答：《政府采购非招标采购方式管理办法》第十二条规定了三种供应商产生方式：一是发布公告征集供应商；二是从省级以上财政部门建立的供应商库中随机抽取；三是由采购人和评审专家分别书面推荐供应商。留言所述两种理解方式中，第二种理解是正确的，第一种理解不正确。

问题22：PPP项目的资格预审如何适用政府采购法律？

问：PPP项目不执行《政府采购货物和服务招标投标管理办法》规定，但应按《政府采购法》及PPP特殊规定执行。《政府采购法》中无评审资格预审的相关描述，那么，如何进行PPP项目资格预审？

答：PPP项目应该按照《政府和社会资本合作项目政府采购管理办法》第六条要求，确定具体的资格预审条件进行资格预审。

问题23：如何确定资格预审文件中的合格投标人名单？

问：《政府采购货物和服务招标投标管理办法》规定了公开招标和邀请招标均可采用资格预审方式。在第十四条、第二十一条都规定了“资格审核标准和方法”，其中邀请招标采用从合格名单中随机抽取方式确定，但公开招标并未对具体标准予以说明。请问，在政府采购货物服务公开招标方式的资格预审文件中，对供应商产生方式能否通过文件约定？可以参照建设工程中的“合格制”或“评审制”（即通过评分排名）审查方式确定合格投标人名单吗？可以通过随机抽取方式确定吗？

答：采用公开招标方式的，只允许资格预审文件采用合格制确定合格投标人，不能采用随机抽取的方式确定合格投标人名单。

问题24：自然人可以参与政府采购项目投标活动吗？

问：《政府采购法》第二十一条规定，“供应商是指向采购人提供货物、工程或者服务的法人、其他组织或者自然人”，也就是说自然人可以参加政府采购活动。但《政府采购法》第二十二条同时规定，“供应商参加政府采购活动应当具备下列条件：……（二）具有良好的商业信誉和健全的财务会计制度”，作为自然人，很难达到该条款所要求的“健全的财务会计制度”，请问，自然人可以参与政府采购项目投标活动吗？

答：自然人可以作为政府采购活动的供应商参加政府采购。为了简化法律文本，法律规定不可能穷尽所有情形。《政府采购法》第二十二条第二款条件提到“具有良好的商业信誉和健全的财务会计制度”，是对法人单位和其他组织的要求，不是对自然人的要求。在适用法律时，应该遵循其精神本质，而不应拘泥于具体条文。

问题25：供应商不得参与政府采购的情形有哪些？

问：不同法人的两家公司有相同的自然人股东，可以同时参加同一合同项下的政府采购活动吗？

答：《政府采购法》规定的供应商不得投标的情形包括两种：一是单位负责人为同一人或者存在直接控股、管理关系的不同供应商，不得参加同一合同项下的政府采购活动；二是除单一来源采购项目外，为采购项目提供整体设计、规范编制或者项目管理、监理、检测等服务的供应商，不得再参加该采购项目的其他采购活动。只要不是以上两种情形的，都是可以参加的。不属于以上两种情形的，应该不受限制。

问题26：事业单位可以参加政府采购投标吗？

问：事业单位可以参加政府采购投标吗？如果能参加，会不会对别的企业造成不公平待遇？

答：《政府采购法》第二十一条未禁止事业单位作为供应商参与政府采购活动。

问题 27：如何证明供应商具有独立承担民事责任的能力？

问：《政府采购法》第二十二条规定，供应商参加政府采购活动应当"具有独立承担民事责任的能力"，《〈中华人民共和国政府采购法实施条例〉释义》指出，"供应商是非企业专业服务机构的，如律师事务所，应当要求其提供职业许可证等证明文件"。那么，会计师事务所分所持有当地财政部门颁发的执业许可证，能够参加政府采购活动吗？

答：《政府采购法实施条例》第十七条关于参与活动的供应商提供"法人或者其他组织的营业执照等证明文件，自然人的身份证明"，主要是为了证明供应商具有独立承担民事责任的能力。所需的具体证明文件，应当根据供应商和行业的具体情况以及采购文件的约定来确定，只要能够证明供应商具有独立承担民事责任能力即可。

问题 28：分支机构可以独立参与政府采购投标活动吗？

问：法人组织分支机构（分公司）可以独立参与政府采购投标活动吗？依据是什么？

答：《政府采购法》第二十二条规定，供应商参与政府采购活动应该能够独立承担民事责任，而分公司不能独立承担民事责任，因此分支机构（分公司）不能独立参与政府采购活动。但是，如果分支机构有总公司授权的，可以以总公司的名义参加。

问题 29：特殊行业的分公司可以作为投标人吗？

问：在电信业务的政府采购招标公告中只规定投标人具有独立承担民事责任能力，未规定分公司可以作为投标人的情况下，分公司可以作为投标人吗？

答：一般情况下，法人的分支机构由于不能独立承担民事责任，不能以分支机构的身份参加政府采购。但银行、保险、石油石化、电力、电信等有行业特殊情况的，采购人、采购代理机构可按照其特点在采购文件中作出专门规定。但在您反映的情况中，由于招标公告明确要求投标人具有独立承担民事责任的能力，所以虽然分公司可以参加政府采购活动，但是由于其不能独立承担民事责任，故应由总公司承担民事责任。

问题30：分公司如何参与政府采购活动？

问：分公司参与政府采购活动，需要总公司授权吗？

答：根据《政府采购法》第二十二条规定，政府采购的供应商应该能够独立承担民事责任，而分公司不能独立承担民事责任，故其民事责任应由其总公司承担。因此，分公司未经总公司授权不得独立参与政府采购。

对于某些具有垄断性质的特殊行业或企业，例如银行、保险、电信、邮政、铁路等行业，其总公司为了方便其分公司在全国开展业务，采用公司文件或公司制度的形式授权其分公司独立开展业务，其民事责任由总公司承担。在此情况下，采购人可不要求分公司出具总公司的授权，而是出具能够证明总公司授权其独立开展业务的有关文件或制度即可。

问题31：关于经审计的财务报告，有什么具体要求吗？

问：《政府采购法》第二十二条规定："具有良好的商业信誉和健全的财务会计制度"，《〈中华人民共和国政府采购法实施条例〉释义》对此条的解释是提供"经审计的财务报告或银行出具的资信证明或投标担保函"。

（1）经审计的财务报告，我们都知道经会计师事务所审计的财务报告是可以的，那么经税务师事务所审计的财务报告可以吗？

（2）未经审计的财务报告可以吗？

（3）经审计的汇算清缴报告可以作为财务状况报告吗？

答：（1）按照《中华人民共和国注册会计师法》的规定，经审计的财务报告只能由会计师事务所出具，审计报告需要注册会计师、会计师事务所签字盖章。

（2）财务报告未经审计不能作为供应商良好商誉和健全财务会计制度的证明。

（3）除了经审计的财务报告、银行资信证明和担保机构的担保函以外，其他材料都不能作为供应商良好财务制度的证明。

问题32：供应商出具财务报告应当符合当地相关规定吗？

问：按照《政府采购法》第二十二条第二款“具有良好的商业信誉和健全的财务会计制度”的规定，供应商是法人的，应提供经审计的财务报告。在××省各地的公共资源交易中心，评审专家们依据《××省人民政府关于加快发展我省注册会计师行业的实施意见》中“……六、加强注册会计师协会建设，严格行业自律……（二）支持注册会计师协会以维护社会公众利益为宗旨的行业自律行为。推广使用××省会计师事务所审计、验资报告防伪验证码系统，加大对假冒审计（验资）报告的甄别和打击力度……”和《××省注册会计师协会关于在全省会计师事务所实行审计报告防伪验证码制度的公告》要求的“全省会计师事务所从2009年7月1日起对外出具的所有审计、验资等鉴证类报告，均须打印从“××省注册会计师协会审计报告防伪查询系统随机获取的防伪验证码……鉴证报告的文号和防伪码一一对应，凡未打印防伪验证码的鉴证报告，委托人、报告使用人、政府监管部门可以拒收或不予认可……”的规定，凡审计报告未加“防伪验证码”的均按无效处理，但供应商认为上述规定不是《政府采购法》对供应商健全财务制度的有效规定，没有执行，因此很多项目废标。请问，这样合法吗？依据是什么？

答：（1）根据《政府采购法实施条例》的有关规定，供应商是法人的，应提供经审计的财务报告，包括“四表一注”，即资产负债表、利润表、现金流量表、所有者权益变动表及其附注，或其基本开户银行出具的资信证明。因此，供应商既可以出具经过审计的财务报告，也可以不提供财务报告而提供银行资信证明。

（2）对于供应商出具审计报告的情形，在不违反《政府采购法》和《政府采购法实施条例》的前提下，应当符合地方的相关规定。您反映的问题中，如供应商注册地在××省，并参加××省当地的政府采购活动，出具的财务报告应当符合××省当地规定。

问题33：社会保险缴费证明材料是人力资源公司代缴的证明，可以作为依据吗？

问：供应商投标时，提交的社会保障资金缴费证明材料是由人力资源公司代缴的证明，可以作为依据吗？

答：供应商缴纳社会保障资金的证明材料主要是指社会保险登记证和参加政府采购活动前一段时间内缴纳社会保险的凭据（专用收据或社会保险缴纳清单），其他组织和自然人也需要提供缴纳社会保险的凭据。一般来讲，社会保险资金缴费应当由本公司缴纳并出具凭据。对于实施劳务派遣制的供应商，社会保险资金缴费除提供人力资源公司代缴的证明外，还需要提供用工合同。不同项目可根据具体情况以采购文件的约定为准。

问题34：授权委托人必须是本单位正式职工吗？

问：在政府采购活动中，可以要求授权委托人必须为本单位正式职工吗？

答：授权委托人是由供应商通过授权委托书的形式，委托其行使投标人权利的相关人员，可以是本单位工作人员，也可以是非本单位工作人员。

问题35：在一个项目中，同一公司提供咨询、设计服务后，还可以参与后续的监理服务吗？

问：《政府采购法实施条例》第十八条规定，单位负责人为同一人或者存在直接控股、管理关系的不同供应商，不得参加同一合同项下的政府采购活动。除单一来源采购项目外，为采购项目提供整体设计、规范编制或者项目管理、监理、检测等服务的供应商，不得再参加该采购项目的其他采购活动。请问，如果在一个项目中，公司提供咨询、设计服务后，可以参与后续的监理服务招标，并提供监理服务吗？

答：根据《关于〈中华人民共和国政府采购法实施条例〉第十八条第二款法律适用的函》，《政府采购法实施条例》第十八条第二款中的“其他采购活动”指为采购项目提供整体设计、规范编制和项目管理、监理、检测等服务之外的采购活动。因此，同一供应商可以同时承担项目的整体设计、规范编制和项目管理、监理、检测等服务。

问题36：工程项目可行性研究属于为采购项目提供整体设计的情形吗？

问：《政府采购法实施条例》第十八条规定，除单一来源采购项目外，为采购项目提供整体设计、规范编制或者项目管理、监理、检测等服务的供应商，不得再参加该采购项目的其他采购活动。就PPP项目而言，工程项目可行性研究完成后进入社会投资人招标环节，尚未进行设计，那么，工程项目可行性研究报告编制单位可以参加社会投资人投标，中标后按照分工承担项目勘察设计吗？

答：工程项目可行性研究不属于《政府采购法实施条例》第十八条第二款所规定的为采购项目提供整体设计、规范编制或者项目管理、监理、检测等服务的情形，工程项目可行性研究报告编制单位在符合《政府采购法实施条例》第十八条第一款等规定的前提下，可以参加社会投资人投标，中标后按照分工承担项目勘察设计。

问题37：普通合伙人可以参与政府采购投标吗？

问：政府采购资格要求中，要求供应商具有独立法人资格合法吗？普通合伙人可以参与政府采购投标吗？

答：《政府采购法》第二十一条规定：供应商是指向采购人提供货物、工程或者服务的法人、其他组织或者自然人。普通合伙人可以作为其他组织参与政府采购投标。

问题38：资格条件与符合性审查有何不同？

问：《政府采购法实施条例》第十八条规定，单位负责人为同一人或者存在直接控股、管理关系的不同供应商，不得参加同一合同项下的政府采购活动。除单一来源采购项目外，为采购项目提供整体设计、规范编制或者项目管理、监理、检测等服务的供应商，不得再参加该采购项目的其他采购活动。有人把这两款作为资格条件，有人作为符合性审查，哪种做法是正确的？

答：您提到的两种情形属于供应商的资格条件。资格条件是指采购人对供应商主体资格的要求，在政府采购货物和服务招标项目中资格审查是由采购人或采购代理机构负责审查的。而符合性审查是指审查供应商投标的商务、技术、服务等内容是否符合招标文件的要求，符合性审查是由评标委员会负责的。不应混淆资格条件和采购需求。

问题39：总公司以分公司资质参加政府采购活动符合法律规定吗？

问：本公司为扩大企业经营规模在外省设立分公司，分公司依法取得了婴幼儿辅食营养包食品生产许可证，并通过了第三方机构的质量管理体系和食品安全管理体系认证。本公司参加贫困地区儿童营养改善项目在各省的招标投标中，以总公司作为投标人，由分公司生产项目产品，提供相关资质证明，在全国十几个省（自治区、直辖市）中标。但在另外的某省辖市参加投标时，采购人认为本公司投标主体与资质主体不一致，认定本公司投标无效，由此给公司生产经营带来不利影响。总公司为投标人，以其分公司资质参加政府采购活动，并提供相关资质证明文件，符合《政府采购法》规定的供应商条件吗？

答：根据《政府采购法》第二十二条规定，政府采购活动应当由独立承担民事责任的总公司作为供应商参与投标。总公司以分公司资质参加政府采购活动的，应当符合相关资质证书的管理要求和适用范围。

问题40：分公司可以代表总公司签订政府采购合同吗？

问：在政府采购学校物业服务项目活动中，总公司中标后，可以委托或授权其所在地的分公司与采购人签订协议、履行合同并负责物业服务费的结算事宜吗？如果不行，有相应的法律依据吗？可以在招标文件中避免此现象发生吗？

答：《政府采购法》规定，采购人与中标、成交供应商（即总公司）应当按照采购文件确定的事项签订政府采购合同。因此，采购人应当和中标的总公司签订政府采购合同。合同履行及费用结算支付事宜可以在合同中约定。

问题41：政府采购项目可以要求供应商必须是生产厂商吗？

问：在政府采购货物类公开招标项目中，招标文件中可以要求供应商必须是生产厂商吗？这样的要求对代理商构成“以不合理的条件对供应商实行差别待遇或者歧视待遇”吗？

答：为促进竞争，优化营商环境，一般政府采购项目不宜要求供应商必须是生产厂商。但对于有特殊需要必须面向生产厂家进行采购的项目（比如，框架协议采购，或者采购货物专业化程度高，需要生产企业提供安装、维护等售后服务或采购量较大等），采购人可以在采购文件中对此作出约定，这种情形不属于“以不合理的条件对供应商实行差别待遇或者歧视待遇”的情形。

问题42：资格条件可以作为评审因素吗？

问：参加政府采购活动的供应商应当具备《政府采购法》第二十二条第一款规定的条件，提供下列材料：“……（三）具备履行合同所必需的设备和专业技术能力的证明材料”。请问，资格条件规定了供应商必须具备设备和专业技术能力，按照《政府采购货物和服务招标投标管理办法》的规定，资格条件不得作为评审因素，那么设备和专业技术能力（包括人员和职称等）就不能作为评审因素了吗？

答：具备履行合同必需的设备和专业技术能力作为投标人的资格条件，不得列为评分因素。

问题43：设置服务机构，可以作为加分条件或资格条件吗？

问：在评标办法中设置服务支撑能力评价，如投标人在本市内设有长期稳定的服务机构，投标文件中提供投标人自有服务网点的证明资料。服务网点为自有产权的，提供房屋产权证书复印件（房屋产权证书产权人为投标人名称）；自有服务网点为租赁的，须提供房屋租赁合同复印件（租赁合同须为投标人签署）或房屋租赁合同意向书原件（租赁合同意向书须为投标人签署）。以上资料未提供或提供不全的不得分。投标人在市内具备两处以上服务机构：3分；投标人在市内具备两处服务机构：2分；投标人在市内具备一处服务机构：1分；投标人在市内无服务机构：0分。这样的评审因素违反目前政府采购法规和部门规章的有关规定吗？

答：《关于促进政府采购公平竞争优化营商环境的通知》规定，要求供应商在政府采购活动前进行不必要的登记、注册，或者要求设立分支机构，设置或者变相设置进入政府采购市场的障碍的规定和做法应当予以清理。您反映的情况中如设置服务机构与采购项目的服务质量密切相关，可以作为加分条件，但按照《关于促进政府采购公平竞争优化营商环境的通知》的规定，不宜作为资格条件。

问题44：设置业绩要求和人员加分要求合理吗？

问：在政府采购中，设置业绩要求，比如，要求供应商具有完成审计机关委托的公共投资项目审计业绩，每具有一个得1分，本项最高得6分。设置人员加分要求。以上要求合理吗？

答：您提到的问题应视采购项目的具体情况而定。若采购项目与审计机关委托的公共投资项目审计业绩有关，采购人可以将业绩作为评审因素，但分值不宜过高，同时要注意特定金额的业绩不得作为评审因素。若审计机关委托的公共投资项目审计业绩与项目实施无关，属于以不合理条件对供应商实行差别待遇或歧视待遇的情形。

从人员加分要求来看，似与公共投资项目审计业绩无关，采购人的这一要求属于以不合理条件对供应商实行差别待遇或歧视待遇的情形。

问题45：医疗器械项目采购提供相关证明材料遵循什么原则？

问：目前，医疗器械采购项目的资格条件大多通过要求提供医疗器械注册证来“控标”，因为医疗器械注册证只有生产厂家有。我们认为，企业是否有医疗器械注册证，从国家食品药品监督管理总局网站可以查询到，只要在发布注册证编号或医疗器械注册证编号的国家食品药品监督管理总局网站打印件即可。医疗器械产品的采购项目资格条件可以要求提供医疗器械注册证吗？这是否违背《政府采购货物和服务招标投标管理办法》第十七条的规定？

答：医疗器械项目采购中要求提供医疗器械注册证不属于《政府采购

货物和服务招标投标管理办法》第十七条规定的情形。关于以何种形式提供相关证明材料，采购人和采购代理机构应当遵循尽量减轻供应商负担的原则，可以通过相关主管部门官网查验等方式进行证明的事项，可不再要求供应商提供相关材料或证明。

问题 46：重新招标需要重新进行资格预审吗？

问：一个 PPP 项目采用资格预审，有三家投标人通过预审。在开标过程中发现投标人没有按照招标文件要求提供投标保证金，因此评审委员会作出了废标处理。请问，重新招标需要重新进行资格预审吗？还是可以沿用原来通过资格预审的企业重新进行竞标？

答：重新招标是开始新的招标活动，新招标活动是否进行资格预审由采购人根据项目具体情况确定。

问题 47：分公司信用不良可以视为总公司信用不良吗？

问：采购人或者采购代理机构在查询投标人信用信息时，如果投标公司为总公司，还要查询分公司信用情况吗？另外，如分公司有不良信用记录时，是否视为总公司信用不良？

答：《中华人民共和国公司法》[①] 第十四条规定，公司可以设立分公司，分公司不具有法人资格，其民事责任由公司承担。一般情况下，分公司的不良信用记录应当视同总公司的不良行为记录，法律法规另有规定的除外。

问题 48：政府采购活动中查询及使用信用记录的渠道是唯一的吗？

问：在政府采购活动中，有关信用记录查询方面的规定以及招标文件规定采购人、采购代理机构对供应商资格审查时信用记录查询渠道为“信用中国”“中国政府采购网”。但是目前“信用中国”网站与许多地方行政部门数据并未及时对接共享，导致一些行政部门的行政处罚信息在该网站上查不到。是否可以理解为该规定只适用于采购人、采购代理机构以及评

---

① 全书均简称《公司法》。

标委员会对供应商资格审查所用，并非限定质疑、投诉时有关信用记录、重大违法记录等行为的查询渠道呢？

答：《财政部关于在政府采购活动中查询及使用信用记录有关问题的通知》规定了采购人和采购代理机构查询有关信用信息的渠道，但是并没有规定这是唯一的渠道。如供应商从其他渠道查询到其他供应商有被列为失信被执行人，或被列入重大税收违法案件当事人名单、政府采购严重违法失信行为记录名单及有其他不符合《政府采购法》第二十二条规定条件的，可以向采购人或采购代理机构反映。

问题49：供应商信用记录应当由谁进行甄别？

问：《财政部关于在政府采购活动中查询及使用信用记录有关问题的通知》第二条指出，各地区各部门应当按照社会信用体系建设有关要求，根据社会信用体系建设情况，创造条件将相关主体的信用记录作为供应商资格审查、采购代理机构委托、评审专家管理的重要依据。信用查询是作为资格审查还是供应商参与政府采购活动的前置条件？是由采购人或者代理机构进行甄别吗？若甄别出供应商在失信名单中，是交由评审专家处理还是由采购人或者代理机构直接拒绝？政府采购活动如何界定？发布采购公告后，供应商报名、询问、质疑或投诉、缴纳投标保证金算不算参与政府采购活动？

答：《财政部关于在政府采购活动中查询及使用信用记录有关问题的通知》规定，采购人或者采购代理机构应当对供应商信用记录进行甄别，对列入失信被执行人、重大税收违法案件当事人名单、政府采购严重违法失信行为记录名单及其他不符合《政府采购法》第二十二条规定条件的供应商，应当拒绝其参与政府采购活动。因此，对供应商的信用查询属于资格审查的内容，资格审查时由采购人或采购代理机构进行查询和审查；您提问的“政府采购活动”是指资格预审、资格审查后的评审或谈判等一系列活动；“信用中国”网站上的个人征信查询问题建议咨询国家发改委，除“信用中国”外，个人信用也可以通过人民银行个人征信网等其他网站查询相关记录。

问题50：信用信息查询需要查询几个渠道？

问：《财政部关于在政府采购活动中查询及使用信用记录有关问题的通

知》中提到“各级财政部门、采购人、采购代理机构应当通过‘信用中国’网站、中国政府采购网等渠道查询相关主体信用记录”，请问，信用查询记录必须是两个平台都要提供还是只需提供二者之一？

答：《财政部关于在政府采购活动中查询及使用信用记录有关问题的通知》中规定采购人或者采购代理机构应当在采购文件中明确信用信息查询渠道。信用查询记录需要提供“信用中国”网站、中国政府采购网两个网站的查询记录还是二者之一，由采购人或者采购代理机构在采购文件中进行明确。

问题51：纳税等级以及“守合同重信用”可以作为政府采购资格条件和加分因素吗？

问：纳税信用等级能否在政府采购中作为评分项设置？纳税信用等级目前分为A级、B级、M级、C级和D级，依据《国家税务总局公告2018年》第8号规定，A级要求生产经营期满3年的企业，增设M级纳税信用级别，M级针对新设立企业和评价年度内无生产经营业务收入的新企业，B级、C级和D级均没有经营年限要求。在纳税信用的五个等级中，只有A级有经营年限要求，其他均无经营年限要求。请问，如将信用等级作为评分项违反《中小企业促进法》第四十条“政府采购不得在企业股权结构、经营年限等方面对中小企业实行差别待遇或者歧视待遇”的规定吗？国家市场监督管理总局关于“守合同重信用”公示的概念、申报条件及评价标准，也要求有经营年限，如将“守合同重信用”作为评分项，违反《中小企业促进法》吗？

答：政府采购项目的信用评价审查，应该按照《财政部关于在政府采购活动中查询及使用信用记录有关问题的通知》执行。与经营年限相关的纳税等级以及“守合同重信用”评价标准不宜作为政府采购资格条件和加分因素。

问题52：较大数额罚款是指一次处罚的罚款数额，还是指多次处罚累计的罚款数额？

问：关于政府采购重大违法记录中涉及的较大数额罚款的行政处罚解释，在《政府采购法实施条例》中已有相关规定。我还想再咨询一下，在判定是否属于较大数额罚款时，是以单次处罚的金额计算还是以累计处罚的金额计算?

答：较大数额罚款是指一次处罚的罚款数额，不是指多次累计的数额。

问题53：如何认定供应商存在重大违法记录?

问：××市某船舶制造企业因为违反《建设项目环境保护管理条例》第二十三条规定，需要配套建设的环境保护设施未经验收，建设项目即投入使用，被××市环保局罚款20万元，但根据××市环保局有关规定，此违法事实应该被处10万元以下罚款，此企业缴纳罚款后验收环保设施也是合格的，××市环保局也认定罚款20万元属行政警告处罚，不是重大或较大违法处罚。该企业是合格的投标供应商吗?

答：《政府采购法》第二十二条规定，供应商参加政府采购活动的前三年内，在经营活动中没有重大违法记录。《政府采购法实施条例》第十九条进一步明确重大违法记录包括供应商因违法经营受到刑事处罚或者责令停产停业、吊销许可证或者执照、较大数额罚款等行政处罚。对未构成重大违法记录的情形，供应商可依法参与采购活动。

问题54：投标供应商违法记录的主体和金额标准如何判定?

问：政府采购招标书中经常要求提供“信用中国”截图，但“信用中国”是工商及税务共同发布的平台，一般只记录这两部门的信息，证监会、银保监会的处罚决定都没有记录。很多会计师事务所都设有分所（非法人商事主体），但证监会的处罚都只针对总所这个独立法人主体，即使分所违规，也是处罚总所。因此，处罚总所是否也应包括分所?若不包括分所，则事务所都以分所的名义参加政府采购，证监会处罚总所就没有任何意义。

《政府采购法实施条例》第七十一条第四项规定“参加政府采购活动前三年在经营活动中没有重大违法记录的声明”。认定“重大”的标准是什么?“信用中国”的行政处罚与证监会的行政处罚在金额上差异是很大的，比如，“信用中国”的行政处罚有的才2000元，就被认定为重大违法，而证监会行政处罚450万元却未被认定重大违法。

答：“信用中国”应当归集各类违法失信信息，政府采购活动一般通过

“信用中国”网站查询供应商信用状况。但是，对于供应商存在重大违法记录的，比如您反映的会计师事务所受到证监会处罚，采购人或采购代理机构也可以登录证监会或其他相关网站查询。如果确认供应商存在重大违法记录，应按照《政府采购法》第二十二条依法限制其参与政府采购活动。

《政府采购法实施条例》第十九条对“重大违法记录”作了明确规定。

《政府采购法实施条例》中关于较大数额的罚款，是按照当地行政机关处以罚款是否达到应该组织听证为标准。实际中各地标准不一，行政罚款是否属于较大数额，请结合各地区、各部门的听证标准进行判断。

对于您反映的情况，某会计师事务所受到证监会行政处罚450万元，如果达到较大数额罚款标准，则应依法限制其参与政府采购活动。

问题55：对于“其他不符合《政府采购法》第二十二条规定条件的供应商”，应拒绝其参与政府采购活动吗？

问：在项目资格审查或评审时，实践中看到有些招标文件去掉了拒绝其他不符合《政府采购法》第十二条规定条件的内容，只拒绝被列入失信被执行人、重大税收违法案件当事人名单、政府采购严重违法失信行为记录名单的供应商，是否妥当？

答：《财政部关于在政府采购活动中查询及使用信用记录有关问题的通知》规定，采购人或者采购代理机构应当对供应商信用记录进行甄别，对被列入失信被执行人、重大税收违法案件当事人名单、政府采购严重违法失信行为记录名单及其他不符合《政府采购法》第二十二条规定条件的供应商，应当拒绝其参与政府采购活动。因此，供应商信用记录查询必须严格按照《财政部关于在政府采购活动中查询及使用信用记录有关问题的通知》的要求执行，不得去掉“其他不符合《中华人民共和国政府采购法》第二十二条规定条件的供应商”的内容。

问题56：被吊销营业执照后具备参加政府采购的资格吗？

问：某公司的分支机构或者分公司因违反年检的规定被吊销营业执照，那么其总公司是否违反《政府采购法实施条例》第十九条的相关规定而不具备参加政府采购的资格？

答：若总公司未受到《政府采购法实施条例》第十九条规定的相关行政处罚，则总公司具备参加政府采购活动的资格。

问题57：投标时，供应商不在禁止投标的处罚期内，可以参与投标活动吗？

问：某供应商被依法予以行政处罚，一年内禁止参与政府采购活动，该处罚于2019年7月1日期限届满。2019年6月20日，该供应商购买某一项目招标文件，项目开标和评审日期为7月15日。请问该供应商是否可以购买获得本项目招标文件，并参与本项目采购活动。

答：只要投标时供应商不在禁止投标的处罚期，就可以参加投标活动。所述项目投标截止时间为2019年7月15日，而供应商的处罚期到2019年7月1日已经届满，可以参加投标。

问题58：采购人可以设定与货物、服务质量相关的特定条件吗？

问：修改前的《政府采购货物和服务招标投标管理办法》第三十四条规定："采购人根据采购项目的特殊要求规定投标人特定条件的，联合体各方中至少应当有一方符合采购人规定的特定条件。"该文件取消以后，现《政府采购货物和服务招标投标管理办法》并无相关规定，还可以参照原来的这一规定列入招标文件中吗？哪些属于采购人规定的特定条件？类似医疗器械需要医疗器械经营备案凭证或许可证，这种属于特定条件吗？

答：（1）采购人可以根据项目的特点，在采购文件中约定联合体各方中至少有一方符合采购人规定的特定条件，并且要求具体承担项目某一部分的供应商应当具备承担该部分项目的特定条件。

（2）《政府采购法》第二十二条第一款规定的六项条件都属于采购人应当具备的基本条件。除基本条件外，采购人可以设定与货物服务质量相关的特定条件，包括采购标的需执行的国家相关标准、技术服务条件、履约能力等，但是要注意设定的特定资格条件不得违反《政府采购法实施条例》第二十条的情形。

（3）您提到的医疗设备采购项目，国家对医疗设备经营单位实行许可证管理，这个许可证属于国家的强制性规定，不是采购人设置的特定资格条件。

问题59：在充分竞争下，采购人可以根据需要设定特定条件吗?

问：一些行政事业单位，在采购体检服务项目的时候，设置了特定的资格条件，例如，设置具有二级甲等以上医院资质的特定条件。请问，设置这样的资格性条件存在以注册资本、资产总额、营业收入等供应商规模条件对中小企业实行差别待遇或者存在歧视待遇的情形吗?

答：《政府采购法》规定，采购人可以根据采购项目的特殊要求，规定供应商的特定条件，但不得以不合理的条件对供应商实行差别待遇或者歧视待遇。采购人在选择体检服务项目时，可以根据采购项目特点设定特定的条件，但相关供应商原则上应能实现充分竞争。

问题60：可以要求投标人具有本地化服务能力吗?

问：在招标文件中对本地售后服务评分作出如下约定，“投标人具有本地化服务能力，在本市（或本县）有常驻的售后服务机构，或在本市有分公司或办事处等作为常驻服务和技术支持机构的加3分，需提供本地工商注册资料以及距采购人最近的服务网点情况表、售后服务机构地址、人员名单、联系方式等”。以上规定违规吗?如何对本地化服务提出要求?

答：首先，《政府采购货物和服务招标投标管理办法》规定，评审因素的设定应当与投标人所提供货物服务的质量相关，包括投标报价、技术或者服务水平、履约能力、售后服务等。根据采购项目的实际需要，要求投标人具有本地化服务能力是可以的。但是不能要求投标人在中标前就具备这样的条件，否则就是以不合理的条件限制投标人。其次，应该允许投标人在中标后的一定时间内建立本地化服务的条件即可，本地化服务的要求不能以工商注册分公司为唯一条件，供应商设立项目部、办公室、办事处等形式也是可以的。

问题61：业绩可以作为资格条件吗?

问：《政府采购法》第二十三条规定，采购人可以要求参加政府采购的供应商提供有关资质证明文件和业绩情况，并根据本法规定的供应商条件和采购项目对供应商的特定要求，对供应商的资格进行审查。其中，对业绩情况怎么理解？是否指业绩可以用于资格条件？

答：如果业绩与货物服务的质量相关，可以作为政府采购的资格条件，比如购买律师、会计师服务，实际上就是购买律师和会计师的履约能力和经验。但是要注意，《政府采购法实施条例》规定，以特定行政区域或者特定行业的业绩、奖项作为加分条件或者中标、成交条件的，属于以不合理的条件对供应商实行差别待遇或者歧视待遇。因此，不宜将特定行业、特定地区或特定金额的业绩作为资格条件和加分条件。

问题62：这样的业绩要求合理吗？

问：某学校维修改造项目，并未达到《必须招标的工程项目规定》规定，现采用竞争性磋商办法。评审中，要求供应商提供的类似业绩必须是学校维修改造工程。这样的业绩要求合理吗？属于特定行业特定区域的业绩吗？

答：带有金额的业绩不能作为评审条件，否则属于以不合理条件限制或者排斥潜在供应商。您反映的学校维修改造项目中，要求供应商提供的类似业绩必须是学校维修改造工程，与业绩金额无关，因而是可以的，但是在评审条件中分值不宜过高。

问题63：《财政部 国家发展改革委 信息产业部关于印发无线局域网产品政府采购实施意见的通知》目前依然有效吗？

问：《财政部 国家发展改革委 信息产业部关于印发无线局域网产品政府采购实施意见的通知》规定，在政府采购活动中，采购人应当在政府采购招标文件（含谈判文件、询价文件）中载明对产品的认证要求、合格产品的条件和认证产品优先采购的评审标准。目前该文件还有效吗？无线局域网产品有更新吗？政府采购项目还需要落实该文件中的要求吗？

答：目前该文件仍然有效。

问题64：供应商的专利可以作为评审因素吗？

问：只要是专利，都不可以作为评审因素吗？依据是什么？

答：《政府采购法实施条例》规定，以不合理条件对供应商实行差别待遇或者歧视待遇的情形包括限定或者指定特定的专利。因此，特定的专利原则上不得作为评审因素。但是，供应商掌握专利的情况可以反映供应商的研发能力。把供应商掌握专利的数量作为评审因素是可以的，当然专利数量应当与供应商提供的货物服务的质量相关。

问题 65：在招标文件中可以列举品牌吗？

问：在招标文件里可以列举参考品牌（3 个以上品牌）吗？

答：政府采购制度并未禁止列举参考品牌，但财政部不鼓励在招标文件中列举参考品牌。确有需要列举参考品牌的，应当列举 3 个以上参考品牌，避免形成对某个品牌的指向性。

问题 66：加分条件只有一两家供应商满足，属于以不合理条件对供应商实行差别待遇或者歧视待遇吗？

问：评审时，某项加分条件只有一两家供应商满足，属于以不合理的条件对供应商实行差别待遇或者歧视待遇的情形吗？

答：《政府采购法实施条例》规定，采购人或者采购代理机构有下列情形之一的，属于以不合理的条件对供应商实行差别待遇或者歧视待遇，具体包括：采购需求中的技术、服务等要求指向特定供应商、特定产品；以特定行政区域或者特定行业的绩效、奖项作为加分条件或者中标、成交条件。

根据上述规定，一是评标办法中加分因素不应只针对一两个特定的供应商设置。这里所说的特定供应商是指潜在供应商，而不是实际参加投标的供应商。如果一个项目的加分因素有多个潜在供应商可以满足要求，而参加投标的供应商中仅有一个供应商可以满足并得到分数，不构成歧视和倾向性。二是如果产品证书与采购项目的服务质量相关，且不属于特定行政区域或者特定行业的奖励证书，可以作为加分条件。

问题 67：将“安全评价甲级资质”作为资格条件违法吗？

问：“选定非煤矿山安全生产专业检查服务机构”项目的公开招标，采购人要求投标人具有“安全生产监督管理部门核发的安全评价甲级资质”资格条件。请问，在本项目招标公告中要求具有“安全评价甲级资质”为资格条件违法吗？

答：根据政府采购法律法规，采购人可以要求参加政府采购的供应商提供有关资质证明文件和业绩情况，并根据采购项目对供应商的特定要求，对供应商的资格进行审查，但不得以不合理的条件对供应商实行差别待遇或者歧视待遇。该项目招标公告中要求“安全评价甲级资质”为资格条件是否违法，应根据采购项目实际特点和需求进行判断。

问题68：如何判断是以不合理条件对供应商实行差别待遇或歧视待遇（一）？

问：网络交换机设备采购要求有厂商拥有成熟的软件研发能力，通过CMMI5级国际认证并提供认证证书。是以不合理条件限制潜在投标人的规定吗？

答：根据政府采购法律法规，采购人可以要求参加政府采购的供应商提供有关资质证明文件和业绩情况，并根据采购项目对供应商的特定要求对供应商的资格进行审查，但不得以不合理的条件对供应商实行差别待遇或者歧视待遇。该项目招标公告中对网络交换机设备采购的要求是否是以不合理的条件对供应商实行差别待遇或歧视待遇。应根据采购项目实际特点和需求进行判断。

问题69：如何判断是以不合理的条件对供应商实行差别待遇或歧视待遇（二）？

问：某教育局采购实验室设备采购文件里将质量管理体系认证证书、环境管理体系认证证书、职业健康安全管理体系认证证书、工商部门颁发的重合同守信用证书、中国教育装备行业信用评价证书、质量服务诚信单位信用证书作为加分项可以吗？属于特定行政区域或者特定行业业绩、奖项为加分条件或者中标、成交条件吗？

答：这个需要结合项目的具体情况进行分析。仅从您反映情况来看，如果与采购项目需求特点相关，并且不属于特定区域或者特定行业的业绩、奖项，相关证书可以作为加分条件。但是，要尽量避免非权威专业机构出具的评价证书作为加分条件，否则会造成对其他供应商的歧视。

问题 70：这些情况是对供应商实行差别待遇吗？

问：投标人需获得 ISO9000 质量管理体系认证证书、环境管理体系认证证书、职业健康安全管理体系认证证书属于以不合理的条件对供应商实行差别待遇或歧视待遇的情形吗？

答：根据政府采购法律法规，采购人可以要求参加政府采购的供应商提供有关资质证明文件和业绩情况，并根据采购项目对供应商的特定要求对供应商的资格进行审查，但不得以不合理的条件对供应商实行差别待遇或者歧视待遇。对投标人“获得 ISO9000 质量管理体系认证证书、环境管理体系认证证书、职业健康安全管理体系认证证书”的要求是不是以不合理的条件对供应商实行差别待遇或歧视待遇，应根据采购项目实际特点和需求进行判断。

问题 71：这个资格预审条件具有排他性吗？

问：有一个资格预审条件这样规定：“申请人在国内至少拥有 1 个一次性投资、建设且已投运两年以上、处理规模≥750 吨/日、采用机械炉排炉工艺的生活垃圾焚烧发电特许经营或 PPP 项目业绩。”该资格条件具有排他性吗？

答：根据政府采购法律法规，采购人可以要求参加政府采购的供应商提供有关资质证明文件和业绩情况，并根据采购项目对供应商的特定要求对供应商的资格进行审查，但不得以不合理的条件对供应商实行差别待遇或者歧视待遇。该项目的资格预审条件是否具有排他性，应根据采购项目实际特点和需求进行判断。

问题 72：可以在招标文件中规定取得高新技术企业证书加分吗？

问：在政府采购招标文件中要求取得高新技术企业证书加 2 分合适吗？

答：要看这个证书是否与采购需求相关。如果能够说明取得该项证书对完成采购项目相关即可，否则就属于设定与采购无关的条件限制其他供应商。

问题73：资格条件不得作为评审因素，应怎么理解？

问：《政府采购货物和服务招标投标管理办法》第五十五条规定，“资格条件不得作为评审因素”。是否可理解为，所有资格条件均不得作为评审因素，即不论企业资质，还是个人资质，不论招标公告中要求的投标人资格条件，还是招标公告中没有要求的资格条件，均不得作为评审因素。

答：《政府采购货物和服务招标投标管理办法》规定资格条件不得作为评审因素。何为资格条件，应当根据项目的特点，在采购文件中约定。

问题74：累计业绩可以作为评审因素加分项吗？

问：特定业绩作为加分项属于以不合理理由限制、歧视其他供应商，但以累计业绩作为评审因素加分项是否也有歧视性？

答：特定金额的合同业绩不得设置为评审因素，在不违反《政府采购法实施条例》第二十条的规定的前提下，采购人可以根据采购项目特点和实际需求将某一时间段内的业绩作为加分条件，但分值不宜过高。

问题75：政府采购项目中业绩可以作为资格条件吗？

问：（1）在政府采购项目中，业绩（金额要求）能否作为资格条件？

（2）在政府采购“电梯”项目中，业绩作为评分因素时，以下哪种要求不合理？

①投标人近3年来从事过的类似业绩一项得3分。

②投标人所投电梯产品已被其他单位采购过的按照一项业绩得3分。

答：（1）有金额的业绩不能作为资格条件。

（2）评标因素应当与采购需求相关，第2个问题中所述的两种情形是否合法要根据该项目的需求确定。

问题76：政府采购项目的商务部分业绩要求这样设定合理吗？

问：现有一公安局看守所信息化系统建设项目，政府采购时商务部分的业绩要求是独立承揽的监管场所（看守所、拘留所、监狱）信息化类似项目业绩。本项目中包含看守所及武警楼信息化，武警楼信息化项目中包含涉密信息，另外，看守所也属于重要特殊的场所。设定同类业绩要求合理吗？

答：《政府采购法实施条例》第二十二条规定，以特定行政区域或者特定行业的业绩、奖项作为加分条件或者中标、成交条件的，属于以不合理的条件对供应商实行差别待遇或者歧视待遇。实践中，特定金额的合同业绩不得设置为评审因素，采购人可以根据采购项目特点和实际需求将某一时间段内的业绩作为加分条件，但分值不宜过高。

问题 77：对资格条件不得作为评审因素如何理解？

问：关于资格条件不得作为评审因素，是只针对单独的采购项目中已经设定为资格条件的因素不能设定为评审因素，还是国家关于行业的强制要求可能被设定为资格条件的资质或条件均不得设定为资格条件？可以设定消防或者强弱电相关的资质作为加分因素吗？

答：资格条件不得作为评审因素有三个含义：(1)《政府采购法》第二十二条第一款规定的六项法定条件不得作为评审因素；(2) 凡是项目所处行业有国家强制要求和标准，必须在本项目中列为资格条件，并不得作为评审因素；(3) 单独的采购项目中已经设定为资格条件的因素，不得再设定为评审因素。没有设定为资格条件的因素，在不违反《政府采购法实施条例》第二十条规定的前提下，采购人可以根据采购项目特点和实际需求设定为评分因素。从您的提问来看，如果配电和消防资质与采购项目相关，并且没有列为资格条件，则可以设定为加分因素。

问题 78：将特定金额业绩作为评审因素合理吗？

问：将特定金额的业绩作为评审因素，在多数投诉处理案例中被认定为“以不合理的条件对供应商实施差别待遇”，假设一个项目预算为 300 万元，一个供应商所有类似业绩均为十几万元，企业的总资产可能不到 300 万元，如果该供应商中标，如何保证供应商能够顺利履约？

答：将特定金额的业绩作为资格条件或评审因素构成对中小企业的歧视，违反了政府采购政策。除了业绩因素以外，采购人还有很多手段可以对供应商进行要求、评价或管理。采购人还可以通过加强对供应商的履约监督和验收管理，以避免违约的情况发生。

问题79：奖项证书可以作为加分项吗?

问：将协会颁发的奖项证书作为加分项违规吗?

答：您这里提到的“奖项证书”可以区分为“奖项”和“证书”两个概念，对于“奖项”而言，根据《政府采购法实施条例》第二十条规定以特定行政区域或者特定行业的业绩、奖项作为加分条件或者中标、成交条件属于以不合理的条件对供应商实行差别待遇或者歧视待遇，为禁止行为。协会一般都是某个特定行业的社团组织，其颁发的奖项属于特定行业的奖项，不得作为政府采购评审中的加分项。对于“证书”而言，如果属于受行政机关委托开展的有关资质和能力认定的证书，可以作为加分项。同时，为落实国务院“放管服”改革要求，国务院明令取消的资质证书不得作为加分项。此外，其他的证书原则上也不得作为加分项。

问题80：政府采购中的合同业绩可以作为评审因素吗?

问：政府采购综合评分法中关于企业业绩加分项的要求中，能否对合同金额的范围提出要求? 例如，采购项目招标控制价格为230元，能否在企业业绩加分项中要求提供超过200万元的类似合同，每提供一个加2分。

答：由于合同金额与营业收入直接相关，将特定金额的合同业绩作为评审因素，违反了《政府采购法》第二十二条第二款、《政府采购货物和服务招标投标管理办法》第十七条的规定，属于《政府采购法实施条例》第二十二条规定的“以不合理的条件对供应商实行差别待遇或者歧视待遇”的情形。

问题81：供应商管理过的运营场馆面积属于规模条件吗?

问：管理运营场馆的面积属于《政府采购货物和服务招标投标管理办法》第十七条中所说的规模条件吗?

答：供应商管理过的运营场馆面积属于特定金额或特定规模的业绩要求，不得作为政府采购项目的供应商资格条件或评审因素。

问题82：不能提供完税证明的中小企业可以参与政府采购吗?

问：本公司是微小企业，这几年一直享受国家对小微企业的税收减免政策。但是税收一直零申报，所有当地税务部门无法开具企业的完税证明。但当地的政府采购中心对企业的注册规定必须提供近期的完税证明，导致本公司无法注册电子化政府采购网，如何解决该问题?

答：若税务部门不能对零申报企业提供完税证明，政府采购中心要求企业注册时必须提供近期的完税证明，确实有违国家鼓励中小企业参加政府采购的初衷。建议贵公司向当地政府采购监督管理部门反映相关问题。

问题83：可以将投标产品的市场份额或市场占有率作为评分标准吗?

问：可以将投标产品的市场份额或市场占有率作为评分标准吗?为保证关键产品的损坏能够及时维修或更换，可否将在投标人本地设立备品备件库作为评分标准?

答：（1）《政府采购货物和服务招标投标管理办法》规定，采购人、采购代理机构不得将投标人的注册资本、资产总额、营业收入、从业人员、利润、纳税额等规模条件作为评审因素。市场占有率和市场份额与企业的营业收入等规模条件有密切关系，因此不得作为评分标准。

（2）《政府采购货物和服务招标投标管理办法》规定，评审因素的设定应当与投标人所提供货物服务的质量相关，包括投标报价、技术或者服务水平、履约能力、售后服务等。设立备件库与售后服务相关，可以作为评分标准。但是需要注意两点：一是不得要求供应商在中标之前就设立备品备件库；二是不得将备品备件库的地点严格限制在项目所在地，因为现在物流很发达，配送备品备件的速度会很快。

问题84：这样公示PPP项目的资格预审结果合法吗?

问：目前，部分地方依据《政府和社会资本合作项目政府采购管理办法》第八条规定“资格预审结果应当告知所有参与资格预审的社会资本”，将通过PPP项目资格预审的供应商名单在网站公示。此做法合法吗?

答：通过网站公告是告知资格预审结果的具体方式之一，有利于推进采购过程公开透明。如供应商认为其合法权益受到损害，可依法质疑或投诉。

问题85：采购人可以进行资格审查吗？

问：《政府采购货物和服务招标投标管理办法》第四十四条规定，公开招标采购项目开标结束后，采购人或者采购代理机构应当依法对投标人的资格进行审查。采购人进行资格审查，是否包括采购人代表也可以进行资格审查？

答：采购人可以委派采购人代表做资格审查，也可以委派其他人员进行资格审查。采购人代表做资格审查后，仍然可以评标。

问题86：资格审查由采购人进行吗？

问：采用竞争性谈判、竞争性磋商、询价、单一来源方式的政府采购项目，资格审查是由采购人进行评审还是评审专家进行评审？

答：《政府采购法》第二十三条规定，采购人可以要求参加政府采购的供应商提供有关资质证明文件和业绩情况，并根据本法规定的供应商条件和采购项目对供应商的特定要求，对供应商的资格进行审查。但《政府采购法》第二十三条是赋予了采购人对供应商进行资格审查的权利，并未强制要求采购人对供应商进行资格审查。依照《政府采购非招标采购方式管理办法》《政府采购竞争性磋商采购方式管理暂行办法》规定，竞争性谈判、竞争性磋商、询价资格审查应当由谈判小组、磋商小组、询价小组负责。单一来源采购方式资格审查由采购人负责。

问题87：进行资格审查的人员如何界定？

问：政府采购公开招标项目，资格审查如由采购人负责的，采购人进行资格审查的人员是否算入评标委员会成员里？采购人进行资格审查的人员数量是否有限制？采购人进行资格审查的人员是否不能是评标委员会中的采购人代表？

答：（1）采购人依法对投标人的资格进行审查，但资格审查的人员不算入评标委员会成员里。

（2）采购人进行资格审查的人员数量没有限制。

（3）如果参加资格审查的采购人代表同时被采购人书面授权参与评标，则该采购人代表可以是评标委员会中的采购人代表。

问题88：招标文件资格条件设置存在重大缺陷或违法可以停止评审吗？

问：（1）《政府采购货物和服务招标投标管理办法》第六十五条规定，“评标委员会发现招标文件存在歧义、重大缺陷导致评标工作无法进行，或者招标文件内容违反国家有关强制性规定的，应当停止评标工作”。公开招标项目中，资格审查由采购人或代理机构负责，若专家在评审中发现招标文件资格条件设置存在重大缺陷，能不能停止评审？

（2）在资格条件设置违法影响结果公平公正的情况下，专家认为导致，评标工作无法进行是否符合《政府采购货物和服务招标投标管理办法》第六十五条规定？

（3）《政府采购法》第二十二条要求供应商具有健全的财务会计制度，《政府采购法实施条例》要求供应商提供财务状况报告，招标文件资格条件仅要求供应商提供资产负债表，专家认为不符合《政府采购法》第二十二条、《政府采购法实施条例》第十七条规定并拒绝评审，是否正确？

答：（1）若评审专家在评审中发现招标文件资格条件设置存在重大缺陷，违反了相关法律法规的规定，可以根据《政府采购货物和服务招标投标管理办法》第六十五条的规定，停止评标。

（2）若因资格条件设置违法，专家停止评标工作，符合《政府采购货物和服务招标投标管理办法》第六十五条规定。

（3）《政府采购法实施条例》第十七条要求供应商提供的财务状况报告，只要能证明供应商的财务状况的材料即可。关于以何种形式提供相关证明材料，由采购人和采购代理机构在招标文件中约定，采购人和采购代理机构应当遵循尽量减轻供应商负担的原则，可以通过书面声明、相关主管部门官网查验等方式进行证明的事项，可不再要求供应商提供相关材料或证明。

问题89：在竞争性磋商采购活动的磋商过程中符合条件的供应商只有两家时，如何处理？

问：《财政部关于政府采购竞争性磋商采购方式管理暂行办法有关问题

的补充通知》规定，“采用竞争性磋商采购方式采购的政府购买服务项目（含政府和社会资本合作项目），在采购过程中符合要求的供应商（社会资本）只有两家的，竞争性磋商采购活动可以继续进行”，对于“在采购过程中符合要求的供应商（社会资本）只有两家的”理解，我们大多参照《政府采购非招标采购方式管理办法》第二十七条第二款的“招标过程中提交投标文件或者经评审实质性响应招标文件要求的供应商只有两家时……”来理解并操作，对吗？

答：竞争性磋商不适用《政府采购非招标采购方式管理办法》。《财政部关于政府采购竞争性磋商采购方式管理暂行办法有关问题的补充通知》中“在采购过程中符合要求的供应商（社会资本）只有两家的，竞争性磋商采购活动可以继续进行”，是指磋商开始时符合资格条件的供应商有三家以上，磋商过程中符合条件的供应商在只有两家的情况下，磋商活动可以继续进行。

问题90：政府采购服务类项目资格审查出错后怎么办？

问：在某物业项目中资格审查阶段，投标人A在“信用中国”查询中有黑名单记录，但因工作人员疏忽未发现，使得A公司通过资格性审查，进入评标阶段，在评标过程中A公司同时通过符合性审查，经过评分后A公司排名第三（总共有4家投标人进入最后的评审环节），且A公司报价不是基准价，也不影响价格得分，资格审查出错不影响中标结果，但影响中标候选人排序的情况，如何处理？

答：本案例是因工作人员疏忽造成A公司有黑名单记录但是未被发现。但是根据评审结果，A公司虽未被在评标时被认定投标无效，但是A公司没有被列为排名第一的中标候选人，且符合要求的投标人有3个，也就是说没有影响中标，中标结果有效。不能由于工作人员的过错而让无辜的中标人承担责任。根据《财政部关于进一步规范政府采购评审工作有关问题的通知》规定，如果在评审结果汇总完成，但是评标委员会还未解散的情况下，出现上述情形的，评审委员会应当现场修改评审结果，并在评审报告中明确记载。

问题91：资格性审查错误属于应重新评审的情形吗?

问：《政府采购法实施条例》第四十四条中规定，除国务院财政部门规定的情形外，采购人、采购代理机构不得以任何理由组织重新评审。国务院财政部门规定的情形见《财政部关于进一步规范政府采购评审工作有关问题的通知》，其中包括资格性检查认定错误，但《政府采购货物和服务招标投标管理办法》第六十四条关于重新评审的4种情形不包括资格性检查认定错误，应该以哪个法条为准?

答：由于《政府采购货物和服务招标投标管理办法》属于部门规章，《财政部关于进一步规范政府采购评审工作有关问题的通知》属于规范性文件，《政府采购货物和服务招标投标管理办法》的法律效力高于《财政部关于进一步规范政府采购评审工作有关问题的通知》，因此应当以《政府采购货物和服务招标投标管理办法》为准，资格性审查错误不属于重新评审的情形。因此，采购人和采购代理机构应当认真开展资格性审查，避免发生错误。关于供应商遭遇资格性审查错误后如何救济的问题，财政部将按照《深化政府采购制度改革方案》的要求，在下一步修订《政府采购货物和服务招标投标管理办法》时予以明确。

问题92：“资格性审查”与“符合性审查”认定错误，如何处理?

问：在政府采购项目中，“资格性审查”或者“符合性审查”认定错误，该如何处理?在相关的法律法规中好像没有明确的规定。

答：目前，在政府采购货物和服务招标投标中，“资格性审查”或者“符合性审查”认定错误的处理情形确实没有明确的法律制度规定。下一步，财政部将在修订相关制度中予以明确。

问题93：对投标人实行差别待遇或者歧视待遇，如何处理?

问：根据《政府采购货物和服务招标投标管理办法》第十七条规定，采购人、采购代理机构不得通过将除进口货物以外的生产厂家授权、承诺、证明、背书等作为资格要求，对投标人实行差别待遇或者歧视待遇。

（1）在一个政府采购项目中，同时包含进口产品和国产产品，在投标人基本资格要求中可否要求投标人为生产厂家或经销商，具有产品经销代理证书或厂家专项授权书？

（2）在整个项目采购清单中有部分产品为《进口产品目录》内产品，还有部分确需采购进口产品且不属于《进口产品目录》内的，在做进口产品论证时是否可以针对非《进口产品目录》内产品和国产产品同时论证，允许国产和进口产品均可参与投标，也就是虽然采购人要求采购国产产品，但同时也允许投标人投报进口产品参与投标，符合规定吗？

答：（1）如果一个政府采购项目中同时包含允许进口产品投标的和只允许国产产品投标的产品，在设置投标人基本资格要求时可以针对不同产品分别提出要求。对于允许进口产品投标的，可以要求投标人为生产厂家，或具有产品经销代理证书或厂家专项授权书的代理商。

（2）《政府采购法》规定，政府采购应当采购本国货物、工程和服务。对于确需采购进口产品的，应当报经设区的市、自治州以上人民政府财政部门审核同意，具体按照《政府采购进口产品管理办法》和《关于政府采购进口产品管理有关问题的通知》执行。

问题94：特定金额的合同业绩或累计业绩可以设置为评审因素吗？

问：政府采购货物评标办法中，预算金额为248万元，评标办法中是否可以规定“单笔合同金额200万元以上的得1分，最高得2分”？

答：将特定金额的合同业绩或累计业绩设置为评审因素时，由于合同金额与营业收入直接相关，此类评审因素的设置违反了《政府采购货物和服务招标投标管理办法》第十七条的规定，属于《政府采购法实施条例》第二十条规定的“以不合理的条件对供应商实行差别待遇或者歧视待遇”的情形。

问题95：专利证书作为加分条件合法吗？

问：在政府采购中，将制造商具有国家知识产权局颁发的窗帘相关产品的专利证书作为加分条件合法吗？

答：如果窗帘相关产品的专利证书与采购项目有关，把专利证书作为加分因素是可以的，否则就属于以不合理的条件限制供应商。

问题 96：境外企业可否作为联合体的一方参与政府采购投标？

问：如果一个联合体中有一方为境内企业且为牵头单位，另一方为境外企业，属于进口服务范畴吗？如果是，且未经财政主管部门审批参与投标，应作投标无效处理吗？

答：政府采购供应商应该为国内市场主体。我国目前尚未加入世贸组织《政府采购协议》，政府采购市场尚未对外开放。因此，境外企业不能作为政府采购供应商，也不能参与联合体投标。如果采购文件中没有约定购买进口产品和服务，联合体的一方如为境外企业，则不具备投标资格，应作投标无效处理。

问题 97：以下情形属于联合体投标的禁止情形吗？

问：《政府采购法》第二十四条规定：两个以上的自然人、法人或者其他组织可以组成一个联合体，以一个供应商的身份共同参加政府采购。《政府采购法实施条例》第十八条规定：单位负责人为同一人或者存在直接控股、管理关系的不同供应商，不得参加同一合同项下的政府采购活动。

那么，如果项目接受联合体投标，联合体 A 由甲乙联合，联合体 B 由丙丁联合，请问根据上述规定，若甲丁之间直接控股，是否判定联合体 A 和联合体 B 资格审查不合格？

答：您反映的联合体投标的情况，不属于《政府采购法实施条例》第十八条禁止的情形。

问题 98：“第三方专业机构”应如何确定？

问：对于《财政部关于进一步加强政府采购需求和履约验收管理的指导意见》中所规定的“第三方专业机构”，应以何标准判断是否专业？

答：《财政部关于进一步加强政府采购需求和履约验收管理的指导意见》中参与需求编制和履约验收的第三方专业机构，是指相关领域专业机构，包括科研单位、设计单位、监理单位、审计事务所、律师事务所、咨询公司、检测机构等在有关领域从事专业工作的单位，具体由采购人根据项目实际情况自行自主确定。

问题99：如何认定投标供应商存在关联关系？

问：本单位在购置医疗服务实时监控系统时，有3家公司参与项目投标。因委托的招标代理公司未核查出这3家公司有关联关系（监事、前法人互相任职），3家公司中的一家中标，并与本单位签订合同，供货施工。本单位先期支付一半费用，现审计发现属于互有关联的公司参与项目投标行为。该中标行为是否有效？现项目已完工，本单位能否支付剩余费用？如不能支付，损失应由谁来承担？

答：《政府采购法实施条例》第十八条规定：单位负责人为同一人或者存在直接控股、管理关系的不同供应商，不得参加同一合同项下的政府采购活动。您所述的3家公司存在关联关系（监事、前法人互相任职）而参加投标的情况，不属于《政府采购法实施条例》第十八条规定的情形。

问题100：如何认定串通投标？

问：A公司和B公司是两个独立的公司，报名参加同一个政府采购项目，A公司将保证金汇错，替B公司付了保证金，但是B公司未参与开标，A公司重新付了保证金并参与了开标，请问这种情况能认定A公司与B公司串标吗？根据《中华人民共和国招标投标法》[①]第二十五条规定，投标人是响应招标、参加投标竞争的法人或者其他组织。我认为B公司未参与开标，未参加投标竞争，不能构成合格的投标人，由此得出，A公司与B公司串标是不能被认定的，理解对吗？

答：《政府采购货物和服务招标投标管理办法》第三十条规定，投标人，是指响应招标、参加投标竞争的法人、其他组织或者自然人。按照问题所述，B公司未参与开标，未参加投标竞争，不符合《政府采购货物和服务招标投标管理办法》第三十条“参与投标竞争”的情形，故A公司、B公司不构成串通投标。

---

① 全书均简称《招标投标法》。

问题101：两家控股公司可以参与同一合同项下政府采购活动吗？

问：如果两个公司被同一股东控股，且超过50%，这两家公司能同时投同一标段的标吗？属于“单位负责人为同一人或者存在直接控股、管理关系的不同供应商，不得参加同一合同项下的政府采购活动的情形”吗？

答：两个公司被同一股东控股的，这两家公司之间并不存在直接控股或管理关系，不属于《政府采购法实施条例》第十八条规定的情形。上述两公司可以参与同一合同项下的政府采购活动。

问题102：采购人可以在采购文件中规定供应商的特定条件吗？

问：某高校使用政府采购资金采购科研用超算服务器，预算超过招标数额标准。为保证技术质量，采购单位提出希望厂家直接投标。

（1）能否将厂家直接参与作为资格条件？

（2）在（1）被否定的条件下，能否将厂家直接参与设置为综合评分的加分项？

答：《政府采购法》第二十二条规定，采购人可以根据采购项目的特殊要求，规定供应商的特定条件。对于有特殊需要必须面向生产厂家进行采购的项目（比如，采购货物专业化程度高，需要生产企业提供安装、维护等售后服务或采购量较大等），采购人可以在采购文件中对此作出约定。

问题103：供应商参加政府采购活动应当具备什么条件？

问：《政府采购法》第二十二条第一款第四项规定，有依法缴纳税收和社会保障资金的良好记录。在实际工作中，有的人认为参加政府采购活动的供应商只要存在税务违法行为，受到税务部门行政处罚的，无论处罚数额多少，都认定为没有依法缴纳税收和社会保障资金的良好记录，不符合供应商参加政府采购活动应当具备的条件，而拒绝该供应商参加政府采购活动，这种认定正确吗？

答：（1）供应商缴纳税收的证明材料主要是指供应商税务登记证和参

加政府采购活动前一段时间内缴纳增值税、营业税和企业所得税的凭据。供应商缴纳社会保障资金的证明材料主要是指社会保险登记证和参加政府采购活动前一段时间内缴纳社会保险的凭据，上述证明材料属于一般性要求。

（2）《财政部关于在政府采购活动中查询及使用信用记录有关问题的通知》规定，对列入重大税收违法案件当事人名单的供应商，应当拒绝其参与政府采购活动。此外，《政府采购法》和《政府采购法实施条例》规定，如果供应商受到税务部门的行政罚款且数额达到较大数额罚款标准的，应当拒绝其参与政府采购活动。因此，不能简单以供应商存在税务违法行为为由限制其参与政府采购活动，只有列入重大税收违法案件当事人名单的供应商或者受到税务部门较大数额罚款等行政处罚，才可以按规定禁止其参与政府采购活动。

问题104：强制性认证要求可以作为资格条件吗？

问：凡是涉及强制性认证的功能参数都应当作为实质性条件吗？还是采购人可以根据采购需要来确定？比如，应急广播设备，由有线网、无线电和音频融合而成。音频涉及3C认证，无线电涉及型号核准。偏离无线电功能会导致丧失应急属性，偏离音频播放功能会导致丧失广播属性。且这两项强制性认证均以功能来判定是否应当认证，其功能参数是应当作为实质性要求？还是可以仅作为评审因素。

答：对于国家有强制性认证要求的采购标的，强制性认证要求应当作为资格条件或者实质性要求。

问题105：不接受联合体的政府采购项目，一个标包只能有一家中标人吗？

问：不接受联合体的政府采购项目，一个标包只能有一家中标人吗？

答：根据《政府采购法》规定，一个标包只可以确定一个中标人。如果采购内容需要由多个供应商承担完成，采购人应该把采购内容分包，就每个独立的业务包分别确定单独的中标人。

问题106：供应商领购采购文件时提供什么资料？联合体协议何时提供？

问：（1）关于领购采购文件，在《关于促进政府采购公平竞争优化营商环境的通知》实施后，采购代理机构可以要求供应商在领购文件时提供哪些资料？可以要求提供法定代表人授权书或介绍信、被授权人身份证复印件吗？

（2）关于接受联合体投标的项目，《政府采购法》规定，“联合体形式进行政府采购的，参加联合体的供应商均应当具备本法第二十二条规定的条件，并应当向采购人提交联合协议”，联合体协议可以要求在领购文件时提供吗？联合体何时确定？

答：（1）为减轻供应商的负担和简化办事程序，如果为了核实供应商身份，要求供应商提供单位介绍信或者身份证明是可以的。

（2）联合体是供应商在研究招标文件和对自身情况进行对照后才能够提出组成方案的。因此，联合体协议应该在投标时随投标文件一起提供，投标时确定组成联合体即可。

问题107：供应商资格审查应该由谁负责？

问：《政府采购法》第二十三条规定，“采购人可以要求参加政府采购的供应商提供有关资质证明文件和业绩情况，并根据本法规定的供应商条件和采购项目对供应商的特定要求，对供应商的资格进行审查”，按本法理解是由采购人负责；《政府采购非招标采购方式管理办法》第十七条规定，“谈判小组、询价小组应当根据评审记录和评审结果编写评审报告，其主要内容包括：……（三）评审情况记录和说明，包括对供应商的资格审查情况、供应商响应文件评审情况、谈判情况、报价情况等”；按《政府采购非招标采购方式管理办法》理解是由谈判小组负责。竞争性谈判的资格审查应该由采购人负责还是谈判小组负责？

答：《政府采购法》第二十三条赋予了采购人对供应商进行资格审查的权利，但并未强制要求采购人对供应商进行资格审查。依照《政府采购非招标采购方式管理办法》规定，竞争性谈判资格审查应当由谈判小组、询价小组负责。

问题108：评审因素如何设定？

问：《高新技术企业认定管理办法》规定，高新企业申请认定时须注册成立一年以上。因此，注册成立一年以上的供应商才可以申请成为高新技术企业。在政府采购活动中，将高新技术企业认证证书设置为评审因素是以经营年限对供应商实行差别待遇或歧视性待遇吗？高新技术企业证书可以作为政府采购项目的评审因素吗？

答：依照《政府采购货物和服务招标投标管理办法》第五十五条规定，评审因素应当与货物服务的质量相关，包括投标报价、技术或者服务水平、履约能力、售后服务等。高新技术企业认证证书不宜作为评审因素。

问题109：关于政府采购当事人、采购对象及采购方式具体如何适用法律？

问：（1）《政府采购法》第二条中的“国家机关”和“团体组织”通常包括哪些单位？

（2）资金来源为党费、团费或者工会经费的，属于《政府采购法》第二条所指的财政性资金吗？

（3）路灯的维修更换是否属于《政府采购法实施条例》第七条中的“建筑物和构筑物的新建、改建、扩建及其相关的装修、拆除、修缮等”？路灯维修更换的招标应当依据《政府采购法》还是《招标投标法》？

答：（1）根据我国宪法规定，国家机关包括国家权力机关、国家行政机关、国家审判机关、国家检察机关、军事机关等。团体组织是指各党派、政府批准的并纳入预算管理的社会团体。

（2）纳入部门预算管理的资金属于财政性资金。

（3）一般情况，路灯维修更换不属于“建筑物和构筑物的新建、改建、扩建及其相关的装修、拆除、修缮等”范围，即不属于工程项目。此类招标项目如果属于政府采购范畴，应按《政府采购货物和服务招标投标管理办法》执行。

问题 110：如何申请成为政府采购评审专家？

问：《政府采购评审专家管理办法》第二章第六条规定“……（二）具有中级专业技术职称或同等专业水平且从事相关领域工作满 8 年，或者具有高级专业技术职称或同等专业水平”，是取得中级职称以后再工作满 8 年才能申请，还是在相关领域工作满 8 年（超过 8 年），工作期间获得中级职称就可以申请？

答：问题所述第二种理解正确，从事相关领域工作满 8 年不是指取得中级专业技术职称后再从事相关工作领域工作满 8 年。

问题 111：如何理解存在直接控股或管理关系？

问：（1）一个竞争性谈判项目，中标人的法人同时为参与本次采购活动的另一家企业的股东兼监事，从国家公示信息系统查询，中标人法人在另一家公司没有出资，只是作为自然人股东存在，另外从国家公示信息系统查询两家公司并没有分支机构、集团成员信息也没有关联，从上述条件判断，无法认定两家公司存在单位负责人为同一人或者存在直接控股、管理关系的不同供应商，以上判断是否准确？

（2）《政府采购法实施条例》第十八条规定的直接控股、管理关系是两项同时具备才能认定，还是只要一项能认定就算是违反了该条例。

答：（1）《政府采购实施条例》第十八条规定，单位负责人为同一人或者存在直接控股、管理关系的不同供应商，不得参加同一合同项下的政府采购活动。两家公司能否参加同一合同项下的政府采购活动，主要看其是否存在直接控股、管理关系。

（2）存在直接控股或者管理关系，即违反《政府采购法实施条例》第十八条规定。

问题 112：党的机关属于国家机关吗？

问：（1）按照《政府采购法》定义的采购主体是国家机关、事业单位、团体组织。那么，党的机关属于国家机关吗？

（2）党的机关采购达到起点金额的货物服务时，需要执行政府采购法律法规吗?

答:（1）党的机关属于国家机关。

（2）党的机关在使用财政性资金采购依法制定的集中采购目录以内的或者采购限额标准以上的货物、工程和服务的行为均应当执行政府采购的相关规定。

问题113：供应商参与政府采购的资格条件如何认定（一）?

问：经查询“信用中国”某单位存在较大数额的行政处罚，但未被列入失信被执行人、重大税收违法案件当事人名单、政府采购严重违法失信行为记录名单，在政府采购项目投标时，是否为合格供应商，相关方面的法律依据是什么?

答：“信用中国”的信息只是判定供应商资格的参考依据之一。政府采购活动中应当依法认定是否符合政府采购供应商资格。根据《政府采购法》第二十二条第一款第五项规定，供应商参加政府采购活动前三年内在经营活动中不得有重大违法记录。《政府采购法实施条例》明确规定，所称重大违法记录，是指供应商因违法经营受到刑事处罚或者责令停产停业、吊销许可证或者执照、较大数额罚款等行政处罚。因此，存在较大数额的行政罚款的供应商不符合资格条件。

问题114：供应商参与政府采购的资格条件如何认定（二）?

问：根据《政府采购法》第四条规定，政府采购工程进行招标投标的，适用《招标投标法》。在招标时是否要求投标人必须满足《政府采购法》第二十二条相关规定?

答：根据《政府采购法实施条例》第七条规定，政府采购工程以及与工程建设有关的货物、服务，采用招标方式采购的，适用《招标投标法》及其实施条例，但应当执行政府采购政策。因此，对您咨询的投标人资格条件应当按照招标投标法律法规执行。

问题115：分公司可以由总公司授权参与投标吗?

问：（1）在非“银行、保险、石油石化、电力、电信等有行业特殊情况”的项目，采购公告中要求投标人具有独立承担民事责任能力。若有银行、保险、石油石化、电力、电信等特殊行业的供应商（分公司）参加政府采购活动，那该分公司可以由总公司授权参与投标吗？

（2）对于“银行、保险、石油石化、电力、电信等有行业特殊情况”的项目，采购公告中要求投标人具有独立承担民事责任能力。分公司可以参加政府采购活动，分公司要总公司授权吗？

答：（1）根据《公司法》规定，分公司不具有法人资格，其民事责任由总公司承担。因此，对于要求投标人具有独立承担民事责任能力才能投标的项目，分公司是不符合资格条件的。如果总公司出具授权，授权其以总公司名义投标是可以的。

（2）银行、保险、石油石化、电力、电信等有行业特殊情况的采购项目，采购人、采购代理机构可按照其特点在采购文件中作出专门规定。

问题 116：界定供应商为中小企业必须按采购文件规定的行业进行吗？

问：政府采购活动中，采购文件规定行业为 A 行业，但是产品供应商经营范围较广，经营有 A、B 两种行业，若按 B 行业划分属于小型企业，B 行业为其主营业务，以 A 行业划分却属于中大型企业，能享受小微企业价格扣除吗？

答：上述情形不能享受小微企业价格扣除政策优惠。根据《政府采购促进中小企业发展管理办法》（财库〔2020〕46 号）第十二条规定，应按照采购文件的规定，要求为 A 行业的，则供应商只能按照 A 行业的划分标准来界定是否为中小企业。

问题 117：非企业单位享受中小企业相关扶持政策吗？

问：符合中小企业划分标准的个体工商户、事业单位、社会组织等非企业单位符合中小企业的认定吗？投标人与上述单位/企业组成联合体，或签署分包意向协议，满足《政府采购促进中小企业发展管理办法》（财库〔2020〕46 号）第八条第二项或三项的要求吗？

答：根据《政府采购促进中小企业发展管理办法》（财库〔2020〕46

号）第二条规定，符合中小企业划分标准的个体工商户，在政府采购活动中视同中小企业，享受中小企业相关扶持政策。事业单位、社会组织等非企业单位不享受中小企业相关扶持政策。

问题118：如何判断供应商可以参加专门面向中小企业的采购活动？

问：一个200万元以上的货物采购项目，其预留份额根据《政府采购促进中小企业发展管理办法》（财库〔2020〕46号）第八条规定的“要求获得采购合同的供应商将采购项目中的一定比例分包给一家或者多家中小企业”的要求制定，并被作为供应商资格条件。如果供应商和其投标货物的生产制造商都为中小企业，还需要将合同分包吗？

答：供应商是否可参加专门面向中小企业的采购活动，应当按照《政府采购促进中小企业发展管理办法》（财库〔2020〕46号）有关规定和采购文件中明确的资格条件作出判断。对于通过联合体投标和合同分包形式预留份额的，如果供应商本身提供的所有标的均由中小企业制造、承建或承接，应当视同符合资格条件，无须再向中小企业分包或与其他中小企业组成联合体参加政府采购活动。在货物采购项目中，如果供应商提供的货物既有大型企业制造又有中小企业制造的，则不享受办法规定的中小企业扶持政策。

第二章　政府采购方式

问题119：高校食堂食材采购方式应遵循哪些原则？

问：关于高校食堂食材采购方式，以蔬菜为例，具有采购品类繁多、供应量大、价格变动剧烈的特点，有些供应商不具备供应所有蔬菜品类的能力，加之食堂不应以营利为目的，因此对于价格非常敏感。

（1）如果招标文件规定以折扣比例作为价格评审因素，采用综合评分法确定几个中标人，中标人在一年内定期（如每周一次）根据政府部门公布的市场价格向本校报价，价格应不高于投标时的折扣乘以政府公布的市场价，本校选择价格最低的1~2家供货，其他轮空，这种方式违反《关于促进政府采购公平竞争优化营商环境的通知》的禁止设置备选库的规定吗？

（2）如果违反，但鉴于食材种类繁多无法分包且供应商不具备所有食材的供货能力，能否由两家或两家以上供应商中标，由本校自主向多个中标人采购，价格按其投标的折扣比例乘以政府公布的市场价来结算？

答：政府采购项目原则上均应在明确服务标准、定价原则等采购需求的前提下，依照法定程序择优选择具体供应商，遵循量价对等的原则签订政府采购合同。确需多家供应商共同承担的，可根据业务性质、服务区域等要素，进行合理分包，通过竞争择优，将相应采购业务明确到具体供应商。如果无法分包，采购人可以选择接受联合体投标，鼓励供应商组成联合体满足采购人的需要。您提到的高校食堂采购问题，应该在遵守上述原则的前提下结合食堂采购的具体情况，按照相关主管部门的规定执行。

问题120：采购人可以根据项目需求自行选择采购方式吗？

问：采购人可否根据项目需求对采购方式自行选择？

答：公开招标数额标准以上的政府采购货物和服务项目原则上都应该公开招标。如果项目特殊不宜公开招标拟选择其他采购方式的，应报财政部门批准后才能实施。集中采购目录以内或者分散采购限额以上公开招标数额标准以下的政府采购货物和服务项目，由采购人根据项目特点选择法定的采购方式。集中采购目录以外且在分散采购限额以下的货物和服务项目，由采购人自行决定采购方式。对于政府采购工程项目，属于依法必须招标范围的，应当依法进行招标。依法不进行招标的政府采购工程项目，应当采用竞争性谈判、竞争性磋商或者单一来源采购方式采购。

问题121：对于政府采购限额标准以上、公开招标数额标准以下的项目可以公开招标吗？

问：政府采购限额标准以上、公开招标数额标准以下的项目可以选择公开招标吗？

答：政府采购限额标准以上、公开招标数额标准以下的货物和服务项目，采购人可以选择公开招标方式进行采购。但需要考虑是否有充分的竞争以及公开招标的成本是否与节约的资金相匹配。依法不进行招标的政府采购工程项目，应当采用竞争性谈判、竞争性磋商或者单一来源采购方式采购。

问题122：采购人可以先招标建立咨询评估机构库，再选择具体咨询评估机构吗？

问：采购人拟通过公开招标方式选择咨询评估机构，建立咨询评估机构库。该库按国家规定分农林、水利、建筑、轨道交通等若干个专业，每个专业根据工作量选择3~6家评估机构。评估任务按机构招标评分排名轮候，评估经费按具体项目投资额计算。以上公开招标方案，是否违反《公平竞争审查制度实施细则（暂行）》第十四条规定，“……（三）不得限定经营、购买、使用特定经营者提供的商品和服务，包括但不限于：……

3. 没有法律法规依据，通过设置项目库、名录库等方式，排斥或者限制潜在经营者提供商品和服务”。

答：政府采购中的公开招标，是在明确具体需求的前提下，按照法定程序依据事先确定的标准择优确定具体供应商，遵循量价对等原则签订政府采购合同。采购人通过公开招标选择咨询评估机构，组成咨询评估机构库，不符合政府采购公开招标的有关规定。采购人需要与相关咨询机构二次洽商确定量价明确的合同关系，不是《政府采购法》及相关制度规定的招标。

按照《政府采购法》的相关规定，政府采购项目原则上应当由采购人按采购项目组织实施，对具有需求共性的采购项目，可由采购人自愿联合采购或委托代理机构打包采购，但均应确定具体供应商。问题中采购人先建立咨询评估机构库，再选择具体评估机构的做法，不符合政府采购法律制度规定，违反了政府采购公平竞争原则，限制了咨询评估市场的自由进入。

问题123：同一个采购预算项目下同一采购品目的项目可以拆分吗？

问：同一个采购预算项目下且同一采购品目的项目，达到了公开招标数额，但是其中一部分采购只能通过单一来源方式采购，一部分可以通过其他方式采购。此类情况可以拆分执行吗？如果不能拆分，那么一个项目下应如何执行不同的采购方式？

答：同一个采购预算项目下且同一采购品目的项目，原则上不得拆分。在实际执行中，要根据实际情况、需求特点和有利于项目实施的原则合理设置采购项目，确需拆分的可以合理拆分，但必须从严控制项目拆分。

问题124：如何理解化整为零规避政府采购程序？

问：在一个财政年度内，采购人将一个预算项目下的同一品目或者类别的货物、服务采用公开招标以外的方式自行自主采购，在年度汇总时发现该类别的货物已达到分散采购限额标准（超过10万元不到20万元），由采购人根据内控制度要求自行自主采购，此类项目采购是规避政府采购程序吗？

答：按照《政府采购法实施条例》第二十八条对化整为零的界定，在一个财政年度内，一个预算项目下的同一品目或者类别的货物、服务，如果达到政府采购分散限额标准的，应当采用法定政府采购方式开展采购。

问题125：未达到公开招标数额标准的采购项目拟采用单一来源方式应如何执行？

问：《关于未达到公开招标数额标准政府采购项目采购方式适用等问题的函》规定，未达到公开招标数额标准符合《政府采购法》第三十一条第一项规定情形只能从唯一供应商处采购的政府采购项目，可以依法采用单一来源采购方式。此类项目在采购活动开始前，无须获得设区的市、自治州以上人民政府采购监督管理部门的批准，也不用按照《政府采购法实施条例》第三十八条的规定在省级以上财政部门指定媒体上公示。

未达到公开招标数额的政府采购项目拟采用单一来源方式采购的是否需要专家论证，还是由采购单位组织具有相关经验的人进行协商，做好协商记录后将结果在中国政府采购网进行公示是一个完整的流程吗？

答：《关于未达到公开招标数额标准政府采购项目采购方式适用等问题的函》规定，未达到公开招标数额标准符合《政府采购法》第三十一条第一项规定情形只能从唯一供应商处采购的政府采购项目，可以依法采用单一来源采购方式。对于此类采购项目，采购人、采购代理机构应当严格按照《政府采购非招标采购方式管理办法》的有关规定，组织具有相关经验的专业人员与供应商商定合理的成交价格并保证采购项目质量，做好协商情况记录。因此，根据以上的情况，专家论证并非必要条件，做好相关协商情况记录并公告成交结果即可。

问题126：邀请招标属于招标方式吗？需要审批吗？

问：邀请招标属于招标方式吗？预算单位采用此方式采购需要财政部门审批吗？

答：《政府采购货物和服务招标投标管理办法》规定，货物服务招标分为公开招标和邀请招标。因此，邀请招标属于招标方式。《政府采购法》规定，采购人因特殊情况需要采用公开招标以外的采购方式的，应当在采购活动开始前获得设区的市、自治州以上人民政府采购监督管理部门的审批。因此，预算单位采用邀请招标方式需要获得财政部门审批。

问题 127：废标后能变更采购方式吗？

问：未达到公开招标数额的服务项目，废标后，能变更采购方式吗？

答：未达到公开招标数额的服务项目可以分为两类：第一类是集中采购目录以外且分散采购限额标准以下的服务项目，这类项目由采购人结合项目实际情况自主决定采购方式；第二类是集中采购目录以内或者分散采购限额标准以上且未达到公开招标数额的服务项目，由采购人结合采购项目特点，按照法定的政府采购方式适用情形，确定采购方式，废标后变更采购方式无须报财政部门审批。

问题 128：对依法不进行招标应如何理解？

问：《政府采购法实施条例》第二十五条规定了“依法不进行招标政府采购工程项目的采购方式”。对“依法不进行招标”应如何理解？

答：依法不进行招标的政府采购工程项目指的是，依照《招标投标法》可以不进行招标的项目。依法不进行招标的政府采购工程有以下情形：一是分散采购限额标准以上且没有达到招标限额的政府采购工程；二是《招标投标法》第六十六条规定可以不招标的项目；三是《招标投标法实施条例》第九条规定可以不招标的项目；四是其他特殊情形。

问题 129：如何判断属于化整为零规避公开招标的情形？

问：《政府采购法实施条例》明确，在一个财政年度内，采购人将一个预算项目下的同一品目或者类别的货物、服务采用公开招标以外的方式多次采购，累计金额数额超过公开招标数额标准的，属于以化整为零方式规避公开招标。如果一个预算金额 210 万元的办公家具项目，以公开招标方式实施了 200 万元的采购，后面再以非政府采购的方式实施 10 万元的采购，这样属于化整为零规避公开招标吗？

答：政府采购方式的选择，应当按照有利于项目实施的原则确定。对于由于客观原因必须进行拆分、有合理理由和依据的项目，不属于化整为零规避公开招标；对于人为拆分逃避公开招标要求的项目，属于化整为零规避公开招标。

问题130：已达到政府采购限额但未达到公开招标数额标准的项目，可以采用公开招标方式吗？

问：政府采购货物已达到政府采购限额但未达到公开招标限额可以采用公开招标方式采购吗？还是必须采用竞争性谈判、单一来源采购方式采购？

答：政府采购货物已达到政府采购限额但未达到公开招标数额标准的项目，采购人应根据采购项目的具体情况，结合采购方式的具体适用情形，自主选择法定的采购方式。

问题131：对分散采购限额以上、公开招标限额以下的项目如何选择采购方式？

问：《政府采购法》第二十六条规定，“公开招标应作为政府采购的主要采购方式”。同时《政府采购法》等均对非招标方式的适用情形作出了明确规定。政府采购的货物或服务达到分散采购限额标准，未达到公开招标标准，且不符合竞争性谈判（或竞争性磋商或询价）采购方式所列的适用情形，是采用竞争性谈判（或竞争性磋商或询价），还是必须采用公开招标方式？

答：分散采购限额标准以上、公开招标限额标准以下的货物或服务项目，由采购人依据项目特点自行选择竞争性谈判、竞争性磋商或询价等采购方式。

问题132：未达到公开招标限额的项目应如何选择采购方式并进行公示？

问：（1）未达到公开招标限额标准的政府采购项目，采用单一来源方式的，需要专业技术人员论证吗？

（2）我们已经知道未达到公开招标限额标准的政府采购项目采用单一来源方式的，可不用设区的市、自治州以上人民政府采购监督管理部门的批准，也不用按照《政府采购法实施条例》第三十八条的规定在省级以上财政部门指定媒体上公示。如果是县级的项目，需要县级财政部门审批吗？需要在当地网站上进行单一来源采购标前公示吗？

答：（1）未达到公开招标限额标准的政府采购项目，采购人可以根据项目特点，自行选择包括单一来源在内的采购方式，无须向财政部门提供专业技术人员论证等相关材料进行变更采购方式审批。

（2）未达到公开招标限额标准的政府采购项目，无须报包括县级财政部门在内的各级财政部门进行变更采购方式审批，无须在中国政府采购网及地方分网进行单一来源审核前公示。

问题133：采用竞争性磋商方式采购的项目供应商不足三家的情况下怎么办？

问：一个政府购买服务项目，采用竞争性磋商方式进行，挂网四次每次只有一家保险公司前来应标，如磋商小组出具磋商文件没有排斥性或倾向性条款，代理机构出具在公告期间没有收到潜在供应商的质疑或询问，能否报请监督管理部门批准采用单一来源方式采购，该项目金额达到公开招标标准，已被批准采用竞争性磋商方式采购。

答：采用竞争性磋商方式采购的项目，公告征集供应商不足三家的，应该首先分析采购文件是否合理合法、是否有倾向性，优化采购文件后重新采购。如果确实只有一家供应商，应按照规定进行单一来源采购方式公示，公示无异议后报财政部门批准进行单一来源采购。

问题134：政府采购工程依法不进行招标的应采取哪种采购方式？

问：政府采购工程依法不进行招标的，能否采用公开招标或邀请招标方式采购，还是必须采用竞争性谈判、竞争性磋商或者单一来源采购方式采购？

答：《政府采购法实施条例》第二十五条和《政府采购竞争性磋商采购方式管理暂行办法》规定，政府采购工程依法不进行招标的，只能采用竞争性谈判、竞争性磋商或者单一来源采购方式采购。

问题135：未达到公开招标数额的政府采购工程，采购人采取公开招标方式违规吗？

问：根据财政部国库司、条法司、政府采购管理办公室及国务院法制办编制的《〈中华人民共和国政府采购法实施条例〉释义》第二十五条规定，关于依法不进行招标的政府采购工程的采购方式中的解读，依法不进行招标的政府采购工程，按照本条的规定，采购人亦不得采用招标方式进行采购，这一强制性规定确定了没有达到必须招标规模的工程就不允许采用招标方式进行吗？

答：《政府采购法实施条例》第二十五条和《政府采购竞争性磋商采购方式管理暂行办法》规定，政府采购工程依法不进行招标的，应当采用竞争性谈判、竞争性磋商或者单一来源采购方式采购。

问题136：公开招标与建筑物新建、改建、扩建无关的装修、修缮、拆除工程，如何适用法律？

问：根据《政府采购法实施条例》，与建筑物新建、改建、扩建无关的装修、修缮、拆除工程，达到公开招标限额标准的，适用于《政府采购法》还是《招标投标法》？

答：与建筑物新建、改建、扩建无关的装修、修缮、拆除工程，达到分散采购限额标准的，均适用于《政府采购法》和《政府采购法实施条例》。《政府采购法实施条例》第二十五条和《政府采购竞争性磋商采购方式管理暂行办法》规定，政府采购工程依法不进行招标的，应当采用竞争性谈判、竞争性磋商或者单一来源采购方式采购。

问题137：新建工程项目中的电梯采购如何适用法律？

问：两个新建的政府投资项目电梯采用单独采购，一个项目预算金额是1200万元，另一个项目预算金额是150万元，此类项目属于工程类货物还是政府采购类货物，如何适用法律？

答：新建工程项目中的电梯属于与工程相关的货物。合同估算价达到《必须招标的工程项目规定》（国家发改委16号令）规定的限额标准（400万元）

的应该依法招标，且适用《招标投标法》。对于预算金额是150万元的电梯项目，属于依法不予招标的工程，适用《政府采购法》和《政府采购法实施条例》。《政府采购法实施条例》和《政府采购竞争性磋商采购方式管理暂行办法》规定：政府采购工程依法不进行招标的，应当采用竞争性谈判、竞争性磋商或者单一来源采购方式采购。

问题138：如何理解依法必须进行招标的工程和依法不进行招标的工程？

问：（1）单独的装修、拆除、修缮属于政府采购工程吗？

（2）如果单独的装修、拆除、修缮属于政府采购工程，跟“政府采购工程包括建筑物、建筑物的新建、扩建、改建及其相关的装修、修缮、拆除”相矛盾吗？

（3）如果单独地拆除超过限额标准但低于必须公开招标的数额，可以采用公开招标方式采购吗？如果单独地拆除可以采用公开招标方式，其适用《政府采购法》还是《招标投标法》？

答：（1）与建筑物和构筑物的新建、改建、扩建无关的装修、拆除、修缮等，在政府采购监管范围内的，仍然属于政府采购工程，但不属于依法必须进行招标的项目。此类政府采购工程，应当采用竞争性谈判、竞争性磋商或者单一来源采购方式采购。

（2）“政府采购工程包括建筑物、建筑物的新建、扩建、改建及其相关的装修、修缮、拆除”只是说明建筑物、建筑物的新建、扩建、改建及其相关的装修、修缮、拆除属于政府采购工程，而不是等于政府采购工程，您认为的矛盾并不存在。

（3）《政府采购法实施条例》第二十五条和《政府采购竞争性磋商采购方式管理暂行办法》规定，政府采购工程依法不进行招标的，应当采用竞争性谈判、竞争性磋商或者单一来源采购方式采购。政府采购工程依法不进行招标的，不能采用公开招标方式。

问题139：政府采购工程招标如何适用法律（一）？

问：《政府采购非招标采购方式管理办法》第三条第四款规定，按照

《招标投标法》及《招标投标法实施条例》必须进行招标的工程建设项目以外的政府采购工程可以使用竞争性谈判或单一来源采购。但《政府采购非招标采购方式管理办法》第二十七条又对使用竞争性谈判情形作出了具体规定，第二十七条中并未将第三条第四款情形表述在内。现在我们要出台对必须招标工程建设项目限额以下的政府采购工程管理办法时遇到了法治审查部门的疑问，我们认为根据第三条第四款，限额以下工程适用《政府采购非招标采购方式管理办法》，法治审查部门认为根据第二十七条，限额以下工程不适用竞争性谈判情形。

答：《政府采购法实施条例》第七条规定，政府采购工程以及与工程建设有关的货物、服务，采用招标方式采购的，适用《招标投标法》及其实施条例；采用其他方式采购的，适用《政府采购法》及本条例。第二十五条规定，政府采购工程不进行招标的，应当依照《政府采购法》和本条例规定的竞争性谈判或者单一来源方式进行采购。因此，依法必须进行招标的工程建设项目应当适用《招标投标法》及其实施条例的规定，其他政府采购工程适用《政府采购法》及实施条例的规定，采用非招标方式进行采购。

问题140：政府采购工程招标如何适用法律（二）？

问：《政府采购法实施条例》第二十五条规定，政府采购工程依法不进行招标的，应当依照《政府采购法》和本条例规定的竞争性谈判或者单一来源采购方式采购。而《政府采购竞争性磋商采购方式管理暂行办法》第三条第五款规定，按照《招标投标法》及其实施条例必须进行招标的工程建设项目以外的工程建设项目可以采用竞争性磋商方式开展采购。前者是法规，后者是规章，该如何执行？

答：根据《政府采购法实施条例》和《政府采购竞争性磋商采购方式管理暂行办法》的规定，政府采购工程依法不进行招标的，应当采用竞争性谈判、单一来源采购或者竞争性磋商方式采购。

问题141：政府采购工程招标如何适用法律（三）？

问：如果按照《政府采购法实施条例》定义的工程，一个与新建、改建、扩建无关的单独的装修、拆除、修缮采购项目，如果其采购预算金额很大，例如超过5000万元，只能采取竞争性谈判或是单一来源的方式进行采购吗？同时，按照《政府采购非招标采购方式管理办法》规定，可以采用推荐供应商的方式，将会面临很大风险，这种情况下应该怎么办？

答：《政府采购法》和《政府采购法实施条例》关于工程的定义基本一致。《政府采购法》第四条规定，政府采购工程进行招标投标的，适用《招标投标法》；与建筑物和构筑物的新建、改建、扩建、装修、拆除、修缮等无关的工程项目，不属于《招标投标法》所定义和管辖的必须招标的工程。政府采购此类项目时，应当采取竞争性磋商、竞争性谈判和单一来源采购方式，5000万元以上的预算项目也应当按照项目特点选择上述三种采购方式中的一种进行。对于您关切的风险问题，应当通过执行政府采购内控管理机制予以解决。

问题142：如何理解政府采购工程项目的相关规定？

问：（1）目前，《政府采购法》及其实施条例与《招标投标法》及其实施条例对工程的描述完全一致，均为“工程”是指建设工程，包括建筑物和构筑物的新建、改建、扩建及其相关的装修、拆除、修缮等。这里的“等”是穷举还是枚举？与建筑物和构筑物的新建、改建、扩建无关的，单独的装修、拆除、修缮，且达到政府采购限额的，属于政府采购工程吗？又是否属于《招标投标法》中的工程？

（2）如果以上项目属于政府采购工程，能否以公开招标的采购方式采购？

（3）如果以上项目达到目前发改委规定必须招标的400万元施工限额，是否适用《招标投标法》？必须以公开招标的采购方式采购吗？

答：（1）根据《政府采购法实施条例》第七条规定，与建筑物和构筑物的新建、改建、扩建无关的，单独的装修拆除、修缮，且达到政府采购限额标准的，属于《招标投标法》规范范围以外的政府采购工程，应当执行政府采购法律制度规定。

（2）根据《政府采购法实施条例》第二十五条规定，政府采购工程依法不进行招标的，应当采用竞争性谈判、竞争性磋商或单一来源采购方式采购。

（3）与建筑物和构筑物的新建、改建、扩建无关的，单独的装修、拆除、修缮工程，应当按照《政府采购法实施条例》第二十五条的规定，采用竞争性谈判、竞争性磋商或单一来源采购方式采购。

问题143：政府采购工程依法不进行招标的，可以采用竞争性谈判方式采购吗？

问：政府采购工程依法不进行招标的，必须满足《政府采购法》第三十条规定的情形之一才能采用竞争性谈判方式采购吗？

答：《政府采购法》第三十条对竞争性谈判采购方式适用的情形，适用于政府采购货物和服务采购，不适用于工程项目。政府采购工程依法不进行招标的，可以采用竞争性谈判方式采购。

问题144：关于工程项目的采购如何适用法律？

问：政府采购工程，新建大楼的电梯，以暂估价形式放入总承包内并招标确定总包人（即为与工程建设有关的货物且已招标）。在此前提下，该暂估价形式的电梯项目在采购时因金额标准属非依法必须招标项目。在实务操作中一般有以下三种情况：一是发包人与总包人共同采购；二是发包人单独采购；三是总包人单独采购。在上述前提下进行采购的这三种模式还适用于《政府采购法》及《政府采购法实施条例》吗？

答：您反映的情况属于《招标投标法》适用情形，有关问题可向工程招标主管部门反映。

问题145：对“建筑八大员”的规定如何理解？

问：政府采购工程类项目，采用竞争性磋商的方式，将“建筑八大员”必须有相应的上岗证或培训合格证作为采购需求中的实质性要求合规吗？

答：对“建筑八大员”的规定是《建筑法》《产品质量法》《建设工程安全生产管理条例》等法律法规对工程建设项目的规定。采用竞争性磋商方式采购的政府采购工程也应遵守相关规定。

问题146：政府采购工程采用竞争性磋商方式采购如何操作？

问：政府采购工程依法不进行招标的，应当采用竞争性谈判、竞争性磋商或者单一来源采购方式采购，具体由采购人根据项目特点进行选择。

（1）财政部已对采用单一来源采购方式采购作出了说明。现项目性质不能采用单一来源方式，只能采用竞争性谈判、竞争性磋商，什么项目适合采用竞争性磋商或竞争性谈判？

（2）一个单纯的施工项目，已经有具体的施工图纸等明确条件。这样的项目适合哪种方式采购？如果采用竞争性磋商方式，价格分值如何设置？

（3）许多采购人将单纯的施工项目，比如已经有了明确的图纸、工程量清单、质保售后、质量标准等明确规定，采用竞争性磋商方式，然后将价格设置10分到20分。施工组织设计分占60分，企业商务分设置20分到30分。这样合理吗？

答：（1）《政府采购非招标采购方式管理办法》和《政府采购竞争性磋商采购方式管理暂行办法》对于竞争性谈判和竞争性磋商的适用情形有明确规定。采购人可以根据项目的具体特点自主选择采用竞争性谈判或者竞争性磋商方式，采购方式选择也可以咨询当地财政部门。

（2）如果属于依法不进行招标的工程项目，可以采用竞争性磋商采购方式。《政府采购竞争性磋商采购方式管理暂行办法》对工程项目采购的价格分设置没有硬性要求，采购人和采购代理机构可以根据项目特点确定价格分权重。

（3）《政府采购竞争性磋商采购方式管理暂行办法》规定，综合评分法评审标准中的分值设置应当与评审因素的量化指标相对应。磋商文件中没有规定的评审标准不得作为评审依据。所以，并不违反政府采购法律制度规定。

问题147：关于工程项目的采购如何选择采购方式？

问：根据《政府采购法实施条例》规定，“政府采购工程”是指建设工程，包括建筑物和构筑物的新建、改建、扩建及其相关的装修、拆除、修缮等，不属于上述范围的工程项目，可以认为是“非政府采购工程”。“非政府采购工程”项目不少，比如与建筑物和构筑物的新建、改建、扩建无关的装修、拆除、修缮等。工程项目是否招标应根据《必须招标的工程项目规定》确定。

（1）政府采购工程以及与工程建设有关的货物、服务，根据《必须招标的工程项目规定》采用招标方式采购的，适用《招标投标法》及其实施条例；政府采购工程根据《必须招标的工程项目规定》不进行招标的，应当采用竞争性谈判、竞争性磋商或者单一来源采购方式采购（根据《政府采购法实施条例》第二十五条和《政府采购竞争性磋商采购方式管理暂行办法》的规定）。这可以理解为政府采购工程依法不进行招标的不能采用公开招标吗?

（2）根据《必须招标的工程项目规定》采用招标方式采购的，适用《招标投标法》及其实施条例；根据《必须招标的工程项目规定》可以不采用招标方式采购的非政府采购工程，应该用何种采购方式采购?

答：（1）您提到与建筑物和构筑物的新建、改建、扩建无关的装修、拆除、修缮等，在政府采购监管范围内的，仍然属于政府采购工程，但不属于依法必须进行招标的项目。此类政府采购工程，应当采用竞争性谈判、竞争性磋商或者单一来源采购方式采购。

（2）根据《政府采购法实施条例》第二十五条和《政府采购竞争性磋商采购方式管理暂行办法》的规定，政府采购工程依法不进行招标的，应当采用竞争性谈判、竞争性磋商或者单一来源采购方式采购。

问题148：政府采购工程未达到公开招标限额标准，如何选择采购方式?

问：一个京外单位的300万元的与建筑物、构筑物新建、改建、扩建无关的装修工程，未达到依法必须公开招标的限额，根据《政府采购法》第四条，“政府采购工程进行招标投标的，适用招标投标法”，以及《政府采购法实施条例》第七条，除了可采用竞争性谈判、竞争性磋商和单一来源采购方式进行该项目外，可以采用公开招标的方式吗?

答：根据《政府采购法实施条例》第二十五条和《政府采购竞争性磋商

商采购方式管理暂行办法》的规定，政府采购工程依法不进行招标的，应当采用竞争性谈判、竞争性磋商或者单一来源采购方式采购。您提到的装修工程，应当根据项目特点选择竞争性谈判、竞争性磋商或者单一来源采购方式。

问题 149：不适用《招标投标法》的工程采购不执行公开招标，需经过财政部门审批吗？

问：与建筑物、构筑物无关的拆除、装修、修缮工程不属于《招标投标法》规定的建设工程，本省将此纳入集中采购目录以内，如政府集中采购机构代理此项业务，超过本省的公开招标限额，是否需要报请设区的市、自治州以上财政部门审批，还是直接能采用竞争性谈判、竞争性磋商方式实施采购？此项工程不属于必须招标的工程，是否适用本省公开招标限额标准，本省集中采购目录规定，市级货物及服务公开招标限额为 100 万元，此类项目属于遵照货物或服务的公开招标标准吗？

答：集中采购目录以内与建筑物和构筑物的新建、改建、扩建无关的装修、拆除、修缮等政府采购工程，不属于依法必须进行招标的项目。此类政府采购工程，应当结合项目特点采用竞争性谈判、竞争性磋商或者单一来源采购方式采购，不需要财政部门审批。

问题 150：适用《招标投标法》的政府采购工程还是政府采购项目吗？

问：《政府采购法》第四条规定，政府采购工程进行招标投标的，适用招标投标法。例如，400 万元以上工程项目适用《招标投标法》，这个工程项目还是政府采购项目吗？还适用政府采购的相关规定要求吗？比如，在财政部指定媒体上进行信息公开等。

答：《政府采购法实施条例》规定，政府采购工程以及与工程建设有关的货物、服务，应当执行政府采购政策。因此，适用《招标投标法》的政府采购工程仍然属于政府采购项目，应当执行政府采购政策。但是，此类项目的信息公开可遵循工程招标投标的有关规定。

问题151：政府采购工程依法不进行招标的，如何选择采购方式？

问：100万元到400万元的政府工程项目，根据《必须招标的工程项目规定》，不属于必须招标项目，应通过政府采购确定施工单位。

（1）是选用竞争性谈判方式采购，还是选用竞争性磋商方式采购，遵循何原则？

（2）选用竞争性谈判方式采购，还是选用竞争性磋商方式采购，属于采购人的法定权限吗？采购人无须对采购方式作出说明吗？

（3）选用竞争性谈判方式采购，还是竞争性磋商方式采购，政府采购监督部门无权限制采购人的采购方式吗？

答：政府采购工程依法不进行招标的，应当采用竞争性谈判、竞争性磋商或者单一来源采购方式采购。除单一来源采购方式外，采购人可根据采购项目特点确定是采用竞争性谈判还是竞争性磋商方式，政府采购监督部门不干预采购人具体采购方式的选择，但要对采购活动进行监管。

问题152：政府采购工程包括线路管道工程、设备安装工程吗？

问：政府采购工程包括线路管道工程、设备安装工程吗？

答：《政府采购法》规定，政府采购是指各级国家机关、事业单位和团体组织，使用财政性资金采购依法制定的集中采购目录以内的或者采购限额标准以上的货物、工程和服务的行为。工程是指建设工程，包括建筑物和构筑物的新建、改建、扩建、装修、拆除、修缮等。根据《建设工程质量管理条例》和《建设工程安全生产管理条例》的规定，建设工程是指土木工程、建筑工程、线路管道工程和设备安装工程及装修工程。工程项目如果是各级国家机关、事业单位和团体组织采用财政资金实施的，依法属于政府采购工程，包括线路管道工程、设备安装工程。

问题153：单独的装修、修缮、拆除等政府采购工程，能采用公开招标方式吗？

问：（1）单独的装修、修缮、拆除属于政府采购工程，按照《政府采购法》及其实施条例的规定，政府采购工程进行招标投标的，适用《招标投标法》，也就是说单独的装修、修缮、拆除可以采用招标方式采购？

（2）如果单独的装修、修缮、拆除达到了《招标投标法》规定的依法必须招标的标准，可以采用公开招标吗？

答：按照《招标投标法》的规定，依法应当招标的政府采购工程是指达到公开招标数额标准的建筑物和构筑物的新建、改建、扩建及其相关的装修、拆除、修缮等。政府采购工程中与建筑物和构筑物新建、改建、扩建无关，单独的装修、拆除、修缮等，不属于《招标投标法》第三条所称的必须进行招标的工程建设项目。按照政府采购法律制度规定，政府采购工程依法不招标的，应当采用竞争性谈判、竞争性磋商或者单一来源采购方式采购。因此，单独的装修、修缮、拆除等应当采用竞争性谈判、竞争性磋商或者单一来源采购方式采购，不能采用公开招标方式。

问题 154：政府采购工程的采购方式如何选择？

问：建筑物和构筑物的新、改、扩及其有关的装修、修缮、拆除如果没有达到《招标投标法》中的依法必须招标的标准，但是达到了政府采购的起点金额，可以采用政府采购中的公开招标吗？还是采用非招标方式？

答：按照政府采购法律制度的规定，政府采购工程依法不招标的，应当采用竞争性谈判、竞争性磋商或者单一来源采购方式采购。

问题 155：必须招标的政府采购工程项目，如何适用《招标投标法》？

问：《政府采购法实施条例》第七条规定：政府采购工程以及与工程建设有关的货物服务，采用招标方式的，适用《招标投标法》。这里的“招标”有几种理解：（1）指的是《招标投标法》中的依法必须招标的项目；（2）指的是政府采购达到公开招标数额标准中的公开招标；（3）指的是政府采购达到起点金额、公开招标数额标准以下，采购人自主选择的公开招标或邀请招标。哪种理解正确？

答：达到《招标投标法》规定必须招标数额标准的政府采购工程项目，属于必须招标的项目，适用《招标投标法》的规定。

问题156：采购人可以合并实施工程项目吗？

问：《中央预算单位2017—2018年政府集中采购目录及标准》第三部分的分散采购限额标准，“……各部门自行采购单项或批量金额达到100万元以上的货物和服务的项目、120万元以上的工程项目应按……”这里的“120万元以上的工程项目”，是指1个工程项目，还是指单项或批量金额达到120万元以上的工程项目？同一单位两处不同地址的办公用房维修项目，是否合并计算限额？同一单位同一处地址的办公用房不同项目的维修，比如停车场地面平整、食堂维修改造、党建活动室维修改造，是否合并计算限额？

答：采购人可以根据工程项目是否在同一个预算项目下、是否有利于项目组织实施的原则自行决定是否合并实施工程项目，能够合并实施的工程项目应当合并实施。中央预算单位如合并实施的工程项目金额达到120万元以上，应当执行法定的政府采购程序。

问题157：独立预算的工程项目未达到必须招标的数额标准，应当选择非招标方式采购吗？

问：高温热力管道铺设项目4个，地点不同，单个项目造价在400万元以下，建设单位拟采用竞争性谈判方式确定供应商。现有两种意见，一种认为不适用《政府采购法》，4个项目建设内容相同，总造价超过必须公开招标的限额；另一意见认为适用《政府采购法》，理由是单项没有超过必须公开招标的限额，哪种意见正确？

答：高温热力管道铺设项目属于工程项目，如果4个项目属于同一个预算项目，则应当采用公开招标方式。如果4个项目分别是4个独立的预算项目，每一个工程项目都没有达到依法必须招标的数额标准400万元，应当按照《政府采购法》的规定采用竞争性谈判、竞争性磋商或单一来源方式采购。

问题158：未达到招标限额的工程项目采用什么方式采购？

问：根据《必须招标的工程项目规定》，达到规定限额的工程项目（含与工程有关的货物或服务）必须按照《招标投标法》实施招标。未达到招标限额的“非标项目”必须按照《政府采购法实施条例》第二十五条的规定以竞争性谈判或者单一来源采购方式采购吗？

答：根据《政府采购法实施条例》和《政府采购竞争性磋商采购方式管理暂行办法》的规定：政府采购工程依法不进行招标的，应当采用竞争性谈判、竞争性磋商或者单一来源采购方式采购。因此，分散采购限额标准以上且未达到公开招标数额的工程项目，应当采用竞争性谈判、竞争性磋商或者单一来源采购方式开展采购，具体由采购人根据项目特点进行选择。

问题159：工程咨询管理服务属于何种类别？

问：《政府采购品目分类目录》最新版本为2013年发布。2015年发布的《政府采购法实施条例》对“工程”“服务”进行界定，与2013年发布的品目分类有较大区别。比如，C10的“工程咨询管理服务”，根据《政府采购法实施条例》，应当属于“工程”类别。在实际项目申报、项目属性认定等实际工作中，带来了一些困惑。有计划更新《政府采购品目分类目录》，或者发布说明吗？

答：工程咨询管理服务属于服务范畴，不属于工程类别。在采购环节可归为工程有关的服务，与工程建设项目打包适用《招标投标法》的有关规定。

问题160：以公开招标方式采购的政府采购工程需要办理政府采购手续吗？

问：政府采购工程按规定以公开招标方式采购的，适用《招标投标法》。需要按政府采购规定办理采购预算、采购计划、采购信息公开及合同备案等政府采购手续吗？

答：以公开招标方式采购的政府采购工程，应当按照政府采购法律制度规定编制采购预算，备案采购计划及合同。

问题161：在集中采购目录以内且未达到公开招标数额标准的服务采购项目可以采用竞争性谈判方式采购吗？

问：在依法制定的集中采购目录以内且未达到公开招标数额标准的服务采购项目不符合《政府采购非招标采购方式管理办法》第二十七条规定的任一情形，可以采用竞争性谈判方式采购吗？

答：《政府采购非招标采购方式管理办法》第三条规定，采购人采购依法制定的集中采购目录以内，且未达到公开招标数额标准的货物、服务，可以采用竞争性谈判方式采购。

问题162：如何组织竞争性谈判？

问：未达到公开招标限额标准采取竞争性谈判的政府采购项目，第一次竞争性谈判采购实质性响应只有两家供应商，由于不足三家作废标处理。第二次采购时，可以只在这两家供应商中进行谈判吗？如果可以，要经过财政部门批准吗？如果不能在这两家中采取竞争性谈判，项目实质性响应一直不满足三家又如何处理？

答：《政府采购非招标采购方式管理办法》规定，采购人、采购代理机构应当邀请不少于三家符合相应资格条件的供应商参与竞争性谈判。若竞争性谈判实质性响应的供应商一直只有两家，采购人可以重新评估采购需求，根据项目特点合理选择采购方式，修改采购文件，确保采购活动正常进行。

问题163：采购人可以自主确定以竞争性谈判方式进行采购吗？

问：根据《政府采购非招标采购方式管理办法》第三条第一项规定，依法制定的集中采购目录以内，且未达到公开招标数额标准的货物、服务可以采用竞争性谈判等方式采购。采购人采购一批办公桌椅，拟采用竞争性谈判方式采购，可以根据采购人自主确定的竞争性谈判方式进行采购吗？

答：从您反映的情况看，根据《政府采购非招标采购方式管理办法》，采购人采购办公桌椅可以自主选择法定采购方式，这里采用竞争性谈判方式也是可以的。

问题164：何种项目能采用竞争性磋商采购方式？

问：目前，一些产品规格单一，采购人怕买不到心仪的产品，执意要用竞争性磋商的方式采购，规格单一、货源充足的货物可以用竞争性磋商方式采购吗？

答：对于集中采购目录以内、未达到公开招标数额标准的规格单一、货源充足的货物，采购人可以根据实际情况选择询价、竞争性磋商或者竞争性谈判等法定采购方式，具体采用哪种采购方式可向同级财政部门咨询。

问题165：政府采购工程依法不进行招标的，可以采用竞争性磋商方式吗？

问：对于政府采购工程依法不进行招标的，《政府采购法实施条例》第二十五条规定了可以采用竞争性谈判或者单一来源方式采购，《政府采购竞争性磋商采购方式管理暂行办法》第三条第五款规定，可以采用竞争性磋商方式开展采购，但在该办法第二十四条未规定工程的价格分值，政府采购工程依法不进行招标的可以采用竞争性磋商方式吗？

答：政府采购工程依法不进行招标的可以采用竞争性磋商方式，价格分的计算应采用《政府采购竞争性磋商采购方式管理暂行办法》规定的低价优先法计算公式，价格分的权重可由采购人根据项目的具体情况合理确定。

问题166：在采购过程中符合要求的供应商（社会资本）只有两家时，竞争性磋商采购活动可以继续进行吗？

问：根据《财政部关于政府采购竞争性磋商采购方式管理暂行办法有关问题的补充通知》规定，政府采购服务项目在采购过程中符合要求的供应商（社会资本）只有两家的，竞争性磋商采购活动可以继续进行。在采购过程中符合要求的投标人只有两家时可以继续进行，是可以理解为政府购买服务项目只有两家投标人的情况下可以进行磋商，还是指有效投标人为三家或以上，但在磋商过程中满足实质性条款的投标人只有两家时可以继续进行？

答：《财政部关于政府采购竞争性磋商采购方式管理暂行办法有关问题的补充通知》规定，采用竞争性磋商采购方式采购的政府购买服务项目

（含政府和社会资本合作项目），在采购过程中符合要求的供应商（社会资本）只有两家的，竞争性磋商采购活动可以继续进行。这条规定的适用情形是指竞争性磋商符合资格条件的供应商不少于三家，进入磋商过程中，符合采购人技术等方面要求的供应商为两家，磋商活动可以继续进行，由两家供应商提出报价，采购人或者采购代理机构确定最终成交的供应商。

问题167：政府购买服务项目可以采用竞争性磋商方式开展采购吗?

问：政府采购代理机构代理的一个政府采购项目，采购人是公益一类的事业单位（科研院所），采购的是服务（并没有达到公开招标限额标准），按照竞争性磋商的方式进行采购。项目执行完毕后，采购单位的审计部门认为违规，不能用竞争性磋商的方式进行采购，依据是《政府采购竞争性磋商采购方式管理暂行办法》第三条及第四条，这种判断准确吗?

答：《政府采购竞争性磋商采购方式管理暂行办法》规定，政府购买服务项目可以采用竞争性磋商方式开展采购。实践中，政府采购的服务项目也可以参照政府购买服务项目采用竞争性磋商方式开展采购。因此，您反映的科研院所采购服务项目可以采用竞争性磋商方式采购。

问题168：只能从唯一供应商处采购的项目，可以采用单一来源采购方式吗?

问：如果一个项目只有一个生产厂商可以满足，却有多个经销商的情形，适用单一来源采购方式吗?如果适用单一来源采购方式，供应商应当如何确定是哪一个经销商?

答：《政府采购法》规定，只能从唯一供应商处采购的，可以依照本法采用单一来源采购方式。其中，唯一供应商是指唯一的生产厂家或者这个生产厂家唯一授权的经销商。如果生产厂家有多个授权经销商的，属于单一来源采购中的特殊情形，采购人、采购代理机构按照《政府采购非招标采购方式管理办法》第四十一条规定，在单一来源采购具体协商中，与获得授权的多个经销商协商成交价格，确定最终供应商。

问题169：未达到公开招标数额标准但符合《政府采购法》第三十一条规定的单一来源采购项目，需要专家论证吗？

问：未达到公开招标数额标准但符合《政府采购法》第三十一条规定的单一来源采购项目，必须需要专家论证吗？如必须论证，专家人数为3人可行吗？专家必须有1位法律专家吗？

答：未达到公开招标数额标准但符合《政府采购法》第三十一条规定的单一来源采购项目，无须报财政部门审批同意，采购人在确定采购方式过程中是否需专家论证按其上级单位内控管理要求执行。

问题170：未达到公开招标数额标准的项目采用单一来源采购方式需要论证吗？

问：未达到公开招标数额标准的货物、服务采购项目，需要采用单一来源方式采购的，在进行单位内部会商前，是否应先组织3名以上专业人员对只能从唯一供应商处采购的理由进行论证？

答：公开招标数额标准以下的货物、服务采购项目，采购人可以根据项目特点，选择包括单一来源采购在内的各种采购方式。政府采购法律法规并未强制规定此类项目必须组织专业技术人员进行论证。采购人应当完善本单位政府采购内控制度，细化采购方式选择的工作流程，根据项目特点合理选择适当的采购方式。

问题171：采用单一来源采购方式的项目有比例控制吗？

问：在采购管理中，除了要求单一来源方式的采购项目必须符合规定的条件外，为控制采购单位采用单一来源方式的采购项目总数量和总金额规模，能否在规定条件之外，把采购单位采用单一来源方式采购的项目总数量、总金额控制在一定的比例范围以内，以这种对单一来源方式采购项目的总数量、总金额实行比例控制的管理方式，达到对采购单位使用单一来源方式的总规模加以限制的目的？

答：采用单一来源采购方式的项目，应当符合《政府采购法》第三十一条的规定。采购人应当根据项目特点，合理选择包括单一来源采购在内的各种采购方式，无须通过比例控制的方式限制采购人采用单一来源采购方式。

问题172：高校的科研项目采购适用《政府采购法》吗？可以采用单一来源采购方式吗？

问：本单位为教育部直属高校，承担了国际合作科研项目，合作期为5年。

（1）该项目的研究经费由国外科研机构提供，发生的货物服务采购适用《政府采购法》吗？

（2）如适用政府采购法律，科研任务中有一项测试服务，每年该项预算超过200万元，可以按政府采购服务一招三年的方式实施吗？五年就是招两次？

（3）科研协议中要求该项测试服务使用本校一项自有知识产权技术完成，国内具有该项技术的设备只有本校设在外地的一个研究院（独立事业法人），有大规模应用，可以按单一来源方式采购吗？

答：（1）该项资金是否纳入预算管理、是否属于财政性资金，建议由本单位财务部门或上级单位确认。如果资金纳入预算管理，该项目就适用《政府采购法》。

（2）如果该项目属于政府采购范围的服务项目，可按照《财政部关于推进和完善服务项目政府采购有关问题的通知》有关规定确定合同期限。

（3）是否采用单一来源采购方式可按规定经上级预算单位同意后，报财政部审批。

问题173：询价方式采购如何适用？

问：根据《政府采购法》第三十二条规定，采购的货物规格、标准统一、现货货源充足且价格变化幅度小的政府采购项目，可以依照本法采用询价方式采购。

未达到公开招标限额标准而采用询价方式的政府采购项目，是按照《政府采购非招标采购方式管理办法》的适用条款执行，还是根据《政府采购法》第三十二条规定执行？

答：《政府采购法》第三十二条规定，采购的货物规格、标准统一、现货货源充足且价格变化幅度小的政府采购项目，可以依照本法采用询价方式采购。因此，询价方式主要适用于货物规格、标准统一、现货货源充足且价格变化幅度小的货物项目采购。对于此类项目，如果未达到公开招标数额标准，或者达到公开招标数额标准、经批准采用非公开招标方式的货物可以采用询价方式采购。

问题174：询价采购适用工程、服务类项目吗?

问：公开招标限额标准以下，采购限额标准以上的询价采购是否仅适用于货物，不适用工程、服务类项目?

答：《政府采购法》第三十二条规定，采购的货物规格、标准统一、现货货源充足且价格变化幅度小的政府采购项目，可以依照本法采用询价方式采购。《政府采购法实施条例》第二十五条规定，政府采购工程依法不进行招标的，应当依照《政府采购法》和本条例规定的竞争性谈判或者单一来源采购方式采购。《政府采购非招标采购方式管理办法》规定，采购货物的，还可以采用询价采购方式。因此，询价采购仅适用于货物，不适用于工程和服务类项目。

问题175：“入围招标”合法吗?

问：目前，很多地区政府采取“入围招标”的模式进行政府采购，“入围招标”没有预算金额，先招一部分供应商入围。这种形式违反《政府采购法》吗?“入围招标”的形式在组织过程中应参照哪些法律法规执行?对于有些项目参与投标的供应商均能入围，这种情况违规吗?

答：招标采购是在明确具体需求的前提下，按照法定程序、依据事先确定的标准择优确定具体供应商，遵循量价对等原则签订政府采购合同。“入围招标”不符合政府采购招标管理的有关规定，采购人需要与相关企业二次洽商确定量价明确的合同关系，不是《政府采购法》及相关制度规定的招标方式。

按照《政府采购法》的规定，政府采购项目原则上应当由采购人按采购项目组织实施，对具有需求共性的采购项目，可由采购人自愿联合采购或委托代理机构打包采购，但均应确定具体供应商。

实践中，为提高小额零星项目的采购效率，一些政府集中采购机构对此类项目采取“入围招标”的形式进行，此类项目可以确定多家供应商，但应当明确相关标准、量价关系和付费原则，防止以供应商规模、资质、业绩等条件进行入围评审，避免因制度规定不合理、采购方式设计不当，而限制供应商参与政府采购活动的合法权益。

问题176：建立小额工程库合法吗？

问：根据《必须招标的工程项目规定》要求，单项合同估算价在400万元以上属于必须招标的工程。目前，中央和部分省建立小额零星工程库，就是对于没有达到招标规模的通用工程通过建立工程库的方式由采购人在库中随机抽取来确定承接主体，这种方式有法律依据吗？县级部门也想根据中央省市做法来建立小额工程库可行吗？

答：根据《政府采购法实施条例》第二十五条的规定，政府采购工程依法不进行招标的，应当依照《政府采购法》及其实施条例规定的竞争性谈判或者单一来源采购方式采购。

按照《政府采购法》的相关规定，政府采购项目原则上应当由采购人按采购项目组织实施，实践中确有地方对小额零星工程项目采取建立相关供应商库的方式以简化程序、提高效率。对此类供应商库，凡是符合工程建设项目基本要求的供应商都可入库，不能以供应商规模、业绩作为入库条件。采购人在采购限额以上相关工程时，应当按照《政府采购法》规定的竞争性谈判、竞争性磋商或者单一来源方式进行采购，不能采用随机抽取的方式确定供应商。

问题177：门面招牌整治工程属于必须招标的工程项目吗？

问：门面招牌整治工程属于必须招标的工程项目吗？

答：首先，应确定门面招牌整治工程是否属于政府采购范围。如果门面招牌整治工程属于各级国家机关、事业单位和团体组织使用财政性资金开展的活动，就属于政府采购范围。

其次，要确定门面招牌整治工程是否属于政府采购的工程项目。《政府采购法实施条例》规定，前款所称工程，是指建设工程，包括建筑物和构筑物的新建、改建、扩建及其相关的装修、拆除、修缮等以及工程建设有关的货物。这里的货物是指构成工程不可分割的部分。门面招牌整治工程如果仅涉及招牌门面的更换，并不触及建筑物，与建筑物可以分割，就不属于政府采购的工程项目。

最后，如果门面招牌整治工程涉及对建筑物和构筑物的新建、改建、扩建及其相关的装修、拆除、修缮等，就应认定为政府采购的工程项目。工程项目是否招标，应根据《必须招标的工程项目规定》确定。如果不属于《必须招标的工程项目规定》的范围，就属于依法不招标的政府采购工程项目，应采取竞争性谈判、竞争性磋商或者单一来源方式采购。

问题178：对于货物规格、标准统一、现货货源充足且价格变化幅度小的政府采购项目如何判定？

问：货物规格、标准统一、现货货源充足且价格变化幅度小的政府采购项目，此标准如何进行判定？

答：货物规格、标准统一、现货货源充足且价格变化幅度小的政府采购项目，应该同时满足以上“货物规格、标准统一、现货货源充足且价格变化幅度小”的全部条件：第一，采购的是货物；第二，货物的规格、标准统一；第三，货物应该是现货而不是期货，且货源充足；第四，货物的价格变化不大。

问题179：小额零星采购、定点采购的内涵与相关办法可以尽快明确吗？

问：根据财政部《关于促进政府采购公平竞争优化营商环境的通知》规定，除小额零星采购适用的协议供货、定点采购以及财政部另有规定的情形以外，还有以下三种情况：一是目前没有相关规定对小额零星采购给予明确定义，部分市、县认为不是属于必须招标的工程、服务都属于小额零星工程，比如，各地均建立了小额工程定点库、造价库、协审库等。以上建库应该适用该条规定吗？二是属于集中采购目录规定的公开招标标准以下的货物或服务采购也属于小额零星采购。希望财政部对此作出明确的规定。三是目前各个地区对一些需求不明确、预算无法准确判断的项目全部建立定点采购库，由采购人与入围供应商二次协商价格与具体服务事项。可以明确所有定点库的建立采购方案应由本级财政部门审批同意后由政府集中采购机构（公共资源交易中心）统一建库统一管理吗？

答：（1）协议供货和定点采购是由本级财政部门核准，由政府集中采购机构实施，针对政府集中采购目录中规格及标准相对统一，品牌较多，日常采购频繁的通用类产品和通用的服务类项目，在明确产品和服务标准基础上的简易采购程序。预算单位自行建立的备选库、名录库、资格库不属于协议供货和定点采购范围，应当按照财政部《关于促进政府采购公平竞争优化营商环境的通知》的要求予以清理。

（2）财政部《关于促进政府采购公平竞争优化营商环境的通知》另有规定是指财政部正在研究对协议供货、定点采购以及其他小额度、多频次的政府采购项目进行统一规范的制度办法。《政府采购框架协议采购方式管理暂行办法》（财政部令第110号）已于2022年3月1日起实施。

问题180：如果由采购人和评审专家来推荐供应商，有前置限定条款吗？

问：如果由采购人和评审专家来推荐供应商，有前置限定条款吗？比如，只有特殊需求的项目才能由采购人和评审专家推荐吗？推荐供应商的理由需要进行明确吗？

答：采用专家和采购人共同推荐供应商的项目，没有前置条件，采购人可以根据项目的实际情况自行决定采用这种方式选择供应商。《政府采购非招标采购方式管理办法》规定，采取采购人和评审专家书面推荐方式选择供应商的，采购人和评审专家应当各自出具书面推荐意见。因此，应当明确推荐供应商的理由。

问题181：可以通过公开招标确定一批定点审计服务机构备选库吗？

问：目前，地方审计部门工作人员少，需办理审计结算的政府投资工程数量较多，为提高工作效率，通常会通过公开招标确定一批定点服务中介机构承接此类项目（每个项目需支付的服务费最高不到50万元），此做法是属于“定点采购”还是属于《关于促进政府采购公平竞争优化营商环境的通知》中提及的设置“备选库、名录库、资格库”?

答：所述情形属于设置备选库、名录库、资格库的情形，是《关于促进政府采购公平竞争优化营商环境的通知》明令禁止的行为。对于您提到的审计结算服务，应当在明确服务标准、定价原则等采购需求的前提下，依照法定程序择优选择具体供应商，遵循量价对等的原则签订政府采购合同，由一家供应商承担的采购项目，采购人可与其签订单价固定、数量不确定的采购合同。确需多家供应商共同承担的，可根据业务性质、服务区域等要素，进行合理分包，通过竞争择优，将相应采购业务明确到具体供应商。

问题 182：政府购买施工图审查服务，可以找两家图审机构轮值承揽业务吗?

问：本市政府购买施工图审查服务，因工作量大，准备找两家图审机构，轮值承揽业务，或者一家承揽 50% 的业务，违背《关于促进政府采购公平竞争优化营商环境的通知》的要求吗?

答：您提到的情形违反了《关于促进政府采购公平竞争优化营商环境的通知》的规定。对于确需两家供应商共同承担的，可根据业务性质、服务区域等要素，进行合理分包，通过竞争择优的方式，将相应采购业务明确到具体供应商。

问题 183：学校采购项目中的特殊要求算歧视条款吗?

问：学校采购学生公寓床和老师办公桌椅，集中询价，预算金额 70 万元，要求环保标志政府采购清单内生产企业投标，有经销商投诉询价文件未让经销商参与项目是歧视条款。讨论有两种意见：一是未让所有可能供货的商家进来就是歧视；二是在环保标志采购清单中有多家企业，采购人并未指定，不属于法律规定的歧视情形。应认定为哪种情形?

答：《政府采购法》第二十二条规定，采购人可以根据采购项目的特殊要求，规定供应商的特定条件。对于有特殊需要必须面向生产厂家进行采购的项目（比如，采购货物专业化程度高，需要生产企业提供安装、维护等售后服务或采购量较大等），采购人可在采购文件中作出约定。

问题184：中标通知书发出后，第一候选人放弃中标怎么办？

问：在竞争性谈判时，最后提交报价的供应商为3家，在中标通知书发出后，第一预中标商放弃中标后，可以顺延第二家吗？

答：《政府采购法实施条例》第四十九条规定，中标或者成交供应商拒绝与采购人签订合同的，采购人可以按照评审报告推荐的中标或者成交候选人名单排序，确定下一候选人为中标或成交供应商，也可以重新开展政府采购活动。

但需要注意的是，根据《政府采购法实施条例》第七十二条规定，供应商中标或者成交后无正当理由拒不与采购人签订政府采购合同的，应依照《政府采购法》第七十七条第一款的规定追究其法律责任。

问题185：怎样才能成为政府采购服务定点单位？

问：怎样才能入库2020—2022年的政府采购服务定点单位？

答：协议供货和定点采购是由本级财政部门核准，由政府集中采购机构实施，针对政府集中采购目录中规格及标准相对统一、品牌较多、日常采购频繁的通用类产品和通用的服务类项目，在明确产品和服务标准基础上的简易采购程序。可以通过中国政府采购网获取相关采购信息，或者向相关政府集中采购机构咨询。

问题186：政府采购方式如何选定及执行？

问：如果采购主体和资金来源均符合《政府采购法》的规定，除了《必须招标的工程项目规定》以外的政府采购工程应当按照政府采购的有关规定，采用竞争性磋商、竞争性谈判、单一来源采购等方式采购。

（1）符合《招标投标法》第六十六条和《招标投标法实施条例》第九条规定，可以不进行招标的政府采购项目，也要按照政府采购的相关审批流程报批后，采用竞争性磋商、竞争性谈判、单一来源采购等方式采购吗？

（2）《工程建设项目施工招标投标办法》第三十八条规定，“依法必须进行施工招标的项目……重新招标后投标人仍少于3个的，属于必须审批、核准的工程建设项目，报经原审批、核准部门审批、核准后可以不再进行招标”，这种依法必须招标的政府采购工程两次招标投标人均少于三家的，其不再招标的审批、核准部门是财政部门吗？“不再招标”后是采用竞争性磋商、竞争性谈判还是单一来源采购？需要财政部门审批吗？

（3）所有的政府采购工程在投标人不足三家的情况下均必须发布废标公告吗？

（4）如果进口机电产品两次招标，投标人均不足三家，可以报财政部门同意后，不再招标吗？不再招标后，可以按照政府采购方面的法律、法规和规章的规定组织采购活动，处理质疑、投诉吗？

答：（1）依照《政府采购法实施条例》第二十五条规定，依法不进行招标的政府采购工程项目，采购人应当根据采购需求情况，依法选择竞争性谈判、竞争性磋商、单一来源等方式采购。

（2）依照《政府采购法》第四条规定，政府采购工程进行招投标的，适用于《招标投标法》，相关问题请咨询国家发展和改革委员会。

（3）依照《政府采购法》第四条规定，政府采购工程进行招投标的，适用于《招标投标法》，相关问题请咨询国家发展和改革委员会。

（4）依照政府采购法律规定，政府采购进口机电产品招标投标属于政府采购范畴，其政府采购政策、质疑投诉等应当遵照政府采购法律法规规定执行。

问题187：政府采购竞争性谈判中第二次报价相同如何处理？

问：在政府采购竞争性谈判中第二次报价相同如何处理？

答：采购人、采购代理机构应当在谈判文件中对采购程序、价格构成或者报价要求、评定成交标准、报价相同处理方法作出规定。如果谈判文件中未作相关规定，可以参照《政府采购货物和服务招标投标管理办法》第六十八条规定，采取随机抽取的方式确定成交供应商。

问题188：只有一部分是集中采购目录内采购项目必须进行集中采购吗？

问：采购人采购一批物资，其中有1/5属于集中采购目录以内的货物，绝大部分属于分散采购项目，这类项目因作为一个预算项目进行的批复，如按照集中采购与分散采购进行拆分不利于项目的实施，该项目可以作为分散采购项目由采购人委托社会代理机构进行招标，而不强制要求政府集中采购机构代理吗?

答：按照《政府采购法》第七条第三款规定，纳入集中采购目录的政府采购项目，应当实行集中采购。您所提及的具体项目问题，请咨询当地财政部门。

问题189：关于非工程类政府采购项目，采用招标方式采购如何适用法律?

问：政府采购采购工程以及与工程有关的货物、服务，采用招标方式采购的，适用《招标投标法》及其实施条例。请问，政府采购非工程类项目，采用招标方式采购的，是否适用《招标投标法》及其实施条例?

答：政府采购货物和服务项目，采用招标方式的，适用于《政府采购法》及其实施条例。政府采购工程项目进行招标投标的，适用《招标投标法》及其实施条例。

问题190：单一来源采购项目的报价低于成本价，需要供应商澄清吗?

问：对于政府采购的单一来源项目，如果协商小组一致认为供应商的谈判文件报价明显低于成本价，协商小组可以让供应商对报价进行澄清吗?

答：采用单一来源方式的，采购人应当组织具有相关经验的专业人员与供应商商定合理的成交价格并保证项目质量。如果认为供应商的报价过低有可能影响诚信履约的，可以要求供应商作出履约承诺。

问题191：政府购买服务竞争性磋商中，只有2家供应商递交响应文件，采购活动可以继续进行吗?

问：依据《财政部关于政府采购竞争性磋商采购方式管理暂行办法有关问题的补充通知》，政府购买服务采用竞争性磋商，在报名或递交响应文件环节只有2家供应商，采购活动可以继续吗?

答：依照《财政部关于政府采购竞争性磋商采购方式管理暂行办法有关问题的补充通知》规定，在采购过程中符合要求的供应商只有 2 家的，竞争性磋商采购活动可以继续进行。“采购过程”是指符合条件的供应商有 3 家，进入磋商到提交最后报价的阶段，“符合要求”是指经评审实质性满足要求（包括资格审查符合要求、符合性审查符合要求）。据此，上述规定的前提是在进入磋商前符合资格条件的供应商至少有 3 家。递交响应文件如果只有 2 家，采购活动不能继续。

问题 192：在联合体投标中，联合体各方可以单独参加同一政府采购活动吗？

问：根据《政府和社会资本合作项目政府采购管理办法》第九条规定，项目采购文件应当包括“是否允许未参加资格预审的供应商参与竞争并进行资格后审”。某 PPP 项目接受联合体投标，并已完成资格预审，采购文件中已明确允许未参加资格预审的供应商参与竞争并进行资格后审。假设：

（1）A + B 联合体（A 为牵头方）已通过资格预审，现以 A + C 联合体（A 为牵头方）或以 B + C 联合体（B 为牵头方）来参与本项目投标，属于“允许未参加资格预审的供应商参与竞争并进行资格后审”的情形吗？

（2）A + B 联合体（A 为牵头方）未通过资格预审，现以 A + C 联合体（A 为牵头方）或以 B + C 联合体（B 为牵头方）来参与本项目投标，属于“允许未参加资格预审的供应商参与竞争并进行资格后审”的情形吗？

答：按照《政府采购法实施条例》第二十二条规定，以联合体形式参加政府采购活动的，联合体各方不得再单独参加或者与其他供应商另外组成联合体参加同一合同项下的政府采购活动。

问题 193：在公开招标过程中，只有两家供应商投标怎么办？

问：一个政府采购项目经过两次公开招标，每一次均只有两家供应商提交响应文件，但每一次提交响应文件的供应商均不同，该项目两次均流标。发布流标公告后，经过有关部门的批准，该项目变更为竞争性谈判方式采购。批准机关的批复为：请依法按竞争性谈判方式组织采购，根据《政府采购非招标采购方式管理办法》第二十七条规定，在谈判文件中要求与最后一次公开招标中报名的两家供应商直接谈判。这一要求合法合规吗？

答：根据《政府采购货物和服务招标投标管理办法》第四十三条及《政府采购非招标采购方式管理办法》第二十七条规定，在公开招标过程中，提交投标文件的供应商只有两家时，经本级财政部门批准后可以与该两家供应商进行谈判采购。

问题194：如何界定“同一品目或者类别”？

问：《政府采购法实施条例》第二十八条规定的“同一品目或者类别”如何界定？采购人应当按照财政部制定的《政府采购品目分类目录》中第几级分类来判断属于同一品目或类别吗？

答：“同一品目或者类别”按照《政府采购品目分类目录》中最低级次品目为准。

问题195：可以在采购预算额度内合理设定最高限价吗？

问：《政府采购货物和服务招标投标管理办法》第十二条规定：“采购人根据价格测算情况，可以在采购预算额度内合理设定最高限价，但不得设定最低限价。”以上规定针对政府采购领域达到公开招标数额的货物和服务项目。不得设置最低限价的规定是否仅针对以上范围？

答：政府采购货物和服务招标投标活动，均适用于《政府采购货物和服务招标投标管理办法》的规定。不得设置最低限价的规定，适用所有货物和服务招标投标活动。

问题196：政府购买服务项目期限不超过3年，如何理解？

问：根据《财政部关于推进和完善服务项目政府采购有关问题的通知》规定，以及自2020年3月1日起施行的《政府购买服务管理办法》第二十四条规定，“政府购买服务合同履行期限一般不超过1年；在预算保障的前提下，对于购买内容相对固定、连续性强、经费来源稳定、价格变化幅度小的政府购买服务项目，可以签订履行期限不超过3年的政府购买服务合同”。

当政府购买服务项目（或者政府采购服务项目）的服务期限确定为3年时，（1）该项目预算金额应为3年的总和吗？可以允许采购文件以第1年的预算数额作为该项目预算金额吗？

（2）该项目履行期限为3年的服务合同是否应一次性签订（即一个合同），可以允许该项目采购文件规定为服务合同按一年一签订（即分年签订履行期限为一年的3个合同）吗？

答：（1）此类项目应当按照一年预算金额计算是否达到采购限额标准。

（2）政府采购服务项目可在年度预算有保障的前提下，通过一年一续签方式与采购人签订合同，期限总长不得超过3年。采购人应当在采购文件中就此事项作出说明，事先告知潜在供应商。

问题197：工程设计服务如何选择采购方式？

问：设计费为200万元的工程设计服务是应该采用竞争性磋商还是公开招标方式？

答：根据《政府采购法实施条例》第七条规定，“政府采购工程以及与工程建设有关的货物、服务，采用招标方式采购的，适用《中华人民共和国招标投标法》及其实施条例……所称与工程建设有关的服务，是指为完成工程所需的勘察、设计、监理等服务”。您咨询的200万元的工程设计服务项目，应当属于依法必须招标的工程建设有关的服务，应当按照《招标投标法》及实施条例进行招标投标。

问题198：如何认定政府购买服务的主体？采购合同如何签订？

问：政府购买服务项目本是各单位自身职责，现上级为加快推进工作进度，指定区级主管部门作为采购人开展公开招标，并与中标供应商签订采购合同，采购资金由各单位（10家）与中标供应商据实结算支付。

（1）《政府购买服务管理办法》规定，事业单位不是购买服务主体，中小学校可以开展教育服务等项目的政府购买服务吗？

（2）上级主管部门可以代表下级单位实施政府采购，与中标供应商签订合同（不限于购买服务类项目）吗？

答：（1）政府购买服务主要是为了转变政府职能、改善公共服务供给，由国家机关实施的部分服务采购。事业单位不是政府购买服务的主体，但仍属于政府采购主体，应当按照政府采购法律制度的规定采购所需服务。

（2）主管预算单位可以根据本部门实际对下属单位的采购作出规定。除此之外，应由预算单位依法实施采购活动并签订合同。

问题199：采用竞争性谈判的项目何时可以开展评审工作？

问：竞争性谈判的项目谈判公告公示三个工作日后，第四个工作日可以开标吗？

答：竞争性谈判属于非招标采购方式，不存在您所述公告公示、开标的情形。对于竞争性谈判，如果谈判文件与公告同时发出，公告三个工作日结束后，同时提交响应文件时间截止，可以在第四个工作日开展评审。

问题200：供应商的响应文件未响应谈判文件的实质性要求，可以参加竞争性谈判吗？

问：在竞争性谈判中，谈判小组需与通过资格审查的供应商逐一谈判。如果某供应商资格审查通过了，但其响应文件未响应谈判文件的实质性要求，可以参加谈判吗？

答：《政府采购非招标采购方式管理办法》（财政部令第74号）第三十条规定。谈判小组应当对响应文件进行评审，并根据谈判文件规定的程序、评定成交的标准等事项与实质性响应谈判文件要求的供应商进行谈判。未实质性响应谈判文件的响应文件按无效处理。

问题201：通过参与拍卖方式竞买文物适用《政府采购法》吗？

问：采购人拟使用财政资金通过参加拍卖的方式征集文物，竞拍金额达到政府采购限额标准以上的，适用《政府采购法》吗？

答：通过参与拍卖方式竞买文物的，不适用政府采购有关规定。

问题202：这种情况适用于《招标投标法》吗？

问：未达到公开招标数额的老旧小区改造项目经批准为公开招标采购，

适用于《招标投标法》吗？

答：上述情形不属于依法必须招标范围的采购内容，应按照政府采购法律制度规定依法采用竞争性谈判、竞争性磋商、单一来源方式采购。

问题 203：高校工程类招标项目需要执行相关政策吗？

问：某高校的一个 400 万元以上的工程类项目的项目资金为发改委立项批复的资金，需要执行以下要求吗？

（1）此类项目必须执行政府采购政策吗？

（2）必须执行采购意向公示吗？

答：（1）依法必须招标的政府采购工程项目的程序执行《招标投标法》，但应执行政府采购政策。

（2）政府采购工程应当执行政府采购意向公开的相关规定。

问题 204：企业使用财政性资金采购，需要执行政府采购制度规定吗？

问：中央财政资金拨付到企业，企业承担项目实施需要进行政府采购吗？

答：采购人应当按照政府采购有关法律制度规定，选择相应的项目承担单位。企业不是政府采购主体，企业使用财政性资金采购可不执行政府采购制度规定。

问题 205：代理机构代理政府采购工程项目，受《政府采购代理机构管理暂行办法》的约束吗？

问：代理机构代理的政府采购工程项目，属于依法必须招标的工程项目，适用于《招标投标法》，该代理机构受《政府采购代理机构管理暂行办法》的约束吗？

答：政府采购代理机构受《政府采购代理机构管理暂行办法》的约束。依法必须招标的政府采购工程项目，招标过程适用《招标投标法》，并应落实《政府采购法》规定的政策功能要求。

问题206：前期参与项目可行性研究咨询的供应商，可以参加该项目其他服务的投标吗?

问：在政府采购项目中，参与项目前期可行性研究咨询的供应商，在该项目日后采购其他服务（如监理服务）时，可以参与投标吗?

答：项目前期可行性研究咨询属于为项目提供设计服务，根据《政府采购法实施条例》第十八条第二款规定，除单一来源采购项目外，参与项目可行性研究的单位，不得再参加该采购项目其他采购活动，但可以参与该项目管理、监理、检测服务。

问题207：询价采购方式只适用于采购货物吗?

问：询价采购方式只适用于采购货物吗?

答：《政府采购法》第三十二条规定，“采购的货物规格、标准统一、现货货源充足且价格变化幅度小的政府采购项目，可以依照本法采用询价方式采购”。所以，询价采购方式只适用于货物采购。

问题208：无设计方案的采购项目可以采用竞争性磋商采购方式吗? 如何安排项目采购流程?

问：（1）采购人拟采用设计、施工一体化招标方式，即招标前无设计方案，要求投标人提供设计方案、施工方案投标。在此情况下，由于没有设计方案，各家投标人自带方案，所有的施工材料、设备等均不一致，各方没有统一的报价基础，此种情形下可以采用此类一体化招标方式吗?

（2）若财政部门批复可以采用竞争性磋商方式采购，在初步评审确定统一的设计方案后，采购代理机构要求供应商按统一的方案二轮报价，如何留取足够的时间给供应商作二轮报价，项目流程应当如何安排?

答：（1）《政府采购竞争性磋商采购方式管理暂行办法》（财库〔2014〕214号）第三条第二项规定，“符合下列情形的项目，可以采用竞争性磋商方式开展采购：……（二）技术复杂或者性质特殊，不能确定详细规格或者具体要求的”。因此，对于上述的需求不明确，需要供应商提供设计方案、施工方案的采购项目，原则上应当采用竞争性磋商或者竞争性谈判的采购方式，先明确采购需求，再提供报价。

（2）《政府采购竞争性磋商采购方式管理暂行办法》（财库〔2014〕214 号）第二十一条第二款规定，“磋商文件不能详细列明采购标的的技术、服务要求，需经磋商由供应商提供最终设计方案或解决方案的，磋商结束后，磋商小组应当按照少数服从多数的原则投票推荐 3 家以上供应商的设计方案或者解决方案，并要求其在规定时间内提交最后报价”。法条并未规定必须在当天提交最后报价，采购人、采购代理机构可以根据项目实际情况，合理确定项目流程安排。

问题 209：竞争性磋商采购中，采购人可以委托评审专家对供应商进行资格性审查吗？

问：采用竞争性磋商进行政府采购活动的，采购人可以委托评审专家对供应商进行资格性审查吗？

答：根据《政府采购竞争性磋商采购方式管理暂行办法》（财库〔2014〕214 号）第二十六条规定，竞争性磋商项目可由采购人及其采购代理机构依法进行资格审查，也可由磋商小组进行资格审查，但应在磋商文件中进行明示。

问题 210：校企合作项目中可以进行单一来源采购吗？

问：高校在校企合作项目中，必须采购合作企业的货物的情形，适宜单一来源采购吗？

答：符合《政府采购非招标采购方式管理办法》（财政部令第 74 号）第三条规定的单一来源适用情形的，可以申请采用单一来源方式采购。在校企合作中，原则上不允许进行单一来源采购。若使用企业资金的，则不属于政府采购范围，可按合同约定进行采购。

问题 211：如何确定竞争性磋商采购中供应商的有效报价？

问：在竞争性磋商采购中，如何确定供应商的有效报价？

答：根据《政府采购竞争性磋商采购方式管理暂行办法》第二十一条规定，磋商文件能够详细列明采购标的的技术、服务要求的，磋商结束后，磋商小组应当要求所有实质性响应的供应商在规定时间内提交最后报价，根据最后报价进行评审。

第三章　政府采购程序

问题212：核心产品有部分采用相同品牌投标时，如何处理？

问：《政府采购货物和服务招标投标管理办法》第三十一条规定，应当在招标文件中注明核心产品。如果一个项目招标文件注明的核心产品不止一种，有2个投标人，他们的核心产品有部分采用相同的品牌，有部分采用不同的品牌。应当认定该两个投标人按一家计算，还是按两家计算？

答：核心产品有部分采用相同品牌的，应当按照《政府采购货物和服务招标投标管理办法》第三十一条规定，按一家投标人计算。

问题213：采用竞争性谈判、询价采购和竞争性磋商方式时对核心产品如何设定？

问：竞争性谈判、询价采购和竞争性磋商应当参照《政府采购货物和服务招标投标管理办法》设定核心产品吗？

答：《政府采购非招标采购方式管理办法》和《政府采购竞争性磋商采购方式管理暂行办法》并无对核心产品的规定。采购人可以根据项目的实际情况，在采购文件中进行相关约定。

问题214：如何计算发布公告日期？

问：本单位于2019年4月1日上午9点之前在项目当地“×××公共资源交易信息网”上发布招标公告，并于当日上午9点40分在省级以上财政部门指定媒体上发布招标公告，报名时间（以工作日计算）：2019年4月1日至2019年4月8日（节假日除外），每日上午9：00至12：00，下午

14：30 至 17：00（北京时间，下同）。根据《政府采购货物和服务招标投标管理办法》第十六条规定，招标公告、资格预审公告的公告期限为 5 个工作日。公告内容应当以省级以上财政部门指定媒体发布的公告为准。公告期限自省级以上财政部门指定媒体最先发布公告之日起算。和本办法第八十五条规定，按日计算期间的，开始当天不计入，从次日开始计算。期限的最后 1 日是国家法定节假日的，顺延到节假日后的次日为期限的最后 1 日。本单位发布的招标公告期限满足 5 个工作日要求吗？

答：《政府采购货物和服务招标投标管理办法》第八十五条规定，本办法规定按日计算期间的，开始当天不计入，从次日开始计算。你反映的情况中，4 月 1 日当天不计入，4 月 5 日至 4 月 7 日为节假日，工作日只有 4 月 2 日至 4 日和 4 月 8 日，不足 5 个工作日。

问题 215：供应商报价均超过采购项目预算金额或最高限价，应予以废标吗？

问：同一个采购项目，分公开招标和单一来源方式采购，其中公开招标超出了财政批复预算金额的 0.13%，完成单一来源采购后还剩余足够的金额可支付公开招标超出金额。一定要全部废掉公开招标，重新采购吗？

答：采购文件中列示的采购预算或最高限价是控制采购执行的基础，是供应商报价的重要依据，采购人应合理确定采购项目预算或最高限价金额，中标、成交金额不得超过采购项目预算金额或最高限价，超过采购项目预算或最高限价的应予以废标。

问题 216：在政府采购竞争性磋商项目中，磋商小组发现供应商的报价存在极其明显的书写错误怎么办？

问：在政府采购竞争性磋商项目中，磋商小组发现供应商的报价存在极其明显的书写错误。

（1）磋商小组可以要求供应商对报价进行澄清或者修改吗？

（2）竞争性磋商项目，在磋商的过程中，如果没有改变磋商文件的内容，第二次的报价是否不能高于第一次的报价？

答：（1）《政府采购竞争性磋商采购方式管理暂行办法》规定，磋商小组在对响应文件的有效性、完整性和响应程度进行审查时，可以要求供应商对响应文件中含义不明确、同类问题表述不一致或者有明显文字和计算错误的内容等作出必要的澄清、说明或者更正。因此，磋商小组可以要求供应商进行澄清或更正。但是，供应商的澄清、说明或者更正不得超出响应文件的范围或者改变响应文件的实质性内容。

（2）竞争性磋商只有最后一轮供应商才提供报价，之前提出的带有价格的方案可以视为成本估算，如采购文件没有限制，后一轮成本估算可以高于、低于或等于前一轮成本估算。

问题217：这样推荐供应商合法吗？

问：××省财政厅公布了《关于公布2019年度××省省级政府集中采购目录及限额标准的通知》。其中，在“四、非公开招标采购方式适用”中提出，“对采用竞争性谈判、竞争性磋商、询价采购方式的，预算单位可以通过书面推荐形式邀请不少于3家符合相应资格条件的供应商参与采购活动，保障采购质量，提高采购效率”。××省××市财政局政府采购监督管理办公室参照××省财政厅文件制定发布了《××市财政局关于公布〈2019年度××市政府集中采购目录〉及相关事项的通知》暨公布了2019年××市政府集中采购目录。

××市诸多财政拨款机关事业单位依据××市财政局通知中“五、非公开招标采购方式适用”“其中，采用竞争性谈判、竞争性磋商、询价采购方式的，预算单位可通过书面推荐形式邀请不少于3家符合相应资格条件的供应商参与采购活动，保障采购质量，提高采购效率”的规定，在没有达到公开招标限额采用竞争性谈判方式进行采购的项目中采用书面推荐供应商的方式进行采购。

上述推荐供应商进行采购的方式合法吗？

答：上述推荐供应商的方式并不违反政府采购非招标方式的相关规定。《政府采购非招标采购方式管理办法》第十二条规定，采购人，采购代理机构应当通过发布公告、从省级以上财政部门建立的供应商库中随机抽取或者采购人和评审专家分别书面推荐的方式邀请不少于3家符合相应资格条件的供应商参与竞争性谈判或者询价采购活动。××省财政厅的相关文件是对《政府采购非招标采购方式管理办法》有关规定的进一步细化。

问题 218：在非招标采购方式中，推荐供应商数量如何确定？

问：竞争性磋商、竞争性谈判、询价采购中，可以通过采购人和评审专家确定推荐的方式邀请不少于 3 家符合资格条件的供应商参与，采购人推荐供应商的比例不得高于推荐供应商总数的 50%。如果某项目中采购人推荐了 2 家，专家推荐了 3 家，但最后递交响应文件的供应商是采购人推荐的 2 家和专家推荐的 1 家。这种情况应该怎么处理？

答：《政府采购非招标采购方式管理办法》规定，采取采购人和评审专家书面推荐方式选择供应商的，采购人和评审专家应当各自出具书面推荐意见。采购人推荐供应商的比例不得高于推荐供应商总数的 50%。您所咨询的问题中，采购人和评审专家推荐的供应商数量符合上述要求。

问题 219：可以发布澄清公告补充采购公告中漏写的资格条件吗？

问：在政府采购竞争性磋商项目中，在招标文件里有某一项资格条件，但是在发布采购公告时漏写了这一项资格条件。可以通过澄清更正的方式去修改采购公告中漏写的这项资格条件吗？

答：如果在发布的招标公告中的供应商资格条件漏掉了招标文件里的某一项资格条件，可以发布澄清公告补充资格条件，并相应延长招标文件发售时间和投标截止时间。

问题 220：在招标文件中可以要求投标人“在本地区设有服务机构”吗？

问：政府采购项目中，考虑有些项目需要中标单位进行后期维护，在招标文件的评标办法中要求：投标人在本市内设有长期稳定的服务机构，在投标文件中提供投标人自有服务网点的证明资料。服务网点为自有产权的，提供房屋产权证复印件（房屋产权证书产权人为投标人名称）；自有服务网点为租赁的，须提供房屋租赁合同复印件（租赁合同须为投标人签署）或房屋租赁合同意向书原件（租赁合同意向书须为投标人签署）。这种条款设置属于歧视性条款吗？

答：如在本地区设有服务机构与项目的服务质量相关，可以将服务机构作为加分条件，但不宜以房屋产权证或房屋租赁合同作为证明材料。

问题221：这样设定评审因素符合相关规定吗？

问：某一货物项目采购文件中设置“★可溶性铅：≤90mg/kg”为核心技术参数且不满足这一核心技术参数要求的为无效标。

（1）在采用综合评分法时，再将这一核心技术参数设置为评审因素违反相关规定吗？

（2）实践中，为了择优，采购人一般有两种做法：一种做法是各投标人所投产品可溶性铅含量最低的得3分，其次的得2分，第三的得1分，其余的不得分；另一种做法是各投标人所投产品可溶性铅含量≤30mg/kg得3分，可溶性铅含量＞30mg/kg且≤50mg/kg的得2分，可溶性铅含量＞50mg/kg且≤70mg/kg的得1分，其余的不得分。上述两种做法符合相关法律法规吗？

答：（1）《政府采购货物和服务招标投标管理办法》规定，评审因素的设定应当与投标人所提供货物服务的质量相关，包括投标报价、技术或者服务水平、履约能力、售后服务等。资格条件不得作为评审因素。从您反映的问题看，“★可溶性铅：≤90mg/kg”设定为实质性响应条件，评审中在此基础上对这一核心技术参数的技术水平提出了更高的要求，如果与采购项目的服务质量相关，不属于“资格条件不得作为评审因素”的情形，符合《政府采购货物和服务招标投标管理办法》的规定。

（2）《政府采购货物和服务招标投标管理办法》规定，评审因素应当细化和量化，且与相应的商务条件和采购需求对应。您所列的两种评审方法，第一种为排序法，第二种为区间法，符合财政部以上规定。

问题222：如何理解评审因素的量化指标评审得分？

问：《政府采购货物和服务招标投标管理办法》第五十七条规定，“采用综合评分法的，评标结果按评审后得分由高到低顺序排列。得分相同的，按投标报价由低到高顺序排列。得分且投标报价相同的并列。投标文件满足招标文件全部实质性要求，且按照评审因素的量化指标评审得分最高的投标人为排名第一的中标候选人”。

（1）“投标报价”是指什么？

（2）“评审因素的量化指标评审得分”是指什么？

（3）负债率和无亏损等可以作为评审因素吗？

答：（1）所提问题中的“投标价格”是指评审后的投标价格。该价格应该是扣除了贯彻政府采购政策给予小微企业的价格扣除后的价格；

（2）“评审因素的量化指标评审得分”是指采用综合评分法时汇总价格、技术、商务、服务等各项评审因素的总得分；

（3）《政府采购货物和服务招标投标管理办法》规定，资格条件不得作为评审因素。因此，作为资格条件的财务报告，包括负债率、无亏损等不得作为评审因素。

问题223：专业承包资质可以作为评审因素吗？

问：消防设施工程专业承包二级（含）以上资质、装修装饰工程专业承包资质可以作为评审因素吗？

答：您的问题需要结合具体的采购项目进行判断。如果采购项目属于消防设施工程或装修装饰工程，则应将相关总承包资质或者消防设施工程专业承包资质、装修装饰工程专业承包资质作为资格条件。如果采购项目不属于消防设施工程、装修装饰工程，但两项资质与采购项目的服务质量相关，可以作为评审因素。否则就属于以不合理的条件排斥潜在供应商。

问题224：综合评分的评审因素如何设定？

问：目前，特定金额的业绩、从业人员以及非政府部门颁发的奖项、证书等均不能作为综合评分的内容，特别是随着政府简政放权之后，政府部门已经很少颁发奖项、证书，个人的相关证书也日渐减少。在政府采购项目中，哪些内容可以作为综合评分的因素？

答：《政府采购货物和服务招标投标管理办法》规定，评审因素的设定应当与投标人所提供货物服务的质量相关，包括投标报价、技术或者服务水平、履约能力、售后服务等。一般来讲，综合评分的因素包括价格因素、技术因素、服务因素、商务因素等方面。具体细项因素可以根据项目特点设置。实践中，只要政府采购法律法规、政策文件等没有明文禁止的、与采购项目需求相关有利于实现预算绩效目标和“物有所值”采购目标的条件都可以作为评审因素。

问题225：道路清扫保洁类服务项目采取何种评标方法？如何进行需求设置？

问：在某城区道路清扫保洁类的服务项目中，根据采购人的要求采用综合评分法进行评审。潜在供应商认为此类项目应该属于技术、服务等标准统一的货物服务项目，应适用《政府采购货物和服务招标投标管理办法》第五十四条“最低评标价法，是指投标文件满足招标文件全部实质性要求，且投标报价最低的投标人为中标候选人的评标方法。技术、服务等标准统一的货物服务项目，应当采用最低评标价法”的规定，道路清扫保洁类的服务项目应采用最低评标价法。

（1）对此，我们想了解道路清扫保洁类的项目应该使用何种评分方法，应该被认定为技术、服务等标准统一的货物服务项目吗？

（2）在操作此类服务项目时，可以将除税费外的报价作为价格评审时的依据进行评分，实际缴纳的税费作为不可竞争的价格进行必要的固定吗？

（3）在招标文件中可以设置“供应商应在本地设立服务机构，并应在服务项目所在地进行纳税”的采购需求吗？

答：（1）一般情况下，道路清扫保洁类服务项目属于技术、服务等标准统一的项目，应当采用最低评标价法。

（2）《政府采购货物和服务招标投标管理办法》规定，价格分依照投标报价进行计算，不能剔除缴纳的税费。

（3）采购人及其委托的采购代理机构可以根据项目需求和具体特点对供应商提出具体要求，但不得以不合理条件对供应商进行差别待遇或歧视待遇。

问题226：采购标的需要执行什么标准？

问：（1）如果招标文件里没有明确写明要求“采购标的需执行的国家

相关标准、行业标准、地方标准或者其他标准、规范”，评审专家在评标现场可以要求投标人补充说明所投产品执行的企业标准吗？

（2）《标准化法》第二十七条规定了企业标准自我声明。评审现场的评审专家可以根据国家的“企业标准信息公共服务平台”（http：//www. qybz. org. cn/）的查询结果，认定所投产品是“无标产品”吗？

（3）如果第2个问题不成立，评审现场有办法认定投标人所投产品是“无标产品”吗？

（4）软件企业的软件产品，也需要执行“企业标准自我声明”吗？

（5）在评标现场经常遇到投标文件“产品技术参数”原样粘贴招标文件的“产品技术参数”，用企业自我声明能破解这个问题，但是如何实施呢？

答：（1）如果采购产品有国家强制标准，那么采购产品必须执行国家强制标准。如果属于非强制标准，招标文件没有要求供应商的产品必须符合某个标准，评标时要求投标人补充提供说明所投产品执行标准并纳入评审是不妥的。评标委员会必须按照招标文件的规定进行评审。招标文件没有规定的，应认为采购人不作要求，可以不予评审。

（2）评标的原则一般是由投标人自己提供证明材料证明自己。除非招标文件规定了不需要投标人提供证据证明，由评标委员会在某网站查询。这样必须在招标文件作出清楚的规定，就像规定由采购人在“信用中国”查询一样。因此，如果招标文件没有这样的规定，评审现场的评审专家根据国家的“企业标准信息公共服务平台”（http：//www. qybz. org. cn/）的查询结果认定所投产品是否是“无标产品”的做法不妥。

（3）对于“无标产品”的问题，首先招标文件必须有要求，要求产品有自己的生产标准。同时，招标文件还必须要求投标人提供证明材料。如果招标文件中没有这样的要求，在评审现场认定是不妥的。

（4）软件企业的软件产品如果有国家强制标准，必须执行强制标准。如果没有国家强制标准，具体需求标准由采购人制定，但不属于“无标产品”。

（5）对于复制粘贴的问题，一般可以要求投标人提供详细说明或证明材料解决。

问题227：实质性条款出现两种不同响应时如何做？

问：一个服务类项目，在招标文件里有一条实质性条款，“投标人以承诺函的形式响应”响应该实质性条款，但是在招标文件的投标文件格式里没有附上实质性条款响应一览表。在评标时，有一家供应商的投标文件里提供了该实质性条款的承诺函并进行了完全响应，同时该供应商又在投标文件的一般性条款响应表里响应了该实质性条款，但是属于负偏离响应该条款，并且在偏离简述里写了偏离的原因。该实质性条款就出现了两个不同的响应，在这种情况下，是以承诺函的响应为准，还是以一般性条款响应表中的响应为准？评审委员会以该供应商在一般条款响应表里作了负偏离，同时又写了偏离的原因，认为该供应商在一般条款的响应才是该供应商的真实意思表示，否定了承诺函，从而认为该供应商不符合实质性要求，作出投标无效的决定。评审委员会的决定正确吗？在这种情况下，评审委员会可以根据“同类问题表述不一致”的规定启动澄清程序吗？

答：这需要根据招标文件的具体约定进行判断：实质性条款不得出现负偏离。从您提问描述的情形看，投标人在一般性条款响应表中对实质性条款相关内容填列为负偏离，且描述了负偏离原因，表明供应商对有关实质性条款要求出现负偏离作出了清晰表述，评审委员会可以认定其不符合实质性要求。评审委员会也可结合投标文件具体情况，依据《政府采购货物和服务招标投标管理办法》，对于投标文件中含义不明确、同类问题表述不一致或者有明显文字和计算错误的内容，以书面形式要求投标人作出必要的澄清、说明或者补正。

问题228：招标文件中可以要求提供指定的国家检测机构的检测报告吗？

问：要求供应商在投标时提供公安部认可的检测机构出具的检测报告是否违法？在投标时不能提供的，在招标文件中约定，在项目验收时须提供公安部认可的检测机构出具的检测报告作为验收条件是否违法？

答：对于你反映的情况应当根据项目实际情况进行判断。一般情况下，不鼓励采购人要求供应商提供国家检测机构出具的检测报告，以免增加供应商的投标成本。但是，对于一些采购特定产品确需提供产品质量检测报告的，采购人可以在采购文件中约定。在这种情况下，原则上由国家认可的认证（检测）机构出具认证证书（检测报告）即可，一般不宜指定特定的认证（检测）机构，国家法律法规另有规定的除外。

问题 229：在招标文件中如何科学合理设置评分标准？

问：在招标文件中对评分标准设置时，减分项（偏离项）设置数量多于相对应的总分值，若在招标文件中表明“扣完为止”，就不算作“总扣分大于采购文件设置的总分值”吗？

答：招标文件中应当科学合理设置评分标准，减分项（偏离项）设置数量多于相对应的总分值，在实际操作中容易产生极端情形，属于没有科学合理设置评分标准的情形。

问题 230：地市级财政部门有权制定采购文件范本吗？

问：《政府采购法实施条例》第三十二条规定，“采购人或者采购代理机构应当按照国务院财政部门制定的招标文件标准文本编制招标文件”；第四十七条规定，“国务院财政部门应当会同国务院有关部门制定政府采购合同标准文本”。政府采购标准文本的制定主体为财政部，事实上质疑书投诉书的范本也是由财政部制定的。然而在实践中，很多地市级财政部门也制定了一些采购文件范本，要求辖区内的采购代理机构强制使用，否则便属于违规。地市级财政部门有权制定采购文件范本吗？如果有权，其采购文件范本具有强制力吗？

答：根据《政府采购法实施条例》的规定，制定招标文件标准文本和合同标准文本属于国务院财政部门职责。实践中，一些地方财政部门出于规范本辖区内政府采购合同管理的目的，也会制定辖区内的采购文件范本，但原则上不得强制使用，也不能将不使用采购文本作为违规行为。

问题 231：政府采购公开招标项目可以明确不能收取投标保证金吗？

问：某些省市取消政府采购投标保证金，尤其是针对公开招标项目，根据国务院涉企保证金的目录，公开招标采购没有将投标保证金列入目录中，政府采购公开招标项目可以明确不能收取投标保证金吗？

答：《政府采购法实施条例》第三十三条规定，招标文件要求投标人提交投标保证金的，投标保证金不得超过采购项目预算金额的2%。《工业和信息化部 财政部关于公布国务院部门涉企保证金目录清单的通知》附件1涉企保证金目录清单序号3，政府采购招标（竞争性谈判、询价）保证金的设立依据和征收标准与《政府采购法实施条例》相同，因此，政府采购公开招标项目可以收取投标保证金，具体按照《政府采购法实施条例》第三十三条执行。

问题232：如何理解竞争性磋商时的“退出磋商”以及“撤回响应文件”？

问：《政府采购竞争性磋商采购方式管理暂行办法》第二十二条规定，“已提交响应文件的供应商，在提交最后报价之前，可以根据磋商情况退出磋商。采购人、采购代理机构应当退还退出磋商的供应商的磋商保证金”。第三十一条规定，“有下列情形之一的，磋商保证金不予退还：（一）供应商在提交响应文件截止时间后撤回响应文件的”。

（1）退出磋商和撤回响应文件有何区别？

（2）“供应商可以根据磋商情况退出磋商”，“情况”是指什么？

（3）供应商在提交响应截止时间后提出撤回响应文件，磋商小组应该接受供应商的撤回要求吗？如果只有三家供应商，其中一家供应商提出撤回投标文件的，磋商小组是继续进行评审还是终止评审？

答：（1）《政府采购竞争性磋商采购方式管理暂行办法》规定的“供应商在提交相应文件截止时间后撤回响应文件的”是指供应商在提交响应文件截止时间后尚未开展磋商前撤销响应文件。供应商这种情形会对采购活动产生影响，违背了政府采购诚实信用的原则，对收取的磋商保证金不应当退还。在磋商活动开始后，提交最后报价前供应商可以退出磋商，磋商保证金应当退还供应商。

（2）供应商退出磋商可以有各种原因，法规未作限制，也就是说供应商在任何情况下都可以退出磋商。

（3）如果供应商在截止时间之后撤销响应文件，剩下的供应商不足三家（政府购买服务项目和特殊科研项目不足两家）时，应该终止采购活动。当然撤销响应文件的供应商的保证金应该不予退还。

问题233：《政府采购货物和服务招标投标管理办法》中的撤回和撤销有何区别？

问：《政府采购货物和服务招标投标管理办法》第二十三条规定，“……投标有效期内投标人撤销投标文件的，采购人或者采购代理机构可以不退还投标保证金”。

（1）《政府采购货物和服务招标投标管理办法》第二十三条的“撤销”和第三十四条的“撤回”有何区别？

（2）撤销投标文件有哪些形式？

（3）在项目开标后、评标结果还未出来之前，投标人提出撤销投标文件的，如果正在评审的只有三家供应商，此时投标人提出撤销投标文件，评委会是继续评审还是终止评审？

答：（1）撤回是指投标人在提交投标文件的截止时间前撤回已提交的投标文件，投标保证金正常退还；撤销是指投标人在投标截止时间之后的投标有效期内收回投标文件或者宣布投标文件无效，投标保证金不予退还。

（2）撤销投标文件应当以书面形式提出。

（3）在评审过程中投标人撤销投标，造成剩下的有效投标人不足三家的，应该废标。

问题234：对于不予退还的保证金如何处理？

问：在地方政府采购活动中，对于不予退还保证金（投标保证金和履约保证金）如何处理？

答：按照“收支两条线”原则，在地方政府采购活动中不予退还的保证金（投标保证金和履约保证金）应当上缴国库，具体文件依据请咨询当地财政部门。

问题235：开标过程中发现投标文件未密封完好怎么办？

问：投标人在开标前10分钟递交投标文件时，由于工作人员疏忽，未检查到该投标文件密封不严实的问题，因此接收了其投标文件。开标过程中，其他投标人发现该投标文件未按要求密封（实际上只是密封口密封不严，且开标现场全程监控），提出应拒收其投标文件的要求。此要求合理吗？

答：《政府采购货物和服务招标投标管理办法》规定，投标人应当在招标文件要求提交投标文件的截止时间前，将投标文件密封送达投标地点。实际操作中，对投标文件密封完好的要求应当在合理范围内，投标文件封装存在轻微瑕疵但不影响实质封闭性的，不应拒收。以上反映的问题需要结合具体情况进行判断，具体可向当地财政部门咨询。

问题236：投标截止时间如何确定？

问：《政府采购法》第三十五条规定，货物和服务项目实行招标方式采购的，自招标文件开始发出之日起至投标人提交投标文件截止之日止，不得少于二十日。这里所指“自招标文件开始发出之日起”包含当日吗？在公开招标项目中，投标截止时间是以招标文件发售当日开始计算至第21天开标吗？

答：按照年、月、日计算期间的，开始当日不计入，自下一日开始计算。

问题237：如何确定谈判文件发出之日？

问：《政府采购非招标采购方式管理办法》第二十九条规定，从谈判文件发出之日起至供应商提交首次响应文件截止之日止不得少于3个工作日。这里的“从谈判文件发出之日”是指代理机构开始出售谈判文件之日起，还是最后1个报名的供应商获得采购文件之日起开始计算？

答：根据《政府采购非招标采购方式管理办法》“从谈判文件发出之日起至供应商提交首次响应文件截止之日止不得少于3个工作日”的规定，3个工作日的起算时间应该是从谈判文件发出期间截止后开始计算。如果谈判文件发售期限为3个工作日，则应从第4日开始计算。如果是以公告的方式邀请供应商，公告中应当明确谈判文件的发售期限，明确从发售期限截止后的第二天开始计算 3 个工作日。

问题 238：投标保证金和履约保证金上缴，采购人受到的损失如何弥补？

问：《关于明确政府采购保证金和行政处罚罚款上缴事项的通知》指出，“在中央政府采购活动中，供应商出现政府采购相关规定和采购文件约定不予退还保证金（投标保证金和履约保证金）的情形，由集中采购机构、采购人按照就地缴库程序，将不予退还的保证金上缴中央国库”。

（1）“中央政府采购”与“政府采购”是什么关系？

（2）履约保证金的功能是约束供应商按合同要求履约，供应商违约时用于赔偿采购人的损失，且不以此为限。如果按照通知要求将履约保证金上缴国库，采购人受到的损失应如何弥补？

答：（1）中央政府采购活动是指中央预算单位的政府采购活动，不包括各级地方政府预算单位开展的政府采购活动。

（2）履约保证金属于采购人的收入，应当按照“收支两条线”的原则上缴国库。采购人所需经费通过预算安排进行保障。

问题 239：政府采购保证金相关事项可以公开吗？

问：政府采购保证金具体收退金额及收退时间可以向社会公示吗？

答：该项内容不属于政府采购信息必须公开的内容，是否公开可由采购人、采购代理机构根据实际情况自行决定。

问题 240：投标保证金如何退还？

问：根据规定，中标保证人的保证金在签订合同后及时退还给投保人，但是由于投标人，业主、代理机构未及时告知合同签订、履行情况，作为代收单位不了解具体情况，造成有的项目已经过去几年，但是保证金仍未退还。有的投标人已无法联系，有的投标人经电话催告后仍不办理相关手续。可以在单位门户网站上发通知、公告后，不要其他相关证明资料，直接退还以前年度的投标保证金吗？对投标保证金的退还有年限要求吗？

答：《政府采购法实施条例》第三十三条规定，采购人或者采购代理机构应当自中标通知书发出之日起5个工作日内退还未中标供应商的投标保证金，自政府采购合同签订之日起5个工作日内退还中标供应商的投标保证金。若如您所述，因供应商自身原因导致无法退还的，采购人和采购代理机构应当尽量与供应商联系退还事宜，一旦具备退还条件，应当及时退还投标保证金。

问题241：在政府采购非招标项目中，对提供相同品牌货物的供应商，如何认定？

问：在政府采购非招标项目中，对提供相同品牌货物的供应商如何认定？

答：《政府采购货物和服务招标投标管理办法》只适用货物和服务招标采购项目，不适用非招标方式采购项目。非招标方式采购的，应按照财政部《关于多家代理商代理一家制造商的产品参加投标如何计算供应商家数的复函》的规定，同一品牌同一型号产品只能由一家供应商参加响应。如果有多家代理商参加同一品牌同一型号产品响应的，应视作同一个供应商计算。

问题242：在政府采购过程中，符合要求的供应商与符合资格条件的供应商不同吗？

问：《财政部关于政府采购竞争性磋商采购方式管理暂行办法有关问题的补充通知》规定，“采用竞争性磋商采购方式采购的政府购买服务项目（含政府和社会资本合作项目），在采购过程中符合要求的供应商（社会资本）只有2家的，竞争性磋商采购活动可以继续进行”。

（1）本条中所称“采购过程”有明确法律界定吗？

（2）本条中所称“符合要求”是指符合哪些要求？

答：（1）“在采购过程中符合要求的供应商（社会资本）只有2家的，竞争性磋商采购活动可以继续进行”中，“采购过程”是指符合资格条件的供应商有3家，进入磋商到提交最后报价的阶段。

（2）“符合要求”是指经评审实质性满足要求（包括资格审查符合要求、符合性审查符合要求）。

问题 243：投标供应商中两家提供的产品为同一品牌同一型号，如何处理？

问：在一个采购项目中，采购人采用竞争性谈判方式进行采购，采购结果公布后，有参与本次活动的供应商质疑采购结果，代理机构及采购人答疑后，供应商提起投诉，在投诉受理中投诉事项不成立，但在审查投标文件时发现，有两家投标人提供的产品为同一品牌。本次投标共有三家投标企业，如果按照《关于多家代理商代理一家制造商的产品参加投标如何计算供应商家数的复函》要求，本次采购因只能算作两家有效投标人，采购活动无效，责令采购人重新采购。可以依据《政府采购法》第三十六条第一款第一项规定予以废标吗？

答：如果本项目三家供应商中的两家提供的产品为同一品牌同一型号，应按一个供应商计算。由于参加竞争的供应商不足三家，应当依据《政府采购法》第三十六条第一款第一项规定予以废标。

问题 244：采用最低评标价法评标时，可以对投标人的投标价格进行调整吗？

问：《政府采购货物和服务招标投标管理办法》第五十四条规定："采用最低评标价法评标时，除了算术修正和落实政府采购政策需进行的价格扣除外，不能对投标人的投标价格进行任何调整"。如投标人的报价内容漏报、多报，是否允许设定一定的方式，在招标文件中对于漏报、多报的投标报价进行调整，以调整后的报价为依据，进行中标候选人的推荐？

答：根据《政府采购货物和服务招标投标管理办法》规定，最低评标价法评标时评标价格一般就是投标人的投标价，除非投标价格计算错误、大小写错误等应进行算术修正的情形外，不允许对投标价格进行其他调整，投标人的报价内容漏报、多报也不允许调整。

问题 245：采用综合评分法时，这样设定评分项合理吗？

问：（1）某一项目采用综合评分法时，如设置的某一评分项仅有两家国内供应商具有，该评分项在无其他情形的情况下，属于《政府采购法实施条例》第二十条规定的情形吗？

（2）考虑到某项目能采购到质量优、性能稳定的产品，如果设置产品具有国外、国际认证、认可类的证书作为择优评分项且此类证书获得时无《政府采购货物和服务招标投标管理办法》第十七条中规定的情形，此做法违反相关法律法规吗？

答：（1）如果评标办法的某项得分因素只有一两个供应商可以得到分数，这个因素就属于为这一两个供应商量身定做的，对其他供应商是不公平的，属于以不合理的条件对供应商实行差别待遇或者歧视待遇的情形。如果采购人认为这个因素是本项目必须满足的要求，应该将其设为关键因素，标记星号，对不满足要求的供应商作无效处理。

（2）政府采购应当采购本国货物、工程和服务。对某采购项目不涉及进口采购，原则上不宜将国际认证等证书作为加分项，否则属于以不合理的条件对供应商实行差别待遇或者歧视待遇。

问题246：这样设置评标办法合理吗？

问：《政府采购法实施条例》第三十四条规定，评审标准中的分值设置应当与评审因素的量化指标相对应。采用编制大纲是否详细合理（0~4分），技术路线是否详细合理（0~3分），编制内容是否详尽（0~3分），这样设置评标办法合理吗？

答：《政府采购货物和服务招标投标管理办法》规定，评审因素应当细化和量化，且与相应的商务条件和采购需求对应。从你反映的情况看，由于编制大纲是否详细合理等缺乏客观可量化的衡量标准，因此不符合《政府采购货物和服务招标投标管理办法》的规定。

问题247：报价是指供应商的原始报价吗？

问：《政府采购货物和服务招标投标管理办法》第五十七条规定，采用综合评分法的，评标结果按评审后得分由高到低顺序排列。得分相同的，按投标报价由低到高顺序排列。《政府采购竞争性磋商采购方式管理暂行办法》第二十五条规定，“磋商小组应当根据综合评分情况，按照评审得分由高到低顺序推荐3名以上成交候选供应商，并编写评审报告”“评审得分相同的，按照最后报价由低到高的顺序推荐”。该两处的报价是指投标人的原始报价，还是指享受价格扣除等政策后的调整报价？

答：此处报价指的是供应商的原始报价。在综合评审时，小微企业已经在价格评分上享受了优惠政策。

问题 248：第一中标候选人放弃中标后如何选择中标人？

问：在某政府采购公开招标中，共 5 家投标单位参加投标，且均通过资格审查、符合性审查。通过评审前 3 家为相同品牌，按照《政府采购货物和服务招标投标管理办法》对于同品牌投标的规定，评标委员会推荐了综合得分第一的投标人为第一中标候选人，排名第四、第五的投标人为第二、第三中标候选人。如果第一中标候选人因自身原因放弃中标，招标人可以选择排名第二的单位（不是评标委员会推荐的第二中标候选人）为中标人吗？如果不可以，在不重新招标的情况下，需要选择评标委员会推荐的第二、第三中标候选人为中标人吗？对排名第二、第三的投标人公平吗？

答：《政府采购货物和服务招标投标管理办法》第三十一条规定，使用综合评分法的采购项目，提供相同的品牌产品且通过资格审查、符合性审查的不同投标人参加同一合同项下投标的，按一家投标人计算。您的问题中，前三家为相同品牌，只能按一家投标人计算，从中确定综合得分第一的投标人为第一中标候选人，其他两家非相同品牌供应商分列第二、第三中标候选人。《政府采购法实施条例》第四十九条规定，中标或者成交供应商拒绝与采购人签订合同的，采购人可以按照评审报告推荐的中标或者成交候选人名单排序，确定下一候选人为中标或者成交供应商，也可以重新开展政府采购活动。因此，在不重新招标的情况下，需要按顺序从评标委员会推荐的第二、第三中标候选人中确定中标人。

关于您反映的对第二、第三的投标人不公平问题，我们将进行深入研究，并在下一步的制度修订中予以完善。

问题 249：使用综合评分法进行公开招标时，对提供相同品牌货物的供应商，如何认定？

问：某采购项目使用综合评分法进行公开招标，有四家供应商报名参加，且都通过资格审查、符合性审查，但发现其中两家供应商提供了相同品牌，按照《政府采购货物和服务招标投标管理办法》第三十一条规定，品牌相同的两家供应商只能按一家投标人计算，因此有效供应商为三家，故应将该项目中同品牌的其中一家进行废标处理，但是对两个同品牌投标供应商应该废掉哪一家？如果这样操作，价格怎么算？

答：《政府采购货物和服务招标投标管理办法》第三十一条规定，使用综合评分法的采购项目，提供相同品牌产品且通过资格审查、符合性审查的不同投标人参加同一合同项下投标的，按一家投标人计算，评审后得分最高的同品牌投标人获得中标人推荐资格，评审得分相同的，由采购人或者采购人委托评标委员会按照招标文件规定的方式确定一个投标人获得中标人推荐资格，招标文件未规定的采取随机抽取方式确定，其他同品牌投标人不作为中标候选人，按照上述规定，采用综合评分法确实会对价格评分产生一定影响，但为简化操作，这种影响可以不予考虑。

问题250：采用竞争性磋商方式采购工程，对价格权值如何设定？

问：采用竞争性磋商的方式采购工程，价格评审必须采用低价优先法吗？对价格权值应该如何设定？

答：根据《政府采购竞争性磋商采购方式管理暂行办法》的规定，竞争性磋商由磋商小组采用综合评分法对提交最后报价的供应商的响应文件和最后报价进行综合评分，综合评分法中的价格分统一采用低价优先法计算，工程项目价格权值没有规定，可由采购人根据项目具体情况合理设置。

问题251：对最低评标价法和综合评分法应如何适用？

问：目前，政府采购只有两种评审办法，分别是最低评标价法和综合评分法，在公开招标中采购人普遍采用综合评分法，理由是想采购到质优价廉的货物或服务。《政府采购货物和服务招标投标管理办法》第五十四条规定，技术、服务等标准统一的货物服务项目，应当采用最低评标价法，对于技术、服务标准统一没有衡量的标准，采购人采购一些规格统一的货物和服务均采用综合评分法。对于技术、服务标准统一是由采购人自主确定还是政府集中采购机构确定？财政部可以制作一个综合评分的评审细则，规定各区间的分值，降低采购人的自由裁量权吗？

答：采用的评标方法应由采购人根据采购项目的实际情况决定；关于评审因素的细化和量化，在《政府采购法实施条例》和《政府采购货物和服务招标投标管理办法》中都有具体的要求。下一步，财政部将结合《深化政府采购制度改革方案》的要求，进一步完善评审因素。

问题 252：如何理解综合评分法中分值设置应当与评审因素的量化指标相对应？

问：《政府采购法实施条例》第三十四条规定，采用综合评分法的，评审标准中的分值设置应当与评审因素的量化指标相对应。采用设置优（10~15 分）、良（5~10 分）、合格（1~5 分）的区间赋分合法吗？

答：《政府采购法实施条例》第三十四条规定，采用综合评分法的，评审标准中的分值设置应当与评审因素的量化指标相对应。采用设置优（10~15 分）、良（5~10 分）、合格（1~5 分）的区间赋分不合法，每个具体的评审因素只能对应唯一分值。

问题 253：可以在开标的第二天再评标吗？

问：一个政府采购公开招标项目，由于投标单位较多，开了一天标，当天已经不可能完成评标，可以在开标的第二天再评标吗？

答：现行政府采购法律制度未规定评标时限，但评标时间超过一天应做好相关保密工作。

问题 254：中标人再购买集成产品的行为属于分包吗？

问：有一项目为货物采购公开招标，核心产品为 LED 屏，中标人为集成商，与采购人签订合同，招标文件规定不接受分包。中标人向 LED 制造商购买 LED 屏幕投标的行为构成了分包吗？

答：集成商向 LED 制造商购买 LED 屏幕的购买行为不属于政府采购的分包。您提的问题中，集成商需要对购买产品进行集成，才能完成政府采购合同，集成商与 LED 制造商是购买合同关系，并不属于分包。

问题255：在评标过程中可以去掉最高分和最低分吗？

问：政府采购项目评标委员会中每个评审专家的打分都必须保留吗？假设5个评委打分，分别为20分、18分、13分、11分、10分，能不能去掉最高分和最低分，将剩余18分、13分、11分加起来取平均值14分作为某一供应商该评分项的得分？

答：《政府采购货物和服务招标投标管理办法》第五十五条规定了价格分的计算方法，并明确要求评标过程中不得去掉报价中的最高报价和最低报价。

问题256：竞争性磋商、竞争性谈判的第一次和最后一次报价可以公开唱标吗？

问：（1）竞争性磋商、竞争性谈判的第一次和最后一次报价可以公开唱标吗？

（2）发出中标公告后，如果供应商质疑商务得分，要求公开中标人以及自己的每一项商务得分，采购代理机构可以向质疑供应商公开吗？

答：（1）《政府采购法》关于竞争性谈判明确规定，在谈判中，谈判的任何一方不得透露与谈判有关的其他供应商的技术资料、价格和其他信息。竞争性磋商应当比照《政府采购法》关于竞争性谈判的规定执行。因此，竞争性磋商、竞争性谈判的报价不可以公开唱标。

（2）供应商分项得分不属于政府采购信息公开的内容。

问题257：政府采购工程项目采用竞争性磋商方式采购，价格分权重如何确定？

问：未达到公开招标数额标准的政府采购工程，经采购人申请采用竞争性磋商采购方式，政府采购工程项目的价格分值占总分值的比重如何确定？根据《政府采购竞争性磋商采购方式管理暂行办法》规定，综合评分法中的价格分统一采用低价优先法计算，办法只对货物和服务项目进行了规定，该规定也适用于工程类政府采购项目吗？工程类政府采购项目价格得分可以采用其他方法计算吗？

答：《政府采购竞争性磋商采购方式管理暂行办法》规定，磋商小组采用综合评分法对提交最后报价的供应商的响应文件和最后报价进行综合评分。综合评分法中的价格分统一采用低价法优先计算。政府采购工程项目采用竞争性磋商方式采购的，价格分的计算应采用《政府采购竞争性磋商采购方式管理暂行办法》规定的低价优先法计算公式，价格分的权重可由采购人根据项目的具体情况合理确定。

问题 258：对超过预算报价如何处理？

问：在竞争性谈判中第二次报价（最后一次报价）可以超预算报价吗？如果超预算报价怎么处理？

答：超过预算报价为无效报价。

问题 259：竞争性谈判、竞争性磋商可以有实质性符号标注的实质性响应条款吗？

问：某些评审专家认为采用竞争性谈判方式、询价方式的政府采购项目的采购文件不应该出现用实质性符号标注实质性响应条款，认为只要是采用了这两种采购方式，都默认为对于采购文件的所有条款供应商的响应文件都必须响应且不可以出现负偏离。该种观点正确吗？

答：《政府采购非招标采购方式管理办法》第三十条规定，谈判小组应当对响应文件进行评审，并根据谈判文件规定的程序、评定成交的标准等事项与实质性响应谈判文件的供应商进行谈判。《政府采购竞争性磋商采购方式管理暂行办法》第二十三条规定，竞争性磋商方式采用综合评分法，综合评分法是指响应文件满足磋商文件全部实质性要求且按评审因素的量化指标评审得分最高的供应商为成交供应商的评审方法。据此，竞争性谈判、竞争性磋商可以有实质性符号标注的实质性响应条款。

问题 260：如何处理在竞争性磋商中出现的资格审查错误？

问：某竞争性磋商项目评标过程中，在资格及符合性审查中供应商 A（以下简称 A）由于增值税证明材料不足，磋商小组未让 A 通过资格性审查。资格及符合性审查结束后，磋商小组让 A 的授权代表签字并认可了该结果；之后，磋商小组与通过资格及符合性审查的各供应商分别磋商，并在磋商之后让供应商提交了最后报价，各供应商在提交完最后报价之后均离场。各供应商离场后，该项目仍在评审过程中，A的授权代表又联系了代理机构，称其由于对项目不了解，签字时不够谨慎，联系公司之后才知道其公司的增值税证明材料已经提供了，只是磋商小组未发现。代理机构向磋商小组告知了此情况，磋商小组一致同意让A说明情况。磋商小组重新审查A的投标文件，发现确实是评审错误。A提供了增值税证明材料。磋商小组一致同意A通过资格及符合性审查，并让A提交最后报价。

（1）整个资格及符合性审查及最后报价环节结束了，可以重新对A进行资格及符合性审查吗？

（2）由于资格性审查错误，A的报价是在其他供应商报价结束离场之后进行的（专家的原因导致的），在程序上有问题吗？

答：目前，政府采购相关法律制度并未对竞争性磋商出现资格性审查错误的救济情形作出规定。因此，在以上情形中，如果评审开始后发现供应商资格审查错误，相应供应商也不能进入评审环节，原评审应当继续进行。下一步，财政部将修订竞争性磋商的相关制度办法，对竞争性磋商中出现资格性审查错误的救济情形予以明确。

问题261：竞争性谈判方式的政府采购项目可以采用一次报价吗？

问：采用竞争性谈判、竞争性磋商方式的政府采购项目，可以在采购文件中规定只接受一次性报价，多次报价的响应无效吗？

答：关于竞争性谈判、竞争性磋商方式的政府采购项目采用一次报价还是多次报价，应当在采购文件中进行约定。

问题262：在采用竞争性磋商方式的政府采购项目中如何定义一次报价？

问：采购人可以要求在谈判或磋商的全过程中只有一次报价（即以供应商在响应文件中的报价作为评审依据），还是最后报价阶段可以只有一次报价？

答：指最后报价阶段可以只有一次报价，并且以最后报价为准。

问题263：竞争性磋商供应商只能在最后一轮提交一次报价吗？

问：竞争性磋商采购方式中，能不能约定仅一次报价，即在报价文件中的报价。在实际操作中，一些磋商方式的采购项目，技术要求明确，评审专家不会就技术、合同等与供应商进行磋商，仅要求进行再次报价，这失去了磋商二次报价存在的基础。“关于竞争性谈判、竞争性磋商方式的政府采购项目采用一次报价还是多次报价，应当在采购文件中进行约定”，如何理解？

答：按照《政府采购竞争性磋商采购方式管理暂行办法》的规定，经过磋商明确相关的技术服务条件、确定最终的采购需求后，由满足需求的供应商提交报价。因此，磋商过程中供应商只能在最后一轮提交一次报价。在最终采购需求没有确定前，供应商提交的报价文件应当视作为了更好地确定需求对于成本的测算依据，不能认定为报价。

问题264：竞争性磋商项目中符合资格条件的供应商只有两家如何处理？

问：在服务性政府采购磋商项目中，磋商文件约定符合资格条件的供应商有3家才能继续进行磋商活动。但实际有4家供应商参加活动，2家符合资格条件。代理机构按照《财政部关于政府采购竞争性磋商采购方式管理办法有关问题的补充通知》规定进行采购活动，从符合资格条件的2家中推荐成交1家。另外1家以不符合采购文件约定的3家规定为由进行质疑投诉，能以采购文件为准吗？

答：《政府采购竞争性磋商采购方式管理暂行办法》规定，符合资格条件的供应商不应少于3家。您反映的情况中，符合资格条件的供应商只有2家，不符合该规定，磋商活动应予终止。《财政部关于政府采购竞争性磋商采购方式管理办法有关问题的补充通知》适用情形是指符合资格条件的供应商不少于3家，在具体磋商过程中，符合要求的供应商为2家，磋商活动可以继续进行，您反映的情况不满足该规定的适用情形。还要注意的是，如果磋商文件约定磋商全过程符合要求的供应商不少于3家，磋商活动应当按照磋商文件的约定进行。

问题265：竞争性谈判采购方式如何适用？

问：（1）如第一次竞争性磋商采购失败了，可以转为竞争性谈判采购吗？

（2）《政府采购非招标采购方式管理办法》第三十七条是什么意思？不符合该规定情形的竞争性谈判采购，可以改变为其他采购方式吗？

答：（1）竞争性磋商采购失败后，采购人应重新组织采购。重新采购时，可以根据情况选择适当的采购方式，但应符合适用该种采购方式特定的情形。

（2）《政府采购非招标采购方式管理办法》规定了终止竞争性谈判采购的情形。出现《政府采购非招标采购方式管理办法》第三十七条规定的情形应终止采购活动，可按采购项目具体情况采用适用的采购方式开展采购活动。

问题266：竞争性磋商采购方式如何适用（一）？

问：（1）在只有两家供应商参与该项目的情况下可以按照《财政部关于政府采购竞争性磋商采购方式管理暂行办法有关问题的补充通知》提到的，“在采购过程中符合要求的供应商只有两家的，竞争性磋商采购活动可以继续进行”继续该项目的采购活动吗？

（2）对通知提到的“采购过程”的时段该如何界定？

答：（1）政府购买服务项目采用竞争性磋商方式时，在采购过程中，满足要求的供应商只有两家时可以继续开展采购活动。

（2）“采购过程”是指进入实际磋商阶段。

问题267：竞争性磋商采购方式如何适用（二）？

问：（1）采购文件的售价在《政府采购货物和服务招标投标管理办法》第二十四条和《政府采购竞争性磋商采购方式管理暂行办法》第十条有相应的规定，供应商若依法对采购文件的售价进行投诉，财政部门在受理后如何对采购文件的制作、邮寄成本进行核定？

（2）在实施竞争性磋商采购方式中，采取采购人和评审专家书面推荐方式选择供应商的，采购人和评审专家应当各自出具书面推荐意见，上述评标专家如何产生？

答：（1）采购文件售价不在财政部门政府采购投诉受理范围内，建议向价格主管部门投诉，采购文件的制作和邮寄成本应根据当地的实际情况适当核定。

（2）竞争性磋商的评审专家应当从省级以上人民政府财政部门设立的评审专家库中随机抽取；对于技术复杂、专业性强的采购项目，通过随机方式难以确定合适评审专家的，经主管预算单位同意，采购人可以自行选定相应专业领域的评审专家。

问题 268：如何界定有效投标供应商数量？

问：（1）货物类采购采用询价、竞争性谈判、竞争性磋商方式采购的，需要参照《政府采购货物和服务招标投标管理办法》设定核心产品，且按照该规定执行吗？

（2）如不需要参照该规定，若投标人所投产品品牌完全一致时，如何界定有效投标供应商数量？

答：《政府采购货物和服务招标投标管理办法》只适用货物和服务的招标项目，非招标项目不适用。但是《政府采购货物和服务招标投标管理办法》关于集成采购项目应规定核心产品的要求是为了避免相同品牌参加同一项目竞争而影响竞争效果，货物采购采用竞争性谈判、竞争性磋商或询价采购时可以参照《政府采购货物和服务招标投标管理办法》的要求在谈判文件或者磋商文件中作出对于核心产品的规定，只要不与《政府采购非招标采购方式管理办法》的规定冲突就可以。

问题 269：供应商所提供产品品牌重合时如何界定该产品供应商数量？

问：按照《政府采购货物和服务招标投标管理办法》设定核心产品数量时，可以设定多个核心产品吗？如果设定多个核心产品，如何界定供应商数量？例如，不分包的多个货物采购（同一供应商可同时提供，不必分包）的采购文件中设定2个核心产品（X、Y），有4个不同的供应商（A、B、C、D），分别提供相应货物，2个核心产品均满足3个品牌，但是A和B提供的X产品为同一品牌，D和C提供的Y产品为同一品牌，但X和Y产品不同时和其他供应商所提供产品品牌重合，该如何界定？

答：一般情况下，应该只规定一个核心产品。如果一个采购项目规定了多个核心产品，就会大大增加废标的概率。当然，特殊情况下规定多个核心产品也是可以的。问题中的示例应该这样处理，凡是X产品为同一品牌的供应商都视为同一产品供应商，凡是Y产品为同一品牌的供应商也视为同一产品供应商。有的供应商提供的X产品和Y产品与其他供应商相同，这就把2个产品组合起来了，如此就造成这样的后果：所有供应商只要X产品和Y产品中任何一个的品牌与其他供应商相同，这些供应商全部视为提供了同一品牌的供应商。因此，最好只规定一个核心产品，否则废标的概率呈几何倍数增加。

问题270：供应商这样报价有效吗？

问：某供应商在参与某政府采购公开招标项目投标时，在投标文件中开标一览表报价为500万元，而在唱标时开标一览表报价为在500万元报价基础上实行优惠，优惠后价格为480万元。两张报价一览表日期均为同一天。该供应商未按《政府采购货物和服务招标投标管理办法》第三十四条规定的程序和方法以及招标文件规定，对其报价进行补充或者修改。该供应商的报价有效吗？

答：该供应商并未在投标截止时间前，对所递交的投标文件进行补充、修改或者撤回，不属于《政府采购货物和服务招标投标管理办法》（财政部第87号令）第三十四条规定的情形。投标报价应以投标文件中的开标记录为准。

问题271：评标委员会可以以标包为单位组建吗？

问：有一个项目分多个标包，各个标包之间专业跨度较大，在组建评标委员会时是否可以以标包为单位组建，即每个标包组建一个评标委员会，这样可以使每个标包的专家的专业评判能力更具针对性。

答：各个标包之间专业跨度较大，可以以标包为单位组建评标委员会，按照不同专业抽取专家。

问题 272：评标委员会中的采购人代表必须是采购人单位工作人员吗？

问：《政府采购货物和服务招标投标管理办法》第四十七条规定，评标委员会由采购人代表和评审专家组成，成员人数应当为 5 人以上单数，其中评审专家不得少于成员总数的三分之二。

（1）采购人代表必须参加吗？

（2）采购人委托其他单位的人员作为采购人的代表可以吗？

答：（1）在评标委员会中若无采购人代表参加，不违反《政府采购货物和服务招标投标管理办法》规定。为落实采购人主体责任，财政部提倡采购人指派熟悉项目的工作人员作为采购人代表参与评审。

（2）采购人代表是由采购人指定、代表采购人参与评审的人员，可以为本单位工作人员，也可为其他单位工作人员。

问题 273：财政法制部门工作人员可以作为评审专家吗？

问：根据财政部《政府采购评审专家管理办法》的规定，财政部门政府采购监督管理人员不能作为评审专家，该项规定仅指政府采购科工作人员吗？财政部门法制科要对政府采购投诉处理和监督处罚决定有审核职责，法制科人员可以做评审专家吗？

答：政府采购监督管理部门人员是指各级财政部门政府采购处室（科、股）工作人员，不包括财政法制部门工作人员。因此，法制科工作人员在不存在回避情形的前提下，可以作为评审专家。

问题 274：行政事业单位在职人员可以担任评审专家吗（一）？

问：我是一名事业单位员工，我注册了政府采购专家，也通过了审核。

（1）事业单位员工参加政府采购评审违规吗？

（2）如果不影响单位正常工作，单位应该支持吗？

答：（1）按照《政府采购评审专家管理办法》的规定，事业单位的在职人员如果符合专家条件、按照规定的程序被确定进入财政部门设立的政府采购专家库，就可以参加政府采购评审活动。在具体采购活动中，如果属于《政府采购评审专家管理办法》第十六条规定需要回避的情形的，应当回避；评审专家对本单位的政府采购项目只能作为采购人代表参与评审活动。

（2）事业单位在职人员参加政府采购评审活动不得影响本职工作。如果在工作时间参加评审，应该征得单位的同意。

问题275：行政事业单位在职人员可以担任评审专家吗（二）？

问：行政事业单位在职人员可作为专家参与政府采购评标活动吗？

答：行政事业单位的在职人员如果符合专家条件、按照规定的程序被确定进入财政部门设立的政府采购专家库，就可以参加政府采购评审活动。在具体采购活动中，如果属于《政府采购评审专家管理办法》第十六条规定需要回避的情形的，应当回避；评审专家对本单位的政府采购项目只能作为采购人代表参与评审活动。财政部门负责政府采购监督管理的工作人员不得以专家身份参加评审。

问题276：公务员能成为评审专家吗？

问：目前，财政部对政府采购评审专家的申请条件并未限制申请人的身份，即公务员也能申请，个人认为这是不合适的。建议财政部门对政府采购评审专家身份进行限制，即公务员及参公单位人员不得申请，从长远来看，这也能提高评审专家的质量，保证评审过程公正。

答：政府采购法律法规并未限制公务员及参公单位人员申请成为政府采购评审专家。对于您提出的对政府采购评审专家的身份进行限制的建议，我们将在相关制度设计中进行认真研究、统筹考虑。

问题277：如何选择政府采购评审专家？

问：在一个采购项目中，随机抽取到了财政局人员为本项目评审专家（不是采购监管科室人员），有人以政府采购监督管理部门人员不得作为评审专家为由要求其回避，我们认为虽是财政人员但不是负责政府采购监督管理部门的人员且依法取得了政府采购评审专家资格，又与本项目采购人员、潜在供应商没有利害关系，不应回避。谁的理解正确？

答：《政府采购评审专家管理办法》关于评审专家的限制包括：与参加采购活动的供应商存在利害关系的应该回避；各级财政部门政府采购监督管理工作人员，不得作为评审专家参与政府采购项目的评审活动；财政部门禁止其参加政府采购评审活动的专家；采购人不得以专家身份参加评标。因此，上述情况中，财政局人员不属于政府采购监督管理人员，可以作为评审专家。其他行政机关人员不存在上述4种情形，也可以作为评审专家。

问题278：专家评审费用应如何支付（一）？

问：按照《政府采购评审专家管理办法》规定，集中采购项目评审专家的评标评审费用由政府集中采购机构支付，但本单位属于全额拨款事业单位，县财政部门没有给专项的评标评审费用，可以在项目结束后向中标人收取部分代理费用，以支付本次项目的评标评审费用吗？

答：《政府采购评审专家管理办法》规定，集中采购目录内的项目，由政府集中采购机构支付评审专家劳务报酬；集中采购目录外的项目，由采购人支付评审专家劳务报酬。因此，政府集中采购机构向中标人收取费用并作为报酬支付给评审专家的做法没有制度依据，属于违规行为。政府集中采购机构应当从本机构的部门预算中统筹安排支付给评审专家的报酬，不得将费用转嫁给中标人。

问题279：专家评审费用应如何支付（二）？

问：《政府采购评审专家管理办法》第二十三条规定，集中采购目录外的项目，由采购人支付评审专家劳务报酬。如何理解？如果是部门集中采购项目，按规定是由采购代理机构支付，现在也改为由采购人支付吗？

答：为规范评审专家劳务报酬支付、减轻代理机构负担，《政府采购评审专家管理办法》明确，集中采购目录内的项目由集中采购机构支付评审专家劳务报酬，集中采购目录外项目由采购人支付，相关标准由各省级人民政府财政部门制定，中央单位参照本单位所在地或评审活动所在地标准执行。

问题280：专家评审费用应如何支付（三）？

问：目前，本县在组织政府采购活动过程中，除了政府集中采购机构代理项目由政府集中采购机构支付评标评审费用外，所有社会中介代理机构代理的政府采购项目评标评审费用均由中标人支付吗？

答：根据《政府采购评审专家管理办法》的规定，集中采购目录内的项目，由政府集中采购机构支付评审专家劳务报酬；集中采购目录外的项目，由采购人支付评审专家劳务报酬。

问题281：评审专家如何抽取？

问：根据《政府采购评审专家管理办法》和《政府采购进口产品管理办法》的规定，和供应商有利害关系、参加了进口论证的专家不能参与本项目评审外，任何情况下都不能限制和选择评审专家。据了解，代理机构抽取专家时是可以直接输入专家姓名进行回避，回避原则不是和供应商有关系或参与过本项目的进口论证，而是根据喜好选择回避，严重违法违规。

答：按照《政府采购评审专家管理办法》和《政府采购进口产品管理办法》的规定，抽取专家时应当回避与供应商有利害关系的专家和参加了进口论证的专家。除回避情形外，财政部门也可以依法限制列入严重违法失信名单的专家参加评审的权利。您所提及的代理机构违规限制专家参与评审的情况，建议向财政部门反映。

问题282：政府采购评审过程如何保密？

问：按市政府通知要求，本市的政府采购项目开标评标等评审活动全部在市公共资源交易中心进行，公共资源交易中心设置专门的“监督室”，可以通过大屏幕（屏幕墙）实时查看各个评标室内每一个项目的评委评审情况。各采购单位的监督人员、公共资源交易中心的工作人员可以在“监督室”内共同查看监督。这符合政府采购评审过程的保密要求吗？

答：《政府采购货物和服务招标投标管理办法》第六十六条规定，采购人、采购代理机构应当采取必要措施，保证评标在严格保密的情况下进行。

采购单位的监督人员和公共资源交易中心与本次采购有关的人员在监督室内查看监督本单位项目，不违反上述规定。公共资源交易中心与本次采购无关的工作人员在监督室内现场查看监督，不符合上述规定。

问题283：政府采购监管人员可以参与项目评审吗？

问：财政部门政府采购监管人员能作为专家参加非本区域的项目评审吗？

答：《政府采购评审专家管理办法》第十六条规定，各级财政部门政府采购监督管理工作人员，不得作为评审专家参与政府采购项目的评审活动。

问题284：评标现场组织应注意哪些问题？

问：（1）招标单位组织潜在投标人标前会时，允许不同的潜在投标人代表在会议上自我介绍，相互认识，相互告知联系方式吗？

（2）招标单位在接受投标文件组织评标期间，可以应投标人要求，邀请投标人代表进入评标室与评标专家会面，当面陈述、讲解投标方案吗？

答：（1）《政府采购货物和服务招标投标管理办法》第七十八条规定，采购人、采购代理机构在开标前泄露已获取招标文件的潜在投标人的名称、数量或者其他可能影响公平竞争的有关招标投标情况的，应当给予相应处罚。

（2）《政府采购货物和服务招标投标管理办法》第六十六条规定，采购人、采购代理机构应当采取必要措施，保证评标在严格保密的情况下进行。除采购人代表、评标现场组织人员外，采购人的其他工作人员以及与评标工作无关的人员不得进入评标现场。因此，投标人代表不应当要求进入评标室与专家会面。

问题285：对“工作人员进入评标现场”如何理解？

问：《政府采购货物和服务招标投标管理办法》第六十六条规定，“除采购人代表、评标现场组织人员外，采购人的其他工作人员以及与评标工作无关的人员不得进入评标现场”。政府采购监督人员也不得进入评标现场吗？

答：按照《政府采购货物和服务招标投标管理办法》第六十六条规定，只有采购人代表、评标现场组织人员能够进入评标现场，其他人员不得进入评标现场。按照该办法第三十九条规定，评标现场必须进行全程录音录像并进行存档。若对评标活动存在争议，可以调取相关音像资料，无须监督人员进行现场监督。

问题286：大屏幕现场投屏直播评标录像违反保密规定吗？

问：现有政府采购项目，在当地公共资源交易中心进行开标评标并对开评标现场进行全程录音录像。公共资源交易中心在公开区域通过大屏幕现场投屏直播评标室评标录像，交易中心该行为违反政府采购法律法规相关保密规定吗？

答：《政府采购货物和服务招标投标管理办法》第六十六条规定，采购人、采购代理机构应当采取必要措施，保证评标在严格保密的情况下进行。通过大屏幕现场投屏直播评标室评标录像的做法不符合上述规定。

问题287：预算未批复，政府采购活动如何开展？评审中的这些问题如何认定？

问：（1）过去1年的政府采购合同履约完毕后，今年由于资金预算还未批复，导致今年的采购未开始，在这期间会产生过渡期，过渡期的费用应如何结算？

（2）在商务评审的时候，对于客观分，评审专家和采购人代表可以分工评审吗？

（3）如果采购人代表未独立评审，其处罚是按照评审专家未独立评审的处罚标准还是按照其他处罚标准？

（4）在商务评分的评审条款中，可以设置类似技术条款的评分吗？比如，“质量保障：投标人质量保障全面、合理、可靠的得5分”，这种具有主观分的条款可以放在商务评分表里吗？

答：（1）政府采购必须先有预算才可以进行采购，对于预算尚未正式批复，但是需要开展采购活动的，可以按照“二上”预算先行开展。

（2）无论是商务还是技术因素、无论是主观因素还是客观因素，评审专家和采购人代表都应该独立、全面地进行评审，不应该只评一部分。

（3）如果采购人代表未独立评审，应对采购人代表进行处罚，可参照对评审专家的处罚标准进行处罚，组织评审的采购人或采购代理机构也应承担相应责任。

（4）评审因素中商务因素和技术因素有时无法划分得很清楚，但是您提到，“质量保障：投标人质量保障全面、合理、可靠的得 5 分”，这一评审标准违反了《政府采购货物和服务招标投标管理办法》“评审因素应该细化量化”的规定。

问题 288：对竞争性谈判方式的谈判文件如何评审？

问：对于采用竞争性谈判方式的政府采购项目而言，谈判文件中描述的技术参数或商务要求即使不标注实质性符号，也都应当全部满足，否则响应被否决，对吗？

答：《政府采购非招标采购方式管理办法》第三十条规定，谈判小组应当对响应文件进行评审，并根据谈判文件规定的程序、评定成交的标准等事项与实质性响应谈判文件要求的供应商进行谈判。

问题 289：对竞争性磋商方式采购的可以继续采购情况如何适用？

问：本单位为省属公办本科院校，拟采用竞争性磋商方式采购预算金额未达到公开招标数额标准且属于分散采购的校园规划修编设计服务项目。如果在采购过程中符合要求的供应商只有两家，可以根据《财政部关于政府采购竞争性磋商采购方式管理暂行办法有关问题的补充通知》的规定继续进行采购吗？

答：《财政部关于政府采购竞争性磋商采购方式管理暂行办法有关问题的补充通知》适用于采用竞争性磋商方式采购的政府购买服务项目（含政府和社会资本合作项目）。如该项目符合有关规定情形，可以继续进行采购。

问题290：对竞争性磋商采购的“采购过程”如何理解？

问：根据《财政部关于政府采购竞争性磋商采购方式管理暂行办法有关问题的补充通知》规定，“采用竞争性磋商采购方式采购的政府购买服务项目（含政府和社会资本合作项目），在采购过程中符合要求的供应商（社会资本）只有2家的，竞争性磋商采购活动可以继续进行。”对于“采购过程中”，有些理解为从发布磋商文件开始算，有些理解为从开标开始算，有些理解为在磋商过程中，应当如何理解？

答：《财政部关于政府采购竞争性磋商采购方式管理暂行办法有关问题的补充通知》中的“采购过程”是指从采购活动开始之时至采购活动结束之时。

问题291：竞争性磋商采购项目可以继续磋商的条件是什么？

问：采购单位采购工程设计服务，因采购限额没有达到公开招标标准，采购人依法采用竞争性磋商方式开展，在评审过程中只剩两家供应商满足全部实质性要求，按照《财政部关于政府采购竞争性磋商采购方式管理暂行办法有关问题的补充通知》，采用竞争性磋商采购方式采购的政府购买服务项目（含政府和社会资本合作项目），在采购过程中符合要求的供应商（社会资本）只有两家的，竞争性磋商采购活动可以继续进行。

（1）这里可以和两家供应商继续磋商吗？

（2）因竞争性磋商文件是市级财政部门制定的模板文件，里面没有明确说明购买服务在采购过程中符合要求的供应商只有两家的，采购活动可以继续进行，磋商小组认为磋商文件没有此项规定，满足磋商文件实质性要求的不足三家，予以废标，对吗？

答：（1）根据《财政部关于政府采购竞争性磋商采购方式管理暂行办法有关问题的补充通知》规定，采用竞争性磋商采购方式采购的政府购买服务项目，在采购过程中符合要求的供应商只有两家的，竞争性磋商采购活动可以继续进行。

（2）符合要求的供应商只有两家的，磋商小组既可以继续开展竞争性磋商，也可以终止竞争性磋商采购活动。

问题292：竞争性磋商采购可以执行《政府采购货物和服务招标投标管理办法》的相关规定吗?

问：在实际操作中，很多采购人和代理机构在竞争性磋商采购时适用《政府采购货物和服务招标投标管理办法》第三十一条关于同一品牌的规定执行，对吗?

答：《政府采购货物和服务招标投标管理办法》是对货物和服务招标的要求。非招标方式采购不受《政府采购货物和服务招标投标管理办法》的约束。但是在以非招标方式采购时，在不违反《政府采购非招标采购方式管理办法》或《政府采购竞争性磋商管理暂行办法》的前提下，可以参照《政府采购货物和服务招标投标管理办法》的要求编制采购文件。

问题293：对评审因素如何细化和量化?

问：招标文件这样设置分值：一是由评委综合评价各投标产品的设备参数、技术性能、总体质量、材质、产品技术指标的优劣、成熟度、先进性等进行综合评价打分：设备参数、技术性能、总体质量、材质、产品技术指标满足招标文件要求，产品技术性、先进性强，成熟度高，得12~15分；设备参数、技术性能、总体质量、材质、产品技术指标基本满足招标文件要求，产品技术性、先进性强，成熟度较高得8~11分；设备参数、技术性能、总体质量、材质、产品技术指标基本满足招标文件要求，产品技术性、先进性较强，成熟度一般得4~7分；设备参数、技术性能、总体质量、材质、产品技术指标基本满足招标文件要求，产品技术性、先进性基本满足要求，成熟度基本满足要求得0~3分。二是根据招标要求和响应情况，对供应商的运营管理服务方案进行评价：运营管理方案完整、可行的，得11~15分；运营管理方案较完整、较可行的，得6~10分；运营管理方案缺项的，得0~5分。三是根据招标要求和响应情况，对供应商的质量保证措施进行评价：项目重难点分析准确、应对方案可行、合理的，得7~10分；项目重难点分析较准确、应对方案基本可行、合理的，得4~6分；项目重难点分析较准确、应对方案一般的，得1~3分；没有表述的，得0分。四是根据招标要求和响应情况，对供应商的进度保证措施进行评价：项目进度计划和安排科学，重要节点的应对方案可行、合理的，得7~10分；项目进度计划和安排较科学，重要节点的应对方案基本可行、合理的，得4~6分；项目进度计划和安排科学，重要节点的应对方案一般的，得1~3分；没有表述的，得0分。

这样设置分值对吗？

答：《政府采购货物和服务招标投标管理办法》规定，评审因素应当细化和量化，且与相应的商务条件和采购需求对应。商务条件和采购需求指标有区间规定的，评审因素应当量化到相应区间，并设置各区间对应的不同分值。您反映的情况中，对于产品技术性强和较强、成熟度高和较高等缺乏可评判的客观依据，属于评审因素没有细化和量化的情形，不符合《政府采购货物和服务招标投标管理办法》的规定。

问题294：可以将提供证书作为加分条件吗？

问：某采购人在软件运维采购项目的评分表中为了考量投标人的能力，注明若投标人提供ITSS证书（信息技术服务运行维护标准符合性认证），则加2分。但是经查阅，该证书的申请条件中要求申请单位应从事信息系统运维服务业务满1年以上，也就是暗含有一定程度的时间限制。如果使用这个证书作为评审因素，违反财政部《关于促进政府采购公平竞争优化营商环境的通知》规定的“设置或者变相设置供应商规模、成立年限等门槛，限制供应商参与政府采购活动”的情形吗？

答：如ITSS证书与软件运维采购项目的服务质量相关，可以作为加分条件，并不违反财政部《关于促进政府采购公平竞争优化营商环境的通知》规定。

问题295：将特定行业业绩作为加分条件如何理解？

问：某福彩中心采购福利彩票预制票据，采购文件评审标准中设置“同类产品业绩每有1个得X分”。经查，我国仅正式发售了“福利彩票”和“体育彩票”，评分标准中设置的“同类产品业绩加分”违背《政府采购法实施条例》第二十条第四项规定，以特定行业的业绩作为加分条件吗？

答：根据《政府采购法》的规定，业绩可以作为供应商资格条件或评审因素。对于您反映的情况，考虑到彩票行业的特殊性，应结合实际情况进行判断，如果满足业绩条件的供应商有三家以上，就不违反政府采购制度规定；如果满足业绩条件的供应商只有一到两家，就属于以不合理条件限制供应商的情形。

问题 296：投标人报价明显低于其他通过符合性审查投标人的报价，要进行低于成本认定吗？

问：采用综合评分法的物业服务项目，按《政府采购货物和服务招标投标管理办法》第六十条规定，是以投标人的报价是否明显低于其他通过符合性审查投标人的报价，而不是以是否低于成本价进行认定。现在服务类项目的评审中，还需要进行低于成本价认定吗？

答：《政府采购货物和服务招标投标管理办法》第六十条规定，评标委员会认为投标人的报价明显低于其他通过符合性审查投标人的报价，有可能影响产品质量或者不能诚信履约的，应当要求其在评标现场合理的时间内提供书面说明，必要时提交相关证明材料；投标人不能证明其报价合理性的，评标委员会应当将其作为无效投标处理。因此，评标委员会应对投标人报价明显低于其他通过符合性审查投标人的报价要求投标人提供说明，并不需要进行低于成本价认定。

问题 297：采购人可以不派代表参加评标委员会吗？

问：《政府采购货物和服务招标投标管理办法》第四十七条规定，“评标委员会由采购人代表和评审专家组成，成员人数应当为 5 人以上单数，其中评审专家不得少于成员总数的三分之二”。评标委员会的组成由采购人代表和专家组成，在实践中，很多采购人都不委派采购人代表。采购人可以不委派采购人代表吗？

答：在评标委员会中若无采购人代表参加，不违反《政府采购货物和服务招标投标管理办法》第四十七条的规定。为落实采购人主体责任，财政部提倡采购人指派熟悉项目的工作人员作为采购人代表参与评审。

问题298：供应商的补充响应属于实质性修改吗？

问：某公交车竞争性谈判采购项目，招标文件要求★防护指标达到IP68，A供应商提供的产品★防护指标IP67（指标IP68优于IP67），但在补充响应环节，A供应商承诺“完全响应谈判文件要求”。A供应商补充响应中的“完全响应竞谈文件”属于实质性修改吗？

答：应由谈判小组根据供应商提供产品的具体情况来确定供应商的补充响应是否属于实质性修改。

问题299：对多家投标人提供相同品牌产品如何理解？

问：《政府采购货物和服务招标投标管理办法》第三十一条第三款规定，“非单一产品采购项目，采购人应当根据采购项目技术构成、产品价格比重等合理确定核心产品，并在招标文件中载明。多家投标人提供的核心产品品牌相同的，按前两款规定处理”。假定某个项目中设定了两个核心产品（Hx1、Hx2），共有G1、G2、G3、G4等多家供应商投标。以下两种情形，哪种将被视为“一家投标人”？

情形一（核心产品品牌不完全相同）：G1、G2所投Hx1产品品牌相同，但所投Hx2产品品牌不同；

情形二（核心产品品牌均相同）：G3、G4所投Hx1、Hx2产品品牌均相同。

争议点在于“……核心产品品牌相同的……”是否隐含了“任一相同”或“均相同”这层含义？

答：这两种情形都应被视为提供相同品牌产品，多家投标人提供的产品中有一种核心产品品牌相同，即视为提供相同品牌产品。相同品牌的评审方法按照《政府采购货物和服务招标投标管理办法》执行。

问题300：在竞争性磋商采购过程中，更换评审专家后，是继续评分还是重新开展磋商报价？

问：在竞争性磋商采购过程中，当磋商和供应商报价程序都已完成，在进行评分时，如采购人代表或评审专家因身体原因无法继续评审，重新委派的采购人代表或补充抽取的评审专家是与其他评审专家一起进行评分，还是需要重新磋商报价后再进行评分？参照《政府采购货物和服务招标投标管理办法》第四十九条的规定，被更换的评审专家所作出的评标意见无效，是否应该理解为需要重新进行磋商和报价？如重新进行磋商和报价，因之前磋商和报价已经完成，又存在泄密的可能。如何处理该情况？

答：您反映的情况属于评审过程中比较罕见的情形，目前政府采购相关制度并没有对此作出明确规定，更换专家后是继续评分还是重新开展磋商报价由评审小组根据有利于项目实施的原则自行确定。

问题301：开始阶段参加竞争性磋商的供应商不足三家，应当终止采购活动吗？

问：《政府采购竞争性磋商采购方式管理暂行办法》第二十一条规定，符合本办法第三条第四项情形的，提交最后报价的供应商可以为两家，在这种情形下，如果一开始参与磋商的供应商只有两家可以吗？

答：根据《政府采购竞争性磋商采购方式管理暂行办法》的规定，无论何种情形，符合资格条件从开始阶段参加竞争性磋商的供应商应该是三家或三家以上。如果在开始阶段参加竞争性磋商的供应商不足三家，应当终止采购活动。

问题302：可以一个包确定多个供应商中标吗？

问：对于同样的采购对象，由于数量较大，为保证项目在规定时间内顺利完成，考虑到供应商的生产能力，可以一个包确定多个供应商中标吗？

答：按照政府采购法律制度规定，一个包只能确定一个中标供应商。需要多家供应商完成的，采购人可以合理分包，将每一个包确定唯一的中标供应商。

问题303：采购人可以委托评标委员会确定中标人吗？

问：《政府采购货物和服务招标投标管理办法》第四十六条规定，评标委员会负责具体评标事务，并独立履行下列职责，“……（四）确定中标候选人名单，以及根据采购人委托直接确定中标人”。采购人是写一份委托函给评委会进行委托吗？在采购人不出具委托函的情况下，可以在招标文件里直接约定由评委会确定中标人吗？

答：采购人可以在招标文件中明确授权评标委员会确定中标人，也可以以授权函的形式授权评标委员会确定中标人。

问题304：投标文件内容前后不一致如何处理？

问：在政府采购项目评标过程中发现投标人的投标文件中实质性条款出现前后不一致的情况，而且其中一种表述是不满足招标文件实质性条款要求的，这种情况可以通知供应商进行澄清吗？如果不能澄清，需要判定该投标人不满足招标文件实质性条款导致废标吗？

答：《政府采购货物和服务招标投标管理办法》第五十一条规定，对于投标文件中含义不明确、同类问题表述不一致或者有明显文字和计算错误的内容，评标委员会应当以书面形式要求投标人作出必要的澄清、说明或者补正。

问题305：在竞争性谈判或询价采购中供应商如何征集？

问：《政府采购非招标采购方式管理办法》第十二条规定，采购人、采购代理机构应当通过发布公告、从省级以上财政部门建立的供应商库中随机抽取，或者采购人和评审专家分别采用书面推荐的方式，邀请不少于3家符合相应资格条件的供应商参与竞争性谈判或者询价采购活动。可以理解为所有报名的供应商都有谈判资格吗？

答：《政府采购非招标采购方式管理办法》规定，竞争性谈判小组或者询价小组在采购活动过程中应当履行的职责包括从符合相应资格条件的供应商名单中确定不少于3家的供应商参加谈判或者询价。通过发布公告征集供应商的，可以进行资格审查后从符合资格条件的供应商中选择部分供应商参加谈判，也可以邀请全部资格审查合格的供应商参加谈判。

问题306：“投标报价”是指投标文件的报价还是经过评审的评审价？

问：《政府采购货物和服务招标投标管理办法》第五十七条规定，“采用综合评分法的，评标结果按评审后得分由高到低顺序排列。得分相同的，按投标报价由低到高顺序排列。得分且投标报价相同的并列”。这里的“投标报价”指的是投标文件的报价，还是指经过评审的评审价？

答：这个价格是指投标文件的原始报价评审后的价格。

问题 307：采购人委托评标委员会直接确定中标人，需要再经过采购人确认吗？

问：《政府采购货物和服务招标投标管理办法》第四十六条规定，评标委员会负责具体评标事务，并独立履行下列职责，“……（四）确定中标候选人名单，以及根据采购人委托直接确定中标人”。这里的确定中标人是指对评标结果的直接确认，还是指根据采购人委托直接确定哪家中标？

答：采购人委托评标委员会确定中标人，就是把确定中标人的权利通过委托的形式授权给了评标委员会。评标委员会评审结束后，应该按照《政府采购货物和服务招标投标管理办法》第六十八条第二款的规定，按照中标候选人名单和排序确定排名第一的供应商为中标人。采购人委托评标委员会直接确定中标人，无须再经过采购人确认。

问题 308：集中采购项目的评标评审费用如何支付？

问：每次支付评标评审费用都是由专家在评标评审费用清单上签字领取，直接用评标费用清单入账，没有劳务发票，因为专家评审完成后就离开，也没有向我们开具劳务发票。这种情形是否违规，是否必须由专家在当地税务机关开具劳务发票后，我们根据劳务发票和评标评审费用清单入账？

答：可以直接用费用清单入账，政府集中采购机构应当为支付专家的报酬代扣代缴个人所得税，专家不用再提供劳务发票。

问题 309：评标报告存在错误应如何处理？

问：一个公开招标项目采用综合评分法，评分排序为 A、B、C、D。评标委员会在出具评标报告，推荐中标候选人时，填写为第一名为 C，第二名为 D，第三名为 A。代理机构复核时也未发现此问题，按第一名为 C 发布了结果公告。结果公告发布第二日，代理机构发现此问题。采用以下哪种方式处理合法合规？

（1）代理机构可以请原评标委员会修正评标报告，发布更正公告吗？

（2）如果代理机构将该错误认定为评标委员会未按照招标文件要求的评审标准进行推荐中标候选人，按照《政府采购货物和服务招标投标管理办法》第六十七条要求，应该重新组建评标委员会进行评标吗？

答：从您反映的情况看，属于工作人员汇总错误，符合《政府采购货物和服务招标投标管理办法》规定修改评标结果的条件，可以请评标委员会予以纠正。

问题310：评标价格分如何计算？

问：汇总评标委员会的打分，去掉一个最高分和一个最低分，剩余打分的平均值作为评标委员会的打分，可以吗？

答：《政府采购货物和服务招标投标管理办法》第五十五条规定了价格分的计算方法，并明确要求评标过程中，不得去掉报价中的最高报价和最低报价。

问题311：对评分畸高、畸低情形如何认定？

问：根据《政府采购货物和服务招标投标管理办法》规定，评标结果汇总完成后，除下列情形外，任何人不得修改评标结果，“……（四）经评标委员会认定评分畸高、畸低的”。如何认定该种情形？

答：《政府采购货物和服务招标投标管理办法》第六十四条规定的“评分畸高、畸低”情形，应由评标委员会根据实际情况进行认定。

问题312：对采购人代表有资格要求吗？

问：在项目采购过程中，采购人代表进入评标委员会（谈判小组或磋商小组）进行评审。采购人代表有资格要求吗？如果有资格要求，采购人无符合要求的代表人，可以出授权委托书，委托符合要求的其他单位的人员作为采购人代表进入评标委员会进行评标吗？

答：采购人可以委托符合要求的其他单位的人员作为采购人代表参与

评标。同时要注意，采购人代表应当不存在法定需要回避的情形。

问题313：在采购过程中废标如何处理？

问：一个政府集中采购项目，中标通知书已发但未签合同，之后发现招标文件的评审因素未量化，如要废标，谁有权利废标？

答：有关单位可向财政部门报告，提请财政部门进行监督检查作出处理意见。根据财政部门的意见，由采购人依法作出是否废标的决定。

问题314：在何种情形下，由采购人负责组织评标工作？

问：（1）采购人在什么情况下可以负责组织评标工作？

（2）在采购人委托给代理机构采购的情况下，采购人还可以负责组织评标工作吗？

答：（1）以下两种情形由采购人负责组织评标活动：一是采购人未委托采购代理机构，自行组织采购活动；二是采购人与采购代理机构在委托代理协议中明确约定由采购人组织评标工作。

（2）若采购人和采购代理机构在委托代理协议中约定由采购人负责组织评标工作，采购人可以根据委托代理协议开展相关工作。

问题315：政府公开招标项目如何确定中标人？

问：一个政府公开招标投标项目，采用综合评分法，该项目有五家公司投标，有一个核心产品，这个核心产品的几家供应商投的分别是A、B、C、D四个品牌。投A产品的有A1和A2两个公司，投B产品的是B1公司，投C产品的是C1公司，投D产品的是D1公司。A1的综合得分最高，A2综合评分第二，B1综合评分第三，由于A1综合评分最高，因此宣布A1中标。而A2因为和A1投的都是A产品，虽然综合评分第二，但未进入中标候选人序列（中标候选人序列依次为A1－B1－C1）。A1由于投标文件虚假应标造成了评分虚高而中标资格无效，最后的中标人应该是投标时综合评分最高的A2（A2由于同一品牌未进入当时的中标候选人排序），还是由当时排在中标候选人第二的B1公司中标？由于此类情形在《政府采购法》中并未涉及并明确，而在《招标投标法》第六十四条中规定，应当依照本法规定的中标条件从其余投标人中重新确定中标人或者依照本法重新进行招标。此类情形应该由综合评分最高的中标还是由中标候选人第二的中标？

答：《政府采购法实施条例》第四十三条规定，采购人应当自收到评审报告之日起5个工作日内在评审报告推荐的中标或者成交候选人中按顺序确定中标或者成交供应商。

因此，在不重新招标的情况下，需要按顺序从评标委员会推荐的第二、第三中标候选人中确定中标人。

问题316：不纳入政府采购监管的项目可以发布招标中标信息吗？

问：不纳入政府采购监管的项目可以在中国政府采购网上发布招标中标信息吗？

答：中国政府采购网是政府采购信息的指定发布媒体，凡适用《政府采购法》、纳入政府采购范围的采购项目，采购信息都应在这个媒体上发布。对于不纳入政府采购范围的采购项目，财政部鼓励有条件的地方为不纳入政府采购监管的项目信息提供公益性发布服务。

问题317：对政府采购信息发布如何理解？

问：（1）本市有一个不属于财政部门（政府采购）监管的项目，招标中介代理机构不在地市一级和省一级政府采购网上发布招标与中标信息，而是在中国政府采购网上发布招标与中标信息，违反《政府采购法》有关规定吗？

（2）该代理机构在中国政府采购网上发布的招标与中标信息接受哪个部门的监管？

答：（1）中国政府采购网和各地的政府采购网是政府采购信息的发布媒体。对于非政府采购信息的发布，财政部不作要求，但是鼓励有条件的地方为非政府采购信息发布提供公益性服务。

（2）非政府采购项目的监管部门应依据相关法律法规确定。实践中，不能认为非政府采购信息在政府采购网发布，该项目就应当纳入政府采购监管范围。

问题318：同一品牌的综合得分排名第二的供应商有机会被推荐为中标人吗?

问：有个政府采购项目评标结束后，综合得分第一和第二的供应商为同一品牌，因此，排名第二的供应商没有在推荐的3名候选人之列，现第一名因投诉成立而失去中标资格，原得分第二的供应商可以被推荐为中标人吗?

答：根据《政府采购货物和服务招标投标管理办法》的规定，同一品牌的代理商只能选择价格最低的或综合评分最高的参加评审，其他同品牌投标都无效或失去推荐中标的机会。《政府采购法实施条例》第四十三条规定，采购人应当自收到评审报告之日起5个工作日内在评审报告推荐的中标或者成交候选人中按顺序确定中标或者成交供应商，因此，即使第一名失去中标资格，同一品牌的第二名代理商也不得被推荐中标，而应该选择推荐的第二名候选人。

问题319：未达到公开招标限额的单一来源采购项目如何进行信息公开?

问：未达到公开招标限额标准的单一来源采购项目，需要在省级以上财政部门指定媒体上公告采购公告吗?需要在省级以上财政部门指定媒体上公告成交结果、采购合同以及验收结果吗?

答：单一来源采购方式没有采购公告。未达到公开招标限额标准的单一来源采购项目，应当在省级以上财政部门指定媒体上公告成交结果、公开采购合同。政府向社会提供的公共服务项目，还应当公告验收结果。

问题320：政府采购信息网站通过什么渠道获得信息采集授权?

问：全国各省份公示招标投标信息的网站众多，现在很多收费的招标投标网站兴起。招标投标网站应该通过什么渠道来获取信息采集授权?未经过网站授权直接进行信息采集合规吗?

答：中国政府采购网及其地方分网是财政部依法指定的唯一全国性政府采购信息发布网络媒体。采购人、代理机构、供应商和社会公众通过中国政府采购网及其地方分网发布、查阅政府采购信息，不收取任何费用。目前，中国政府采购网及其地方分网并未禁止其他网站转载政府采购信息。

问题321：资格审查时将不合格的投标人审查成了合格，可以重新评审吗？

问：某项目按公开招标方式进行政府采购，在评审结束后发现有部分投标人资格审查错误，将不合格审查成了合格，可以重新评审吗？

答：这种情况不属于可以重新评审的情形。有关单位可向财政部门报告，提请财政部门进行监督检查作出处理意见。

问题322：评审出现错误怎么处理？

问：在政府采购项目评审结束后，采购人在确认结果时，发现了所有专家对某一项分值全部评错分数，但是该评错分的情况又不属于《政府采购货物和服务招标投标管理办法》第六十四条所述的四种情形之一（分值汇总错误、评分超标准、客观分不一致、评分畸高或畸低等），不满足组织评审委员会进行重新评审的条件，应该如何处理？

答：这种情况属于《政府采购货物和服务招标投标管理办法》第六十七条第四项规定的情形，即《政府采购法实施条例》第七十五条中“专家未按招标文件规定进行独立评审”的情形。

如果不影响中标结果，可以作出记录后报财政部门备案即可。如果影响中标结果，应该按《政府采购货物和服务招标投标管理办法》第六十七条重新组建评标委员会进行评标，并报告财政部门。

问题323：政府采购废标如何处理？

问：采购人委托社会代理机构实施的一个集中采购项目，评标结果出来后尚未签订合同，供应商质疑无效后投诉到政府采购监督管理部门，后又撤诉，但政府采购监督管理部门发现招标文件存在“评审标准中的分值设置与评审因素的量化指标不对应”的问题。

（1）谁有权利废标？可以由政府采购监督管理部门口头责令采购人废标吗？

（2）是由采购人将废标理由通知所有投标人吗？

答：（1）政府采购活动是采购人发起的，如果终止也应该是采购人终止。因此，宣布采购废标的应该是采购人。对于一个政府采购项目，如果财政部门认定其违法，应以书面形式正式告知采购人重新采购。

（2）采购人应该根据《政府采购法》第三十六条规定宣布废标，然后重新开展采购活动。采购人也可以委托采购代理机构宣布废标。

问题 324：定点采购如何实施？

问：定点采购只适用于集中采购项目，还是可以适用于分散采购项目？例如，承担政府性投资项目工程咨询、造价、勘察、设计的行政事业单位因为自身工作需要，年初委托政府采购代理机构通过公开招标方式确定一定数量的供应商形成供应商库，再具体分配任务，按照排序或通过二次竞价等方式明确具体的供应商提供服务。可以这样实施定点采购吗？

答：按照《政府采购法》的相关规定，政府采购项目原则上应当由采购人按采购项目组织实施，对具有需求共性的采购项目，可由采购人自愿联合采购或委托代理机构打包采购，但均应确定具体供应商。如果采购人先建立供应商库，再选择具体供应商，不符合政府采购法律制度规定，违反了政府采购公平竞争原则。在实际操作中不宜采取这种做法。实践中，对于小额零星服务项目集中采购，可以采取定点采购方式。定点采购可以确定多家供应商，但应当明确服务标准、量价关系和付费原则，防止以供应商规模、资质、业绩等条件进行入围评审，避免因制度规定不合理、采购方案设计不当，限制供应商参与政府采购活动的合法权利。

问题 325：投标文件的正副本如何保存？

问：政府采购活动中的投标文件副本是否按照《政府采购法》第四十二条要求，将其作为采购文件保存十五年？为了方便评审，代理机构可以在保证投标文件内容不泄露的前提下将副本销毁，只保留正本吗？

答：按照《政府采购法》第四十二条的规定，依法应当保存的政府采购相关文件，保存一份正本即可。

问题326：供应商的投标文件材料如何提供？

问：《关于促进政府采购公平竞争优化营商环境的通知》提到，“除必要的原件核对外，对于供应商能够在线提供的材料，不得要求供应商同时提供纸质材料”。这是指只要互联网上能查到的资料（比如营业执照、ISO等相关资质证书），供应商都可以不用提交纸质材料吗？

答：《关于促进政府采购公平竞争优化营商环境的通知》提出，“除必要的原件核对外，对于供应商能够在线提供的材料，不得要求供应商同时提供纸质材料”。其意思是：对于供应商能够在线提供的材料，比如投标（响应文件）、纳税证明等，采购人不得再要求供应商同时提供纸质材料。但是采购人、采购代理机构可以对一些证照的原件进行核实，例如认证证书等。

问题327：关于收取履约保证金，法律是如何规定的？

问：《关于促进政府采购公平竞争优化营商环境的通知》规定，“采购人、采购代理机构不得收取没有法律法规依据的保证金”。

（1）质量保证金属于没有法律法规依据的保证金吗？只有工程才有质量保证金相关的规定，如果是货物或服务项目，可以收取质量保证金吗？

（2）如果不允许收取质量保证金，可以延长履约保证金的退还期限吗？

答：（1）政府采购货物和服务采购项目收取质量保证金没有法律规定，因此不得收取。

（2）《关于促进政府采购公平竞争优化营商环境的通知》规定，“收取履约保证金的，应当在采购合同中约定履约保证金退还的方式、时间、条件和不予退还的情形，明确逾期退还履约保证金的违约责任”。采购人可以延长履约保证金的期限，但必须在合同中明确约定。

问题328：单独将非强制性检测报告作为实质性条件或评审因素合法吗？

问：单独将非强制性检测报告作为实质性条件或评审因素合法吗？这类功能（标准）符合性检测报告应当是佐证材料，只有当招标文件所要求的功能参数需检测报告才能佐证，或者要求的功能参数涉及强制性标准时，可以要求提供检测报告作为证明；提供不了则视为功能参数不满足招标文件，而不能单独将这类检测报告作为实质性条件或评审因素，这样理解对吗？

答：考虑到将非强制性检测报告作为资格条件或评审因素会增加供应商成本，财政部不鼓励这种做法。如果采购人认为确有必要的，非强制性检测报告与货物和服务质量确实相关的，可以将其作为评审因素，但不宜作为资格条件，在实践中要谨慎运用。

问题329：招标文件中要求提供检测依据为地方规范的检测报告，构成地域歧视吗？

问：行业规范（暂行技术文件）与地方规范（暂行规范性文件）的协议标准及功能要求完全相同。招标文件要求提供检测依据为地方规范的检测报告（检测报告所有标准功能一致，区别仅在于检测依据相差了一条地方规范）并作为实质性要求，这种情况是地域歧视吗？

答：对招标文件中要求提供检测依据为地方规范的检测报告的做法本身不构成地域歧视，但是，如果要求提供特定地区、特定区域的检测报告则构成地域歧视。

问题330：将投标人的资质作为评审因素合法吗？

问：在集成项目中，货物众多，招标文件中将所投产品制造商的资质，比如ISO14000、重点实验室、国家科技进步奖、软件成熟度（硬件为主）、信息安全服务资质等列为评审因素，对每一个产品的制造商要求一些资质，这样合理吗？

答：根据《政府采购货物和服务招标投标管理办法》的规定，评审因素的设置应当与货物、服务的质量相关，您反映的情形应当结合具体项目判断，但是将投标人的资质作为评审因素原则上不符合《政府采购货物和服务招标投标管理办法》的规定。

问题331：对于赔偿限额和免赔额的评审需要参照投标报价评审的要求吗？

问：政府采购公开招标校方责任保险，由于校方责任保险为固定价格，因此部分价格不参与评审，对赔偿限额和免赔额进行评审，需要参照投标报价评审的要求吗？例如，赔偿限额可以设定上限吗？赔偿限额的评审办法需要参照投标报价的公式计算吗？比如，设定为各投标人所报赔偿限额/基准赔偿限额×15、基准赔偿限额为最高的赔偿限额？可以以算术平均值作为基准赔偿限额吗？

答：招标评标因素中的价格因素是指采购人需要支付的价款，可以是单价也可以是总价，对于执行统一价格的项目，价格不作为评审因素。所述的赔偿限额和免赔额应属于商务或技术因素，不受价格因素比例限额的约束。

问题332：公开招标如何进行资格审查？

问：公开招标的资格审查可以委托给评审专家进行审查吗？

答：根据《政府采购货物和服务招标投标管理办法》规定，货物和服务项目公开招标评标前对供应商的资格审查应该由采购人或者采购代理机构完成。不应委托其他人完成资格审查工作。

问题333：资格审查采用何种方式进行？

问：（1）对于招标方式（邀请招标、公开招标）和非招标方式（竞争性谈判、竞争性磋商、询价等），资格审查应为采购人审查还是评审小组审查？

（2）采购人可以将资格审查授权给评审小组吗？

答：（1）根据《政府采购货物和服务招标投标管理办法》规定，货物和服务招标项目评标前的资格审查应该由采购人或者采购代理机构负责完成，不得委托其他人代替完成。采购人可以自己负责资格审查工作，也可以委托采购代理机构负责。

（2）非招标方式的资格审查由谈判小组、磋商小组和询价小组负责。

问题 334：供应商可以超经营范围参与政府采购项目吗？

问：《关于促进政府采购公平竞争优化营商环境的通知》第三条规定，“……（三）要求供应商在政府采购活动前进行不必要的登记、注册，或者要求设立分支机构，设置或者变相设置进入政府采购市场的障碍”。这可以理解为供应商超经营范围但不违反国家限制经营、特许经营以及法律、行政法规禁止经营（不违反行政许可、行政审批项目），超越一般经营范围而投标吗？该供应商投标行为有效吗？

答：除国家限制经营、特许以及法律行政法规禁止经营的外，政府采购法律制度并不禁止供应商超经营范围参与政府采购项目。如果招标文件也不禁止供应商超经营范围投标，则不能认定投标无效。

问题 335：非招标方式采购可以改变采购标的和资格条件吗？

问：《政府采购货物和服务招标投标管理办法》第二十七条规定，“采购代理机构可以对已发出的招标文件、资格预审文件、投标邀请书进行必要的澄清或者修改，但不得改变采购标的和资格条件”。对于采用招标方式的采购，可以进行澄清或者修改，但是规定不得改变采购标的和资格条件。对于非招标方式采购项目，如果进行澄清或者修改，可以改变采购标的和资格条件吗？

答：《政府采购货物和服务招标投标管理办法》（以下简称“财政部令第 87 号”）第二十七条规定的澄清或者修改，是指在投标截止之前，采购人、采购代理机构对已发出的招标文件、资格预审文件、投标邀请书进行的必要澄清、修改。为了防止因信息不对称造成潜在供应商在信息获取方面的不公平，财政部令第 87 号第二十七条规定澄清或者修改不得改变采购标的和资格条件。如确需改变采购标的和资格条件的，采购人、采购代理机构应当修改招标文件等之后重新招标。对于非招标方式采购项目，由于《政府采购非招标采购方式管理办法》（以下简称“财政部令第 74 号”）在财政部令第 87 号之前出台，财政部令第 74 号并没有这方面的禁止性规定。不过，出于上述原因，财政部建议非招标采购方式在采购文件澄清、修改方面也参照财政部令第 87 号的上述规定执行，不鼓励通过澄清或者修改直接改变采购标的和资格条件。

问题336：采购人在采购时保障产品兼容性和后期维护要注意什么？

问：作为采购人，在采购一批产品时，考虑到产品的兼容性及后期维护的方便，要求其中某几样产品为同一品牌，或将此需求作为加分项。属于以不合理的条件对供应商实行差别待遇或者歧视待遇吗？

答：采购人根据实际采购需要，可以在采购文件中提出产品的兼容性及后期维护的具体要求，但不得指定产品品牌，或将品牌作为加分项。

问题337：如何计算招标文件发布时间？

问：假设一个政府采购货物公开招标项目，招标公告于2019年7月5日（周五）9点前发布，招标文件发售时间为2019年7月5日至7月11日每日9~16点，开标时间（提交投标文件截止时间）为2019年7月2日9点。根据以上情形，招标文件发售期满足5个工作日吗？另外，自招标文件开始发出之日起至投标人提交投标文件截止之日止，不得少于20日，上述情形的发出之日应该从2019年7月5日还是7月6日起算？

答：（1）根据《政府采购货物和服务招标投标管理办法》规定，发布招标公告的当日开始发售招标文件的，发布招标公告之日不计算在发售期限内，发售期限应从次日开始计算。次日为周六，不是工作日，因此招标文件的发售期限应该从2019年7月8日（周一）开始计算。

（2）发布招标公告的当日开始发售招标文件的，发布招标公告之日不计算在等标期内，等标期应从次日开始计算，即从2019年7月6日（周六）开始计算。

问题338：在政府采购活动中如何收取保证金？

问：在采购文件中关于付款方式的一项条款描述，“余下5%的尾款在一年质保期满后的5个工作日内由采购人退还中标人”。上述描述违反财政部《关于促进政府采购公平竞争优化营商环境的通知》关于“采购人、采购代理机构不得收取没有法律法规依据的保证金”的规定吗？

答：《政府采购法实施条例》第三十三条和第四十八条对政府采购活动中收取保证金的情形和比例上限作了规定。财政部《关于促进政府采购公平竞争优化营商环境的通知》明确要求采购人、采购代理机构不得收取没有法律法规依据的保证金。从留言反映情况看，余款支付问题属于付款方式问题，不属于保证金收取问题，应由采购人和供应商在采购合同中具体约定。

问题339：这样设置评审因素合理吗？

问：现有一政府采购项目，商务评审要求供应商具有A级纳税信用等级得2分。但取得A级纳税信用等级必须经营三年以上。设置这项评审因素属于“以不合理的条件对供应商实行差别待遇或者歧视待遇”吗？《中小企业促进法》第四十条第三款规定，政府采购不得在企业股权结构、经营年限、经营规模和财务指标等方面对中小企业实行差别待遇或者歧视待遇。设置这一评审项违反上述规定吗？

答：依照《政府采购货物和服务招标投标管理办法》第五十五条规定，评审因素的设定应当与投标人所提供货物服务的质量相关，包括投标报价、技术或者服务水平、履约能力、售后服务等。实践中，采购人应当结合实际需求，按照上述原则合理确定评审因素。A级纳税信用等级不宜作为评审因素。

问题340：在采购项目中，采购人可以要求投标人提供样品吗？

问：某政府采购项目拟采购食堂用厨具类项目，采购需求中已明确厨具的材质及技术参数要求。但采购人经市场调研发现，各厂家生产的产品观感质量相差甚远，有的厂家不仅满足材质和技术参数要求而且还做得非常精细，有的厂家虽满足材质和技术参数要求但产品做得非常粗糙。如果将两个都满足技术参数要求的产品放在一起对比，即使不用专业人士比较也能轻易分出伯仲。但是，采购人编制的采购需求对于精细和粗糙又无法准确描述清楚。因此，采购人在采购文件中要求投标人都提供样品并参与评审，由评标委员会根据投标人提供样品的外观质感、工艺、触感等类似评审内容进行酌情打0~4分，由此引导投标人能提供符合采购需求的最优产品，从而尽可能提高财政资金的使用效益。上述做法符合现行相关法律法规吗？

答：采购人、采购代理机构一般不得要求投标人提供样品，仅凭书面方式不能准确描述采购需求或者需要对样品进行主观判断以确定是否满足采购需求等特殊情况除外。如需提供样品的，应当按照《政府采购货物和服务招标投标管理办法》第二十二条规定，在招标文件中明确评审方法和评审标准等。具体项目问题，还需要参考当地财政部门相关规定。

问题341：如何重新评审？

问：（1）有一起符合性审查错误如下：一个政府采购公开招标项目，在评分汇总完成后、评标报告签署前，代理机构在核对评标结果时发现一个供应商符合性审查错误，告知评标委员会复核，评标委员会经复核确认审查错误。评标委员会可以进行重新评审，及时纠错吗？

（2）有一起资格审查错误如下：一个政府采购公开招标项目，在评分汇总完成后、评标报告签署前，代理机构在核对评标结果时发现代理机构在审查一个供应商资格时审查错误。代理机构可以重启资格审查，及时纠错，再由评标委员会按重新资格审查后的结果进行评标吗？

答：（1）《政府采购货物和服务招标投标管理办法》第六十四条已对重新评审作了明确规定，问题（1）、问题（2）所述情形不符合上述规定。

（2）《政府采购货物和服务招标投标管理办法》第六十七条已对重新评标作了明确规定，问题（1）中的情形不符合上述规定。采购代理机构要切实履行政府采购评审职责，依法细化评审程序，并按规定程序组织评审。

问题342：对不同投标人使用同品牌产品投标如何处理？

问：（1）在单一类型产品公开招标采购活动中，适用最低报价法，有A、B、C、D四家投标人投标，均通过了资格审查、符合性审查。其中A、B、D投标人均投的是“WQ品牌”，报价分别是75万元、70.8万元、69万元；C投标人投的是“PR品牌”，报价为72万元。在这种情况下，是按有效投标人不足3家，将采购活动废标处理，还是把D投标人推荐为第一中标候选人？

（2）在单一类型产品公开招标采购活动中，适用综合评分法，有A、

B、C、D 四家投标人投标，均通过了资格审查、符合性审查。其中 A、B、D 投标人均投的是“WQ 品牌”，综合评审得分分别是 89.54 分、92.8 分、85.7 分；C 投标人投的是“PR 品牌”，综合得分为 91.5 分。在这种情况下，是按有效投标人不足 3 家，将采购活动废标处理，还是把 B 投标人推荐为第一中标候选人、把 C 投标人推荐为第二中标候选人？

答：根据《政府采购货物和服务招标投标管理办法》第三十一条规定，情形 1 与情形 2 中 A、B、D 均应视为一个投标人，均属于通过资格审查或符合性审查的投标人不足 3 家，应该废标处理。

问题 343：重新招标采购如何实施？

问：（1）重新招标采购预算可以增减吗？

（2）评分标准重复评分违反了哪一条法律法规？

（3）在重新招标项目中，采购人与招标代理机构还要重新签订委托协议吗？

（4）重新招标项目的项目名称可以删减或者更改吗？

答：（1）目前，政府采购法律法规没有对重新招标项目是否可以增减预算作出规定。采购人可根据实际情况确定重新招标的预算。

（2）采购人应当按照政府采购法律法规规定设置评分标准和评审规则。除财政部规定的特殊情形外，不允许重新评审或重复评分。

（3）对重新招标项目，如相关代理事宜无实质性变化，原则上可不与代理机构重新签订委托协议。

（4）目前，政府采购法律法规没有对重新招标项目名称是否可以删减或者更改作规定。原则上，重新招标项目名称可不作修改。从有利于供应商更清晰、准确地了解采购项目信息的角度出发，采购人可以对重新招标项目名称作调整完善。

问题 344：如何认定供应商所投产品是否满足采购需求？

问：在一个农药产品政府采购项目中，对芸苔素的采购需求技术参数及规格描述为：有效成分及含量：芸苔素 0.0075%；剂型：水剂（或可溶液剂）；规格 8 克/袋。而投标人实际所投产品的技术参数为：有效成分芸苔素0.001%；剂型：水剂；规格10克/袋。所投产品可以认定为满足采购需求吗？

答：（1）根据政府采购法律法规，采购人在提出采购需求时，应根据采购项目实际对供应商提出相应的要求，但不得以不合理的条件对供应商实行差别待遇或者歧视待遇。该项目的特定需求是否具有排他性，应根据采购项目实际特点和需求进行判断。

（2）技术需求如果要求的是特定的数值，则响应必须与特定数值一致才认为符合要求；技术需求如果是某个数值范围，则响应在范围内的才认为符合要求。本案例技术需求是特定的数值，而响应的内容与要求的数值不一致，不符合需求。

问题345：采购意向如何公开（一）？

问：对于采购意向公开，100万元是指年度预算吗？如果某个项目3年预算超过100万元，需要公开吗？

答：公开采购意向的范围是按项目进行采购的集中采购目录以内或者采购限额以上的项目，预算金额是指年度预算。采购不超过3年履行期限的服务、且3年总预算超过采购限额标准的，应公开采购意向。

问题346：采购意向如何公开（二）？

问：本单位公示了一个意向项目是学校A、B、C三栋楼的维修改造，但在实际执行中，根据三栋楼腾空的时间有先后、涉及的经费不同，需要按照三个项目来操作，总预算不超过原公示预算。在这种情况下，需要重新发布意向公示吗？

答：根据《关于开展政府采购意向公开工作的通知》规定，采购意向仅作为供应商了解各单位初步采购安排的参考。采购项目实际采购需求、预算金额和执行时间以预算单位最终发布的采购公告和采购文件为准。因此，留言所述情况不需要重新发布采购意向。

问题347：采购意向如何公开（三）？

问：本单位为中央预算单位，现预备进行招标采购活动，对于开展政府采购意向公开工作，中央预算单位无论采购内容和金额大小，都需要进行采购意向公开吗？有对具体采购内容及金额的限制吗？

答：根据《关于开展政府采购意向公开工作的通知》有关规定，除以协议供货、定点采购方式实施的小额零星采购和由政府集中采购机构统一组织的批量集中采购外，按项目实施的集中采购目录以内或者采购限额标准以上的货物、工程、服务采购均应当公开采购意向。

问题 348：如何理解在公开招标中“对于供应商能够在线提供的材料，不得要求供应商同时提供纸质材料”？

问：《关于促进政府采购公平竞争优化营商环境的通知》提到，“除必要的原件核对外，对于供应商能够在线提供的材料，不得要求供应商同时提供纸质材料”。在实践中，企业营业执照、部分执业资格证书、中小微企业证明，其他的还有“信用中国”网站、中国政府采购网等网页截图，都不得要求投标供应商在投标文件中提供上述资料复印件或网页截图加盖公章吗？

答：留言所述“信用中国”网站、中国政府采购网网页截图等采购人、采购代理机构可以通过互联网或者相关信息系统查询的信息，不得要求供应商提供网页截图并加盖公章，采购人、采购代理机构无法通过互联网或者相关信息系统查询的信息，可以要求提供复印件并加盖公章。

问题 349：在政府采购评审活动中，出现停止评标情形怎么办？

问：《政府采购货物和服务招标投标管理办法》第二十条规定：“对于不允许偏离的实质性要求和条件，采购人或者采购代理机构应当在招标文件中规定，并以醒目的方式标明。”按此要求，如果一个货物类公开招标项目未在招标文件中标明实质性条件和要求，将不利于符合性审查，根据本办法第六十五条规定，评标委员会可以由此认为招标文件存在重大缺陷导致评标工作无法进行，停止评标工作。这个停止评审的理由合法吗？

答：采购评审活动中，评标委员会应依法自行判断招标文件是否存在重大缺陷导致评标工作无法进行，并按规定作书面记录。供应商如认为评审过程损害自身合法权益，可以依法进行质疑投诉。

问题350：可以设置负偏离吗？

问：采用综合评标法的招标文件，技术类评分因素按照如下设置，合理可行吗？投标产品技术参数及配置完全符合招标文件要求没有负偏离得50分。★号项每出现一项负偏离或不满足的扣3分，非★号项每出现一项负偏离或不满足的扣1分，本项最多扣40分。

答：对于不允许偏离的要求和条件，应当作为实质性要求，并在招标文件中以醒目方式标明，不得设置负偏离，但可根据实际需要适当设置正偏离加分。对于非实质性要求，原则上应当设置为满足的加分，不满足不得分。

问题351：评审因素如何设置？

问：关于技术指标量化，如果有1000条参数，每一条参数都要设置分值吗？

答：采购人、采购代理机构要根据采购项目需求特点和绩效目标科学设置评审因素。评审因素的设定应当与货物、服务的质量相关，但并不是每项技术要求或技术参数都要作为评分因素。

问题352：如何认定是否属于拆分项目的情形？

问：《政府采购法实施条例》第二十八条规定中“一个预算项目”是具体到哪一级别的预算？比如，某单位有上级部门拨付的高科技人才扶持项目预算资金，其分拨给不同的使用部门购置货物或服务。A部门按谈判方式采购了一批设备，B部门按询价方式采购了一批设备。这两批设备中都包括仪器a，仪器a的价格合计超过了公开招标的标准。这种情况属于拆分项目规避公开招标吗？

答：留言所述中的仪器a属于一个预算项目下的同一品目的货物，原则上应当按照一个采购项目进行采购。

问题353：政府采购项目废标后如何处理？

问：按照《政府采购法》第三十六条规定，予以废标的政府采购项目，需要按规定发布终止公告吗？

答：按照政府采购法律制度规定，废标后，采购人将废标理由通知所有投标人即可。

问题 354：政府采购评审现场如何组织？

问：在实际的政府采购活动中，经常会遇到“政府采购现场监督人员应该由哪个部门派出”的问题，是由派驻该部门的纪检组派出，还是由该部门派出？有些地方监委明确通知派驻纪检组人员不得作为政府采购评审活动现场监督人员参与现场监督，又必须要有一名监督人员才能开展政府采购评审活动，该部门只有安排其他不具有监察身份的工作人员作为监督人员参与政府采购评审活动现场监督，这种做法合法吗？

答：根据政府采购法律制度规定，除采购人代表、评标现场组织人员外，采购人的其他工作人以及与评标工作无关人员不得进入评标现场，现场活动应全程录音录像。不鼓励派出现场监督人员。

问题 355：政府购买服务招标如何申报采购预算和计划？

问：《政府采购法》第六条规定，“政府采购应当严格按照批准的预算执行”。对于一些特殊类政府采购项目，比如，通过招标将辅警服务委托于保安公司，通过保安公司发放工资，是按照辅警工资的总额加上保安公司的管理费总费用申报采购计划进行招标，还是按单独的管理费申报招标？

答：一般而言，政府采购服务的对象是一定工作量的服务，而不是雇佣人员，采购人如需购买安保等服务，可将其折算成劳务工作量，采购相关服务。留言所述项目应以总费用申报采购预算和计划。

问题 356：中小企业委托其他企业加工可以享受中小企业待遇吗？

问：在政府采购活动中，中小企业作为供应商委托其他企业加工的，可以享受中小企业待遇吗？

答：只有货物由中小企业生产且使用该中小企业商号或者注册商标的，才可以享受中小企业待遇。供应商委托其他企业加工的，虽然商标是自己的，但不是自己生产，不应享受中小企业待遇。

问题357：这种产品在节能产品政府采购品目单的范围内吗?

问：用于冷库的专业制冷设备冷凝机组是否在节能产品政府采购品目清单内?

答：在《节能产品政府采购目录清单》（财库〔2019〕19号）所公示的目录清单中，包括A020523制冷空调设备中的A02052301制冷压缩机、A02052305空调机组、A02052309专用制冷、空调设备、以及A02052399其他制冷空调设备等产品品类，不包括冷库的专业制冷设备冷凝机组。

问题358：这样设置招标文件的打分表条件，合理吗?

问：在政府采购招标文件的打分表中，对于财务状况得分，可以设置为“投标人近3年都为盈利状态的得2分；2年为盈利状态的得1分；其他情况不得分”吗?

这样的设置与《政府采购促进中小企业发展管理办法》的第五条“采购人在政府采购活动中应当合理确定采购项目的采购需求，不得以企业注册资本、资产总额、营业收入、从业人员、利润、纳税额等规模条件和财务指标作为供应商的资格要求或者评审因素”有冲突吗?

答：《政府采购货物和服务招标投标管理办法》（财政部令第87号）第十七条规定，采购人、采购代理机构不得将投标人的注册资本、资产总额、营业收入、从业人员、利润、纳税额等规模条件作为资格要求或者评审因素，也不得通过将除进口货物以外的生产厂家授权、承诺、证明、背书等作为资格要求，对投标人实行差别待遇或者歧视待遇。

《政府采购促进中小企业发展管理办法》（财库〔2020〕46号）第五条规定，采购人在政府采购活动中应当合理确定采购项目的采购需求，不得以企业注册资本、资产总额、营业收入、从业人员、利润、纳税额等规模条件和财务指标作为供应商的资格要求或者评审因素，不得在企业股权结构、经营年限等方面对中小企业实行差别待遇或者歧视待遇。

留言所述情形，违反了上述规定。

问题 359：产品所获特定奖项可以作为评审因素吗？

问：产品获得地市级及以上政府部门颁发的政府质量奖可以作为评审因素吗？

答：根据《政府采购法实施条例》第二十条规定，上述情况属于以不合理的条件对供应商实行差别待遇或者歧视待遇的情形，不能作为评审因素。

问题 360：与采购项目有关的专利证书可以作为评审因素吗？

问：评审因素中要求投标人或所投产品制造商提供由中华人民共和国国家知识产权局颁发的，与本项目采购的家具产品相关的生产工艺、技术等方面的专利证书，包括发明专利证书、实用新型专利证书、外观设计专利证书。该情形违反了《政府采购法实施条例》第二十条第六款的规定吗？

答：如果家具相关产品的专利证书与采购项目有关，可以将专利证书作为评审因素，否则就属于以不合理的条件限制供应商。

问题 361："信用修复"后还具备参加政府采购的条件吗？

问：某企业于 2020 年 6 月被税务部门处以较大数额的罚款，经申请，2020 年 9 月，该"一般失信"行为的行政处罚信息被税务部门修复，查询相关信用网站无任何不良信用记录。2021 年 5 月，该企业参与政府采购活动并顺利中标。该企业被行政处罚的事实，属于《政府采购法》第二十二条所称的重大违法记录吗？该企业具备参加政府采购的条件吗？

答：对于该企业被行政处罚的事实，如供应商存在《政府采购法》第二十二条所称的重大违法记录，则不具备参加政府采购的条件。

问题 362：如何进行评审因素量化？

问：在政府采购项目招标文件评审标准编制过程中，经常会遇到评审因素的量化、细化，以及评审分值设置应当与评审因素的量化指标相对应的问题。如何理解评审因素的"量化"？对于"服务类""工程的磋商类"项目怎样量化？对于商务要求和采购需求没有区间规定的，分值可以设置区间分值吗？

答：根据《政府采购需求管理办法》（财库〔2021〕22号）第二十一条规定，采购需求客观、明确的采购项目，采购需求中客观但不可量化的指标应当作为实质性要求，不得作为评分项；参与评分的指标应当是采购需求中的量化指标，评分项应当按照量化指标的等次，设置对应的不同分值。不能完全确定客观指标，需由供应商提供设计方案、解决方案或者组织方案的采购项目，可以结合需求调查的情况，尽可能明确不同技术路线、组织形式及相关指标的重要性和优先级，设定客观、量化的评审因素、分值和权重。价格因素应当按照相关规定确定分值和权重。

问题363：两家小型企业可以组成联合体参与专门面向中小企业的政府采购活动吗？

问：某人在A、B两家小型企业均持股，但并非两家公司的法人代表。有以下两个问题。

（1）A、B两家小型企业可以组成联合体参与专门面向中小企业的某一政府采购项目（该项目接受联合体投标）吗？

（2）此种情形属于《政府采购促进中小企业发展管理办法》（财库〔2020〕46号）第八条规定的“组成联合体或者接受分包合同的中小企业与联合体内其他企业、分包企业之间不得存在直接控股、管理关系”吗？

答：（1）A、B两家小型企业可以组成联合体参与专门面向中小企业的政府采购活动。

（2）第二个问题所说的情形不属于《政府采购促进中小企业发展管理办法》（财库〔2020〕46号）第八条规定的禁止情形。

问题364：投标人为中小企业，但货物制造商不全是中小企业，可以享受中小企业扶持政策吗？

问：在实际政府采购活动中，对货物类项目，如投标人为中小企业，但货物制造商不全是中小企业，可以享受中小企业扶持政策吗？

答：按照《政府采购促进中小企业发展管理办法》（财库〔2020〕46号）第四条第一款规定，在货物采购项目中，货物由中小企业制造（货物由中小企业生产且使用该中小企业商号或者注册商标）的，可享受中小企业扶持政策。如果一个采购项目或采购包含有多个采购标的，则每个采购标的均应由中小企业制造。

问题 365：供应商注册地可以作为资格条件吗？

问：某县水政联合执法大队办公楼改造工程项目施工，要求的建筑公司必须是项目所在地注册的公司，这违背《政府采购法》或《招标投标法》吗？

答：所述情形属于排斥外地企业参与政府采购活动，违背政府采购公开、公平竞争的规定。

问题 366：将供应商拥有《经营保险业务许可证》设置为资格条件合理吗？

问：政府采购网上有的保险服务采购项目规定的特定资格要求供应商具有中国银行保险监督管理委员会颁发的《经营保险业务许可证》，此条特定资格的设置是否合理，属于排斥保险总公司或保险分支机构吗？

答：保险业务许可证是保险机构经营保险业务的法定证明文件，所述资格条件设定合理。

问题 367：在采购文件中台式计算机属于哪个行业？

问：《政府采购促进中小企业发展管理办法》规定，采购人应根据项目实际情况，明确采购标的对应的中小企业划分标准所属行业。假设需要采购的是台式电脑，潜在供应商既有生产厂家，也有经销商，那么应在采购文件中明确行业是“制造业”还是“批发零售业”？

答：《政府采购促进中小企业发展管理办法》（财库〔2020〕46 号）第十二条第六款规定，采购人应根据项目实际情况，明确采购标的对应的中小企业划分标准所属行业。一个采购标的应只对应一个行业。上述采购台式计算机所属行业应为“制造业”。

问题 368：下属企业可以参加以上级单位作为采购人的招标项目吗？

问：事业单位出资设立的全资子公司或参股公司可以参与以该事业单

位作为采购人的政府采购项目或发改委立项项目的投标吗？

答：采用招标方式采购的项目，下属企业不可以参加上级单位作为采购人的项目。

问题369：禁止参加政府采购活动的期限由哪个部门决定？

问：《政府采购法实施条例》第十九条中规定，供应商在参加政府采购活动前3年内因违法经营被禁止在一定期限内参加政府采购活动，期限届满的，可以参加政府采购活动。该条例中的“一定期限”的时长由哪个部门决定？

答：“一定期限”是作出行政处罚决定的行政监管部门确定的具体期限，具体期限由行政监管部门在作出处罚时决定。

问题370：行政机关对于临时人员的聘用属于政府采购吗？

问：行政机关因工作需要，拟聘用临时人员数十人，费用超过200万元/年。可以与每个拟聘用的临时人员直接签订劳动合同，支付工资、社保等费用，而不纳入政府采购吗？

答：行政机关聘用人员，签订劳动合同，支付工资、社保等费用，不属于政府采购行为。

问题371：“预留给小微企业的比例不低于60%”如何实现？

问：根据《政府采购促进中小企业发展管理办法》（财库〔2020〕46号）第八条规定，“超过200万元的货物和服务采购项目、超过400万元的工程采购项目中适宜由中小企业提供的，预留该部分采购项目预算总额的30%以上专门面向中小企业采购，其中预留给小微企业的比例不低于60%”。预留给小微企业的比例不低于60%如何实现？

答：采购人可以将采购项目或者采购包专门面向小微企业采购。

问题372：与主要标的物配套的辅材、辅料可以不填写在《中小企业声明函》中吗？

问：某市政路灯货物采购，主要标的物是路灯灯具、灯杆、电缆。有少量安装用辅材河沙、水泥、螺栓、防护板、镇流器等，约占总金额的

2%。供应商没把这几项辅材在《中小企业声明函》中全部逐一填报，故被评定为未按规定正确填写《中小企业声明函》。供应商投诉到财政部门，财政部门也认为应把辅材全部逐一填写到《中小企业声明函》中才合规。与主要标的物配套的辅材、辅料可以不填写在《中小企业声明函》中，而是以主要标的物来认定是否属于中小企业生产吗？

答：采购人、采购代理机构应当依据国务院批准的中小企业划分标准，根据采购项目具体情况，在采购文件中明确采购标的对应的中小企业划分标准所属行业。如果一个采购项目涉及多个采购标的的，应当在采购文件中逐一明确所有采购标的对应的中小企业划分标准所属行业。一般只将采购项目中的主要货物作为标的物，配件、辅料等材料一般不作为标的物，也不对其生产厂商做要求。

问题 373："依法缴纳税收"中的"税收"是指哪些税收？

问：《政府采购法》第二十二条第四款以及《政府采购法实施条例》第十七条第二款均要求参加政府采购活动的供应商提供"依法缴纳税收和社会保障资金的相关材料"。那么，"依法缴纳税收"中的"税收"是指哪些税收？

答：供应商缴纳税收的证明材料主要是指供应商缴纳各类税款的凭据，一般情况下包括缴纳增值税和企业所得税的凭据。财政部正在考虑完善供应商参加政府采购活动所需提供的材料，原则上供应商无欠缴各类税款即可参加政府采购活动。

问题 374：哪些材料可以作为依法缴纳税收的证明材料？

问：《〈中华人民共和国政府采购法实施条例〉释义》中，第十七条提到"供应商缴纳税收的证明材料主要是指供应商税务登记证（国税、地税）和参加政府采购活动前一段时间内缴纳增值税、营业税和企业所得税的凭据"，可以理解为响应文件中纳税证明材料提供的税种除了此处提到的三种税种外，提供其他任何税种都被视为无效吗？

答：供应商可以提交缴纳除增值税、企业所得税以外其他种类税款的凭据或没有欠缴各类税款的承诺作为依法缴纳税收的证明材料。

问题375：供应商需要提供信用记录的纸质报告吗？

问：《财政部关于在政府采购活动中查询及使用信用记录有关问题的通知》（财库〔2016〕125号）规定："采购人或者采购代理机构应当在采购文件中明确信用信息查询的查询渠道及截止时点、信用信息查询记录和证据留存的具体方式、信用信息的使用规则等内容。"现采购文件中要求供应商提供一定时间节点的"信用中国"查询报告作为资格审查条件。根据财政部《关于促进政府采购公平竞争优化营商环境的通知》（财库〔2019〕38号）规定，"对于采购人、采购代理机构可以通过互联网或者相关信息系统查询的信息，不得要求供应商提供。除必要的原件核对外，对于供应商能够在线提供的材料，不得要求供应商同时提供纸质材料。"那么，供应商可以不提供该纸质报告，现场由代理机构查询吗？

答：上述"信用中国"查询报告等采购人、采购代理机构可以通过互联网或者相关信息系统查询的信息，应由采购人或采购代理机构按照有关要求进行查询，原则上不得要求供应商提供纸质材料。

问题376：省运会筹委会可以作为采购人实施政府采购活动吗？

问：某市成立省运会筹委会举办运动会，并赋予筹委会独立编制预算、独立财务核算等权限，对于在运动会准备过程中需要采购的体育器材、专业服务等，省运会筹委会可以以自身的名义作为采购人实施政府采购活动吗？

答：省运会筹委会可以作为采购人实施政府采购活动。

问题377：评审专家可以复核评审投标人的资格要求吗？

问：根据《政府采购货物和服务招标投标管理办法》（财政部令第87号）中的规定，资格审查由采购人或招标代理机构审查。在实际情况中经常会遇到投标人的资格评审内容有缺陷，但是代理机构没有认真审查，或者是看到了问题视而不见，随后再由投标单位修改完善，以保证不被废标，从而达到正常评审。这种情况，评审专家可以复核评审投标人的资格要求，以达到监督的效果吗？

答：根据《政府采购货物和服务招标投标管理办法》（财政部令第87

号）第四十四条规定，采购人或者采购代理机构应当依法对投标人的资格进行审查。上述采购人、采购代理机构未按照规定进行资格审查的，评审专家可依法将违规行为向同级财政部门报告。财政部门将依法进行处理。

问题378：综合评分法中的投标报价应如何理解？

问：综合评分法中投标报价是指原始投标报价，还是指按照小微企业或采购政策享受扣除后的评审价格？

答：根据《政府采购货物和服务招标投标管理办法》（财政部令第87号）中的规定，综合评分法中投标报价应当是指按照小微企业或采购政策享受扣除后的评审价格。

问题379：怎样理解“最高限价”？

问：（1）在《政府采购货物和服务招标投标管理办法》（财政部令第87号）中，最高限价可以理解为政府采购结算的最高支付价款吗？最高限价与最终实际结算价款，有必然的关系吗？

（2）这个最高限价适用于政府的工程回购吗？

答：（1）根据《政府采购货物和服务招标投标管理办法》（财政部令第87号）第十二条规定，采购人根据价格测算情况，可以在采购预算额度内合理设定最高限价。最高限价不是政府采购结算的最高支付价款。最终采购价格不高于最高限价。

（2）《政府采购货物和服务招标投标管理办法》中规定的最高限价不适用于政府采购工程项目，关于工程项目的问题请向有关部门咨询。

问题380：未在国产设备招标文件中明确不允许进口产品投标的，采购人可以拒绝其投标吗？

问：对于国产设备招标，招标文件中没有明确是否拒绝进口产品投标，在投标过程中，如果有投标人用进口产品投标的，采购人可以拒绝其投标吗？

答：按照《关于政府采购进口产品管理有关问题的通知》（财办库〔2008〕248号）规定，采购人采购进口产品时，必须在采购活动开始前向财政部门提出申请并获得财政部门审核同意。在采购活动开始前没有获得财政部门同意而开展采购活动的，视同为拒绝采购进口产品，应在采购文件中明确作出不允许进口产品参加的规定。未在采购文件中明确规定不允许进口产品参加的，也视为拒绝进口产品参加。

问题381：未达到分散采购限额标准的采购项目应该如何执行？

问：某单位计划采购论文数据库查重服务，供应商来源单一，但是金额未达到公开招标限额，也未达到分散采购限额。应该如何执行？

答：采购人采购集中采购目录外且未达到分散采购限额标准的服务项目，可以按照单位内控制度要求自行采购，无须采购方式变更及公示程序。

问题382：这种行政处罚罚款影响后续参加政府采购活动吗？

问：某单位在某项目中缴纳了32885元的行政处罚罚款，但未被列入政府采购的黑名单。《政府采购法》第二十二条规定，供应商参加政府采购活动前三年内，在经营活动中没有重大违法记录。那么，此行政处罚罚款影响该单位后续参加政府采购活动吗？

答：根据《财政行政处罚听证实施办法》（财政部令第109号）的规定，“较大数额罚款”的标准为对公民作出5000元以上罚款，对法人或者其他组织作出5万元以上罚款。该单位受到的罚款数额不属于较大数额罚款，可以参加后续政府采购活动。

问题383：同一供应商提交了两份响应文件应该如何处理？

问：竞争性磋商类采购服务类项目同一供应商法人委托了两个不同的授权代表递交了两份不同的投标文件，应如何处理？

答：同一政府采购项目中，一家供应商只能提交一份响应文件。上述情形中的两份响应文件均应作为无效响应文件。

问题384：这种情况属于以不合理的条件对供应商实行差别待遇或者歧视待遇吗？

问：一个货物类采购项目的招标文件明确规定了核心产品，其中，业绩评审因素的评分标准将供应商具备核心产品的销售业绩作为加分项，属于以不合理的条件对供应商实行差别待遇或者歧视待遇吗？

答：如非限定特定区域、特定行业的业绩，仅将核心产品的销售业绩作为评审因素，不属于《政府采购法实施条例》第二十条规定的以不合理条件对供应商实行差别待遇或者歧视待遇的情形。

问题 385：采用最低评标价法，是指核心产品报价最低，还是指核心产品和其他产品总价最低？

问：采用最低评标价法的非单一产品采购项目，多家投标人核心产品品牌相同且都通过了资格性审查，是核心产品报价最低的投标有效，还是核心产品和其他产品总价最低的投标有效？

答：在政府采购货物和服务招标采购项目中，采用最低评标价法的非单一产品采购项目，应当选择通过资格审查的核心产品和其他产品总价最低的投标供应商作为中标供应商。

问题 386：评标委员会可以全部由评审专家组成吗？

问：《政府采购货物和服务招标投标管理办法》（财政部令第 87 号）第四十七条中规定“评标委员会由采购人代表和评审专家组成”，请问评标委员会可以全部由评审专家组成吗？

答：《政府采购货物和服务招标投标管理办法》（财政部令第 87 号）第四十七条规定，评标委员会由采购人代表和评审专家组成，成员人数应当为 5 人以上单数，其中评审专家不得少于成员总数的三分之二。采购人代表放弃参加的，评标委员会可以全部由评审专家组成，但是财政部鼓励采购人派出代表参与评标委员会。

问题 387：可以就采购项目名称和采购标的名称发布更正公告吗？

问：若采购人想更改采购项目名称并修改相应采购标的名称，可以发布更正公告吗？

答：采购项目名称的变更牵涉预算管理等问题，可能影响供应商的投标，采购人应当审慎对待。如确需变更采购项目名称，建议采购人发布终止公告，重新组织开展采购活动。

问题388：制造商的业绩和证书可以作为评审因素吗？

问：在政府采购中可以将所投产品制造商的业绩、所投产品制造商的证书作为评审因素吗？

答：制造商的业绩可以作为评审因素，但是不能规定业绩的特定金额，也不得以特定地区和行业的业绩作为加分因素。

所投产品的证书可以列为评审因素，但根据《政府采购货物和服务招标投标管理办法》（财政部令第87号）第五十五条规定，评审因素应当与货物或服务的质量相关。

问题389：非招标采购中供应商的资格评审应由谁负责？

问：对于非招标方式如竞争性谈判、询价采购、竞争性磋商的资格审查是由采购代理单位（采购）负责还是由评审小组负责审查？

答：非招标采购中供应商的资格评审，应按照《政府采购非招标采购方式管理办法》（财政部令第74号）和《政府采购竞争性磋商采购方式管理暂行办法》（财库〔2014〕214号）的规定由谈判（磋商）小组负责。

问题390：制造厂家授权可以作为评审因素吗？

问：《政府采购货物和服务招标投标管理办法》（财政部令第87号）第十七条规定，“采购人、采购代理机构不得将投标人的注册资本、资产总额、营业收入、从业人员、利润、纳税额等规模条件作为资格要求或者评审因素，也不得通过将除进口货物以外的生产厂家授权、承诺、证明、背书等作为资格要求，对投标人实行差别待遇或者歧视待遇”。

（1）除进口货物以外的生产厂家授权、承诺、证明、背书等可以作为评审因素吗？

（2）招标文件可以要求“投标单位中标后在签订合同前提供厂家授权，否则取消其中标资格”吗？

答：将制造厂家授权作为评审因素不违反《政府采购货物和服务招标投标管理办法》（财政部令第87号）规定。采购人可根据项目具体情况，要求中标供应商签约前提供制造厂家授权书。

问题 391：评标中样品的技术参数不符合招标文件要求，应如何扣分？

问：一个货物类政府采购项目，设有技术偏离项和样品（或演示）评分项，如果在样品（或演示）环节发现样品的一项技术参数不符合招标文件要求，同时，和投标人技术响应偏离表中应响应的技术参数不一致（投标人响应无偏离）。但样品或演示环节已经对此项进行扣分处理了，技术响应偏离表中此项技术参数也应相应作负偏离处理并进行扣分吗？

答：评标中的得分应由评审委员会依据采购文件确定的评标方法和标准对投标文件进行综合评估后确定。招标文件没有规定的不得作为评审因素。以上问题所述情况应视该投标文件中的具体规定进行扣分处理。

问题 392：同一品目的两个政府采购项目，可以合并抽取专家吗？

问：同一品目的两个政府采购项目，可以合并抽取专家吗？

答：不同项目如果内容相同，为了便于组织和提高评审效率，可以合并选择一组专家负责评审。

问题 393：资格审查由评标委员会审查，需要重新组织招标程序吗？

问：公开招标资格审查由评标委员会审查通过，且发布了中标结果，需要重新组织招标程序吗？

答：《政府采购货物和服务招标投标管理办法》（财政部令第 87 号）规定，政府采购货物和服务招标项目，评标中资格审查由采购人或采购代理机构负责。如果由评标委员会审查，未出现审查错误，不影响中标结果，中标结果有效，无须重新组织招标程序。

问题 394：在竞争性磋商项目的接收响应文件截止时间，只有两家供应商提交响应文件，如何处理？

问：《财政部关于政府采购竞争性磋商采购方式管理暂行办法有关问题

的补充通知》（财库〔2015〕124号）规定："采用竞争性磋商采购方式采购的政府购买服务项目（含政府和社会资本合作项目），在采购过程中符合要求的供应商（社会资本）只有两家的竞争性磋商采购活动可以继续进行"。接收竞争性磋商文件截止时间，只有两家供应商提交竞争性磋商文件的，是继续资格审查和竞争性磋商采购活动，还是予以流标处理？

答：竞争性磋商的项目，接收响应文件截止时间，只有两家供应商提交响应文件的，应该终止竞争性磋商采购活动。

问题395：非单一产品采购项目，采购人可以根据实际情况不设置核心产品吗？

问：《政府采购货物和服务招标投标管理办法》（财政部令第87号）第三十一条第三款规定：非单一产品采购项目，采购人应当根据采购项目技术构成、产品价格比重等合理确定核心产品，并在招标文件中载明。多家投标人提供的核心产品品牌相同的，按前两款规定处理。采购人可以根据实际情况，不设置核心产品吗？

答：对于非单一产品采购项目，采购人应按照《政府采购货物和服务招标投标管理办法》（财政部令第87号）要求确定核心产品，并在采购文件中明确标注。

问题396：将技术分值设置为负偏离进行扣分、扣完为止，合理吗？

问：某采购项目的采购文件中，技术分值设置为"技术分为30分，如有一项技术条款负偏离扣1分，扣完为止"。这样设置合理吗？

答：本项目所设置的评审标准不违反《政府采购货物和服务招标投标管理办法》（财政部令第87号）的规定。

问题397：《政府采购货物和服务招标投标管理办法》中关于样品的规定如何适用？

问：《政府采购货物和服务招标投标管理办法》（财政部令第87号，以下简称“87号令”）第二十二条中规定，“采购人、采购代理机构一般不得要求投标人提供样品，仅凭书面方式不能准确描述采购需求或者需要对样品进行主观判断以确认是否满足采购需求等特殊情况除外”。

（1）在实际操作中应该如何界定采购项目属于“仅凭书面方式不能准确描述采购需求或者需要对样品进行主观判断以确认是否满足采购需求”?

（2）该答案适用于其他采购方式吗?

答：（1）仅凭书面方式不能准确描述的情形，一般是投标产品用书面形式难以准确描述或文字描述与实际样品差距比较大的情形。例如，鲜活农副产品需要通过感官、嗅觉、触摸等手段进行判断比较的情形。

（2）87号令中关于样品的规定虽不适用其他采购方式，但是原则是相同的，采购人用其他采购方式采购时可参照借鉴。

问题398：将对商品包装和快递包装的有关要求设置为资格条件合理吗?

问：某一政府采购项目的采购文件中设置的资格条件里提到：“涉及商品包装或快递包装的，按照《财政部办公厅　生态环境部办公厅　国家邮政局办公室关于印发〈商品包装政府采购需求标准（试行）〉〈快递包装政府采购需求标准（试行）〉的通知》（财办库〔2020〕123号）要求执行。”以上可以作为资格条件进行要求吗?

答：对商品包装和快递包装的相关要求，应当在采购文件中作为实质性要求，而不是作为资格条件。

问题399：采购人委派的监督人员可以进入评标现场吗?

问：采购人委派的监督人员，可以进入评标室监督整个专家评标的过程吗?

答：根据《政府采购货物和服务招标投标管理办法》（财政部第87号令）第六十六条规定，采购人、采购代理机构应当采取必要措施，保证评标在严格保密的情况下进行。除采购人代表、评标现场组织人员外，采购人的其他工作人员以及与评标工作无关的人员不得进入评标现场。

问题400：采购人可以拒绝接收未报名供应商的投标文件吗？

问：招标文件将“在规定时间内完成了报名的供应商才能参加投标”这一要求设置为政府采购项目的资格条件，拒绝接收未报名供应商的投标文件这一做法违规吗？

答：招标文件不应将“在规定时间内完成了报名的供应商才能参加投标”设置为资格条件。

问题401：同一批专家对多个项目进行逐个评审合法吗？

问：有多个类型相同的政府采购项目需要评审，只抽取同一批专家对多个项目进行逐个评审，这样做合法吗？

答：采购人或代理机构应根据采购项目的具体需求和特点，从政府采购评审专家库中随机抽取评审专家，原则上应当对不同项目进行分别抽取，并对抽取记录进行保存。

问题402：中标供应商的报价超过最高限价规定的应该如何处理？

问：公开招标后，中标供应商的报价超过《中央行政单位通用办公设备家具配置标准》，这种情况应该如何处理？

答：根据《政府采购货物和服务招标投标管理办法》（财政部令第87号）规定，招标文件的内容不得违反法律、行政法规、强制性标准、政府采购政策，采购人、采购代理机构应在采购文件中按照《中央行政单位通用办公设备家具配置标准》对通用办公设备家具设定最高限价。投标供应商报价超过最高限价规定的，应作无效处理。

问题403：减分项设置数量可以多于相应的总分值吗？

问：减分项设置数量多于相应的总分值，这样的评分设置符合《政府采购货物和服务招标投标管理办法》（财政部令第87号）第五十五条规定吗？

答：采购文件中应当科学合理设置评分标准，减分项设置数量多于相应的总分值，在实际操作中容易产生极端情形，属于没有科学合理设置评分标准的情形。

问题404：同一集团下的子公司可以投标该集团政府采购代理机构组织的采购项目吗？

问：若某国有政府采购代理机构、监理公司、施工企业整合为集团公司，但各子公司均为独立法人。在这种情况下，若政府采购代理机构承接政府投资项目采购代理活动，监理公司、施工企业可以参加投标吗？

答：《政府采购货物和服务招标投标管理办法》（财政部令第87号）第八条第二款规定，“采购代理机构及其分支机构不得在所代理的采购项目中投标或者代理投标，不得为所代理的采购项目的投标人参加本项目提供投标咨询”，即政府采购法律制度未对上述情形作出禁止性规定。由于集团公司中各子公司均为独立法人，若政府采购代理机构承接政府投资项目采购代理活动，监理公司、施工企业可以参加投标。

问题405：电子化招标需要供应商提供纸质版投标文件吗？

问：电子化招标的项目，在开标时，投标人带了上传加密的CA按时参加，但未提供纸质版投标文件，这种情况下采购人或采购代理机构可以拒绝接收解密投标人的电子文件吗？

答：《电子招标投标办法》（国家发改委令第20号）第六十二条规定，“电子招标投标某些环节需要同时使用纸质文件的，应当在招标文件中明确约定；当纸质文件与数据电文不一致时，除招标文件特别约定外，以数据电文为准”。据此规定，电子化招标项目是否需要提供纸质文件应当在招标文件中进行明确约定，原则上具备相应条件的电子化招标项目无须提供纸质文件。

问题406：营业执照经营范围可以作为评审因素吗？

问：在招标文件中，可以将营业执照经营范围作为评审因素吗？

答：《政府采购货物和服务招标投标管理办法》（财政部令第87号）第五十五条第二款规定，“评审因素的设定应当与投标人所提供货物服务的质量相关，包括投标报价、技术或者服务水平、履约能力、售后服务等。资格条件不得作为评审因素。评审因素应当在招标文件中规定”。因此，评审因素的设置应当与项目质量相关，营业执照上的经营范围不应当设置为评审因素。

问题407：投标文件中大小写金额不一致时应以哪个为准？

问：投标供应商称开标一览表中的大写金额书写错误，与小写金额不一致，可以修正大写金额吗？采购人应如何认定报价？

答：根据《政府采购货物和服务招标投标管理办法》（财政部令第87号）第五十九条第一款第二项规定，除了招标文件另有规定以外，投标文件大写金额和小写金额不一致时，应以大写金额为准。

问题408：不同投标人的核心产品相同，都是有效投标人吗？

问：某招标方式货物类采购项目采购多个产品，并在招标文件中确定了两个核心产品。参与此项目的供应商中，有两家供应商存在所投产品的一个核心产品的品牌型号相同的情况。应该按照《政府采购货物和服务招标投标管理办法》（财政部令第87号）第三十一条规定进行处理吗？

答：政府采购货物招标项目属于涉及多个产品的集成项目采购的，应该明确核心产品，以核心产品的品牌是否相同作为判别是否为一家投标人的依据。如果确定了两个核心产品，只要任意一个核心产品的品牌相同，有关投标人就应认定为一个投标人。

问题409：采购人可以明确要求评标委员会只推荐1名中标候选供应商吗？

问：在公开招标文件中，采购人可以明确要求评标委员会只推荐1名中标候选供应商吗？

答：《政府采购货物和服务招标投标管理办法》（财政部令第87号）第四十六条第四项规定，“评标委员会负责具体评标事务，并独立履行下列职责：……（四）确定中标候选人名单，以及根据采购人委托直接确定中标人”。可见在具体招标项目中，中标候选人的数量由采购人决定，并在招标文件中事先明确。因此采购人可以在招标文件中要求评标委员会只推荐1名中标候选人。

问题410：以竞争性谈判方式开展政府采购活动，第二次组织采购仍只有两家供应商响应，要作废吗？

问：政府采购公开招标限额以下的项目采用竞争性谈判的方式采购，第一次采购仅有两家供应商响应，因响应供应商不足三家废标，第二次采购仍然只有两家供应商响应。此情况可以报财政部门批准，与该两家供应商进行竞争性谈判吗？

答：根据《政府采购非招标采购方式管理办法》（财政部令第74号）第十二条第一款的规定，竞争性谈判符合资格条件的供应商应当至少有三家。

问题411：招标代理机构可以要求投标人在报名时提供委托授权书、营业执照吗？

问：政府采购项目投标人报名时，招标代理机构可以要求投标人提供委托授权书、营业执照吗？

答：根据《政府采购法实施条例》第十七条规定，委托授权书、营业执照等材料原则上由供应商在投标时提供，不宜在报名环节要求供应商提供。

问题412：中标（成交）结果无效，可以顺延中标（成交）结果吗？

问：可以在采购文件中约定中标（成交）候选人的数量吗？

候选人被确定为中标（成交）人后，其他投标人对中标（成交）结果质疑成立且影响中标（成交）结果，合格供应商符合法定数量，可以顺延中标（成交）结果吗？

答：符合采购文件要求的供应商均为中标（成交）候选人。根据《政府采购法》第七十三条第二款规定，质疑成立导致原中标（成交）结果无效的，其他通过资格性、实质性审查进入评审环节的供应商达到法定数量时，可以顺延中标（成交）结果。

问题413：政府采购监管工作人员可以参与项目评审活动吗？

问：在政府采购活动中，被抽中的评委之一是同级财政部门采购管理办公室的工作人员，这种情况属于应当主动回避的情形吗？

答：《政府采购评审专家管理办法》（财库〔2016〕198号）第十六条第四款规定，各级财政部门政府采购监管工作人员不得作为评审专家参与政府采购项目的评审活动。

问题414：政府采购评标委员会成员对客观评审因素评分不一致应如何处理？

问：政府采购评标委员会成员对客观评审因素评分不一致应如何处理？

答：依照《政府采购货物和服务招标投标管理办法》（财政部令第87号）第六十四条规定，评审委员会成员应当根据政府采购法律法规和采购文件载明的评审方法、标准进行评审，对客观分的评分应当一致。采购人、采购代理机构现场复核发现客观分评分不一致等问题的，应当要求评审委员会现场修改，并在评审报告中明确记载。发现评审专家未按照采购文件规定的评审程序、评审方法和评审标准进行独立评审的，应当向财政部门报告，由财政部门依法处理。

问题415：招标文件中技术条款出现时间错误，应当如何处理？

问：某招标项目招标了两次，第一次因投标文件问题废标，第二次招标因为沿用的第一次招标文件，招标文件中技术条款中供货期，初验期、终验期等时间数字沿用了第一次的招标条款，出现数字错误。第二次评标时，评标专家可以现场纠正此招标文件错误后继续评标吗？

答：根据《政府采购货物和服务招标投标管理办法》（财政部令第87号）第六十五条规定，评审专家发现招标文件出现供货期等时间错误导致评标工作无法进行，应停止评标，与采购人或采购代理机构沟通并做书面记录。采购人或采购代理机构确认后，应当修改招标文件，重新组织采购活动。

问题 416：只有同品牌供应商应标，项目可以继续吗？

问：同一个政府采购项目，三家单位用同一品牌产品参与投标，无其他品牌参与，评标的时候可以继续评标吗？

答：根据《政府采购货物和服务招标投标管理办法》（财政部令第 87 号）第三十一条规定，若三家供应商提供的产品为同一品牌，应按一个供应商计算供应商数量。由于参加竞争的供应商不足三家，应依据《政府采购法》第三十六条第一款第一项予以废标。

问题 417：采购人必须选派代表参与评标委员会吗？

问：政府采购活动中可以完全由专家组成评标小组吗？

答：按照《政府采购货物和服务招标投标管理办法》（财政部令第 87 号）第四十七条规定，评标委员会由采购人代表和评审专家组成，其中评审专家不得少于成员总数的三分之二。采购人要切实履行在政府采购活动中的主体责任，合理确定评审人员的组成，选派本单位人员或者委托有关专业人员担任采购人代表参与评审。

问题 418：供应商未单独提供“具有良好的商业信誉”的承诺函，可以通过资格审查吗？

问：在资格预审过程中，供应商提供的投标文件中并未单独提供“具有良好的商业信誉”的承诺函，但在最后提供了一个关于《政府采购法》第二十二条第一款第一项至第六项规定的总承诺函，该情况下，该供应商的资格审查可以通过吗？

答：供应商提供资格证明文件的形式和要求应由采购人根据法律制度规定和采购项目具体情况在采购文件中明确。如果采购文件规定供应商具有良好的商业信誉是由供应商自行承诺，则采购人不应拘泥于承诺函的形式。

问题 419：政府采购评分出现极端值怎么处理？

问：（1）在政府采购评审过程中，“技术”“商务”评审可以先去高去低，再进行余下评分的算术平均值计算吗？

（2）因个别专家评分带有偏向性而导致评分畸高畸低，应当如何处理？

答：（1）评标委员会成员独立评审，每个成员的评审意见都应该进行汇总，不应该去掉最高分和最低分。

（2）如果发现评审专家意见有畸高畸低的情形，应当按照《政府采购货物和服务招标投标管理办法》（财政部令第87号）第六十四条规定进行修改或重新评审。

问题420：在招标文件中列举不少于三个产品品牌供投标人参考，合适吗？

问：某单位拟采购一批配电箱，由于不同品牌的开关元器件价格和维修更换率相差较大，为了工程质量及用电安全考虑，拟在配电箱招标文件中列举不少于三个开关元器件品牌以供投标人参考选择合适的产品进行投标，合适吗？

答：根据《政府采购货物和服务招标投标管理办法》（财政部令第87号）第十七条规定，采购文件中规定的各项技术标准、资格条件、商务要求，在满足项目实际需要的基础上，要保证公平竞争，不得特定标明某一个或者某几个特定的专利、商标、品牌或者生产供应商，不得有倾向或者排斥潜在供应商的其他内容。如果必须引用某一品牌或生产商才能准确清楚地说明采购项目的技术标准和要求，则应当在引用某一品牌或生产供应商名称前加上“参照或相当于”的字样，而且所引用的货物品牌或生产供应商在市场上应具有可替代性。

第四章　政府采购合同

问题421：非公开招标属于签订合同方式吗？发布相应信息公告属于要约邀请吗？

问：全国人民代表大会常务委员会法制工作委员会在《中华人民共和国合同法释义》中指出，“招标投标是一种特殊的签订合同的方式，对于招标公告或者招标通知，一般都认为属于要约邀请，不是要约，而投标是要约，招标人选定中标人，为承诺”。

（1）政府采购法规体系中的竞争性谈判、竞争性磋商、询价、单一来源采购属于签订合同的方式吗？

（2）竞争性谈判、竞争性磋商、询价活动公开发布的采购信息公告，属于要约邀请吗？

答：政府采购法规体系中的竞争性谈判、竞争性磋商、询价、单一来源采购属于签订合同的方式，竞争性谈判、竞争性磋商、询价活动公开发布的采购信息公告属于要约邀请。

问题422：政府采购合同的签订时间如何确定？

问：《政府采购法》规定，通知书发出之日起30日内签订合同。有的项目时间紧急，再加上存在部分中标单位故意拖延签合同的情况，可以要求通知书发出之日起7日内签订合同吗？

答：《政府采购法》第四十六条规定，采购人与中标、成交供应商应当在中标、成交通知书发出之日起三十日内，按照采购文件确定的事项签订政府采购合同。若项目时间紧急，采购人可以根据项目特点，在采购文件中约定，在更短的时间内签订政府采购合同。

问题423：供应商不领取中标通知书怎么办？

问：政府采购项目的中标通知书已经发出，但是中标单位一直不派人过来领取。电话多次联系，却始终不派人来。可以在中标公告上要求中标单位必须在7个工作日内领取中标通知书，逾期视为放弃中标资格吗？

答：《政府采购货物和服务招标投标管理办法》第七十一条规定，采购人应当自中标通知书发出之日起30日内，与中标人签订书面合同。《政府采购法实施条例》同时规定，供应商未按采购文件确定的事项签订政府采购合同，应当依法追究其法律责任。

问题424：中标企业增加捐赠物资条款合适吗？

问：根据《政府采购货物和服务招标投标管理办法》第六条规定："采购人不得向供应商索要或者接受其给予的赠品、回扣或者与采购无关的其他商品、服务。"企业在中标后，在合同中写明："在清单目录外捐赠5万元物资。"这合法合规吗？如何处理？

答：《政府采购货物和服务招标投标管理办法》规定，采购人和中标供应商应按照招标文件和投标文件的内容签订采购合同。采购合同不得对招标文件确定的事项和投标文件作实质性修改。上述情况违反了《政府采购货物和服务招标投标管理办法》的规定，采购人应当拒绝中标企业增加捐赠物资的条款。

问题425：对虚假应标如何处理？

问：政府采购货物的项目中，中标供应商在投标文件中对于招标文件中的技术参数全部满足，但实际供货时，部分产品参数根本达不到招标文件的要求。这种情况可以认定其提供虚假材料谋取中标吗？

答：您反映的情况中，由于已经进入合同履约阶段，对于供应商部分产品未达到合同要求的情形，应当按照合同的有关约定进行处理。如果合同没有就此作出规定，双方可协商解决，或通过诉讼解决。

问题 426：第一中标候选人不按招标文件要求提交履约担保，如何处理？

问：政府采购中，第一中标候选人不按招标文件要求提交履约担保，该如何处理？法律依据是什么？

答：如果按照招标文件规定，中标人向采购人递交履约保证金是签订合同的前提条件，那么中标人不提供履约保证金相当于中标人拒绝与采购人签订合同。根据《政府采购法实施条例》第四十九条规定，采购人可以确定下一候选人为中标供应商，也可以重新开展政府采购活动。同时，还应按照《政府采购法实施条例》第七十二条和《政府采购法》第七十七条第一款规定，追究供应商的法律责任。

如果中标人向采购人递交履约保证金不是签订合同的前提条件，而是合同履行的一部分，那么合同已经签订并生效。中标人不向采购人递交履约保证金属于违约，对于违约责任应按照合同规定来处理。如果合同规定这种情况下属于可以撤销合同的情况，那么采购人可以根据合同规定宣布撤销合同或者与供应商协商后撤销合同。

问题 427：中标或者成交供应商拒绝与采购人签订合同，如何处理？

问：中标单位放弃中标（成交）资格后，第二名递补为中标单位的法律依据是什么？对于这种放弃中标资格的行为如何处罚或处理？

答：《政府采购法实施条例》第四十九条规定，中标或者成交供应商拒绝与采购人签订合同的，采购人可以按照评审报告推荐的中标或者成交候选人名单排序，确定下一候选人为中标或者成交供应商，也可以重新开展政府采购活动。

中标人无正当理由拒不与采购人签订政府采购合同的，按照《政府采购法实施条例》第七十二条进行处罚。

问题 428：成交供应商拒绝签订政府采购合同，如何处理？

问：某市级财政预算项目采用竞争性谈判采购，截标当天共 3 家单位递交响应文件，最终评标顺利结束，但成交人在签订合同前说自己无法完成本项目并向采购人和采购代理机构提交了放弃函。采购人向财政部门汇报情况后并提出推选第二成交候选人为成交人，但财政部门回复本项目放弃1家单位后不足3家单位，本项目只能废标，不允许推选，财政部门的回复合法吗？

答：《政府采购非招标采购方式管理办法》第二十二条规定，成交供应商拒绝签订政府采购合同的，采购人可以按照本办法第三十六条第二款的原则确定其他供应商为成交供应商。

问题429：采购方拒不履行合同怎么办？

问：政府采购项目中正常招标采购流程已完毕，签订合同后，采购方拒不履行合同并且拒绝退还合同履约保证金，采购方告知款项以作其他采购用途无法执行合同，应该怎么处理？

答：合同签订以后，采购人和供应商双方的责任受合同法调整。如果采购人拒不履行采购合同，供应商可以通过协商方式解决争议或者向人民法院提起民事诉讼。

问题430：中标供应商不履约怎么办？

问：部分中标单位在产品质保期内一直不履行上门维修、服务的义务，可以将其质保金扣除吗？或者采购单位另请供应商来服务，费用从质保金中支出？对于这种不履行义务的行为如何处罚？可以禁止其参与政府采购活动吗？

答：供应商履约过程中未按合同约定提供服务，应按照合同的约定承担违约责任。如果合同没有就此作出规定，双方可协商解决，或通过诉讼解决。

问题431：对服务项目合同签订年限如何理解？

问：《财政部关于推进和完善服务项目政府采购有关问题的通知》规定，“采购需求具有相对固定性、延续性且价格变化幅度小的服务项目，在年度预算能保障的前提下，采购人可以签订不超过3年履行期限的政府采购合同”。在实际工作中，一些地方环卫保洁政府采购履约合同达8年或9年。可以批准履约期限为8年或9年的环卫保洁政府采购合同吗？

答：按照《财政部关于完善和推进服务项目政府采购有关问题的通知》规定，采购需求具有相对固定性、延续性且价格变化幅度较小的服务项目，在年度预算能保障的前提下，采购人可以签订不超过3年的政府采购合同。采购人不能一次性签订履约期限8年到9年的政府采购合同。

问题432：政府采购工程类项目的现场变更需要向财政部门报备吗？

问：关于政府采购工程类项目结算的问题，您曾答复，“当工程合同采用单价合同计价时，实际结算是按照工程量乘以单价作为结算价款的。在设计不变、招标范围不变、施工图纸不变、合同范围不变的情况下，由于工程量清单不准确或者施工现场的变化发生的现场变更，应该不受10%的限制”。

（1）对于结算增加的部分，若确定属于“在设计不变、招标范围不变……由于工程量清单不准确或者施工现场的变化发生的现场变更”的情形，与采购人共同确定，并形成书面材料，由采购人直接向供应商支付即可，需要向财政部门报备吗？

（2）如果按上述方式执行，在监督检查时，如何证明上述情形不属于《政府采购法实施条例》第六十七条第五项规定的情形？

答：对于属于设计不变、施工图纸不变、合同范围不变，仅仅由于图纸不到位、工程量清单不准确发生的现场变更，属于正常的合同计量内容，由监理单位和建设单位确认后即可支付，不需要向财政部门报备。如果监督部门提出疑问，可由施工单位和监理单位作出说明。

问题433：合同履行过程中可以签订补充合同吗？

问：《政府采购法》第四十九条规定，在政府采购合同履行中，采购人需追加与合同标的相同的货物、工程或者服务的，在不改变合同其他条款的前提下，可以与供应商协商签订补充合同，但所有补充合同的采购金额不得超过原合同采购金额的百分之十。

本局公开招标一批货物，预算金额为6000万元，在合同履行过程中，发现需要追加与中标标的相同的货物金额580万元，是直接与中标供应商签订补充协议，还是应向财政部门报告后等待财政部门批准才能与中标供应商签订补充协议？采购人有权在合同履行期内直接追加百分之十以内的中标标的物吗？

答：只要符合《政府采购法》第四十九条的规定，在合同履行过程中，可以直接与中标供应商签订补充协议。

问题434：在政府采购履约过程中，追加采购和添购可以分别处理吗？

问：在政府采购合同履约过程中，需要追加采购（合同已有项目），同时需要添购，追加采购金额和添购金额均未超过采购合同总金额的10%，但追加采购和添购合计金额超过采购合同金额的10%。在这种情况下，追加采购和添购可否分别处理，即就追加采购部分与供应商协商签订补充协议，就添购部分与供应商进行单一来源谈判后签订补充协议？

答：（1）《政府采购法》规定，在政府采购合同履行中，采购需追加与合同标的相同的货物、工程或者服务的，在不改变合同其他条款的前提下，可以与供应商协商签订补充合同，但所有补充合同的采购金额不得超过原合同采购金额的百分之十，追加采购并非独立的采购项目。

（2）《政府采购法》规定，符合下列情形之一的货物或者服务，可以依照本法采用单一来源方式采购：必须保证原有采购项目一致性或者服务配套的要求，需要继续从原供应商处添购，且添购金额不超过原合同采购金额百分之十的，添购是原合同履行完毕后，仍然购买原采购标的的独立采购项目。

（3）追加采购是合同仍然在履行过程中的采购行为，添购是合同履行完毕后新的采购行为，二者不能在同一时间进行。

问题435：与供应商协商签订补充合同适用于所有的政府采购方式吗？

问：《政府采购法》第四十九条规定，“政府采购合同履行中，采购人需追加与合同标的相同的货物、工程或者服务的，在不改变合同其他条款的前提下，可以与供应商协商签订补充合同，但所有补充合同的采购金额不得超过原合同采购金额的百分之十”。该条规定适用于所有的政府采购方式吗？无论在何种政府采购方式（比如公开招标、单一来源采购、询价等）下签订的政府采购合同，在满足上述规定条件的前提下，均可以追加采购不超过百分之十的标的物吗？

答：《政府采购法》第四十九条规定，“政府采购合同履行中，采购人需追加与合同标的相同的货物、工程或者服务的，在不改变合同其他条款的前提下，可以与供应商协商签订补充合同，但所有补充合同的采购金额不得超过原合同采购金额的百分之十”，其适用于各类政府采购方式。但要注意，前提必须是政府采购合同履行过程中，同一原始合同期限内累计追加的采购金额不得超过原合同金额的百分之十。

问题 436：如何按照政府采购合同组织履约验收？

问：在对学校政府采购设备进行验收时发现，供货商提供的产品没有按照投标文件提供，而是按照招标文件签订合同，而且招标文件的参数高于投标文件，可以验收通过吗？

答：《财政部关于进一步加强政府采购需求和履约验收管理的指导意见》中明确规定，采购人应当依法组织履约验收工作，严格按照采购合同开展履约验收。验收时，应当按照采购合同的约定对每一项技术、服务、安全标准的履约情况进行确认。

问题 437：采购人在服务内容及服务价格不变化的情况下可以自主确定续签下一年合同吗？

问：根据《财政部关于推进和完善服务项目政府采购有关问题的通知》第三条规定，采购需求具有相对固定性、延续性且价格变化幅度小的服务项目，在年度预算能保障的前提下，采购人可以签订不超过 3 年履行期限的政府采购合同。招标文件未明确采购人可以签订不超过 3 年履行期限的服务合同，合同履行期满后，采购人在服务内容及服务价格不变化的情况下可以自主确定续签下一年合同，直至履约期满 3 年。

答：对于您反映的情形，在年度预算能够保障且采购文件中予以明确可以签订不超过3年履行期限政府采购合同的前提下，采购人可以续签合同，不需要财政部门的批准，但总的合同履行期限不得超过3年。如果采购文件中没有明确可以签订3年服务期限合同，则履约期满后采购人需要重新开展采购活动。

问题438：政府购买服务合同如何履行？

问：政府购买服务合同履行期限一般不超过1年，在预算保障的前提下，对于购买内容相对固定、连续性强、经费来源稳定、价格变化幅度小的政府购买服务项目，可以签订履行期限不超过3年的政府购买服务合同。一招定3年的项目只能按所招年限签订一次合同，而不能按年度分别签多次合同吗？

答：根据《财政部关于推进和完善服务项目政府采购有关问题的通知》规定，对采购需求具有相对固定性、延续性且价格变化幅度小的服务项目，在年度预算能保障的前提下，采购人可以签订不超过3年履行期限的政府采购合同。采购人一次采购3年的服务时，可以在合同中约定合同签订方式。

问题439：政府采购项目如何分包（一）？

问：对于一个项目分成多个标段招标的，可以约定供应商只能选择其中几个进行投标吗？如一个项目采购10000台电脑，分成10个标段，每个标段1000台，可以有10个供应商产生，在投标时约定供应商最多投3个标段。此行为违反法律规定吗？

答：采购人应当综合专业要求、管理要求、政策要求等因素，对采购项目合理分包。投标人参与项目投标，选择投标包数，是其自主权利，采购人一般不得限定；考虑到供应商供货和服务能力，采购人可在采购文件中对投标包数或中标包数作出约定。

问题440：政府采购项目如何分包（二）？

问：《政府采购法实施条例》《政府购买服务管理办法》均禁止将项目转包。《政府采购法》第四十八条规定，经采购人同意，中标、成交供应商可以依法采取分包方式履行合同。

（1）若一个政府采购服务项目，母公司中标后，可以将全部工作委托给旗下专业全资子公司（该子公司在法律上属于单独公司，在集团内是母公司的一个部门）吗？

（2）《政府采购法》中的“经采购人同意”，必须在招标文件中写明吗？如果招标文件未明确规定，后续有采购人出具书面确认可行吗？

答：（1）按照《政府采购法》有关规定，政府采购项目不得转包。据此，母公司中标政府采购项目后不可以转包给旗下子公司。

（2）经采购人同意，中标、成交供应商可以依法采取分包方式履行合同。采取分包方式履行合同的，不能将合同的主体和关键部分分包给其他供应商。据此，母公司中标政府采购项目后可以将合同的非主体、非关键部分分包给子公司。

（3）按照财政部《关于促进政府采购公平竞争优化营商环境的通知》规定，采购人允许采用分包方式履行合同的，应当在采购文件中明确可以分包履行的具体内容、金额或者比例。

问题441：政府采购项目如何分包（三）？

问：（1）1个政府采购项目分3个包组，且项目允许兼投不允许兼中，“1个招标项目3个分包，至少需要5家符合条件的供应商参与采购活动”设置的依据是什么？

（2）在采购文件中可以写明“1个招标项目3个分包，至少需要5家符合条件的供应商参与采购活动，否则项目废标/终止采购活动”吗？

（3）如果甲、乙、丙3家投标单位同时投标这1个项目的3个包组，且均通过了资格审查和有效性审查，即每个包组均符合“通过资格审查或符合性审查的投标人应为3家或3家以上”。专家依据采购文件“1个招标项目3个分包，至少需要5家符合条件的供应商参与采购活动，否则项目废标/终止采购活动”而废标，投标单位以上述法规为依据进行质疑，我们如何进行回复？

答：（1）1个招标项目3个分包，且项目允许兼投不允许兼中，根据《政府采购货物和服务招标投标管理办法》第四条规定，合格投标人不足3

家的，不得评标。那么，3 个分包则至少需要 5 家符合条件的供应商参与采购活动。

（2）留言中“1 个招标项目 3 个分包，至少需要 5 家符合条件的供应商参与采购活动，否则项目废标/终止采购活动”的表述是根据法律依据计算得出的，是否写入采购文件并不影响招标活动和最终结果。

（3）如果 1 个项目分 3 个包组，且项目允许兼投不允许兼中。假设有 3 个供应商参加了这 3 个包的投标，则第一包可以确定一个中标人。其余 2 个包投标人不满足 3 家，根据《政府采购货物和服务招标投标管理办法》第四条规定，应该废标。

问题 442：不超过三年履行期限的政府采购合同如何填写预算金额？

问：根据《财政部关于推进和完善服务项目政府采购有关问题的通知》（财库〔2014〕37 号）“采购需求具有相对固定性、延续性且价格变化幅度小的服务项目，在年度预算能保障的前提下，采购人可以签订不超过三年履行期限的政府采购合同”，有以下两个问题：

（1）第一年采购时，预算金额是应按一年还是三年填写？

（2）若某项目，按一年采购预算填写，则未达到公开招标限额标准，可采用非招标采购方式，但按实际三年合同的采购预算填写，总预算达到了公开招标限额标准，此情形逃避了公开招标吗？

答：采购项目预算金额按照一年的填写。

此情形未逃避公开招标。此类采购项目，应当按照一年预算金额计算是否达到政府采购公开招标数额标准。

问题 443：政府机关物业服务合同到期后可以续签吗？

问：政府机关物业服务合同（合同金额为 400 万元以上）到期后可以续签吗？如果续签，法律依据是什么？如果不能续签，应该采用什么办法采购？

答：根据《财政部关于推进和完善服务项目政府采购有关问题的通知》（财库〔2014〕37 号）规定，“采购需求具有相对固定性、延续性且价格变化幅度小的服务项目，在年度预算能保障的前提下，采购人可以签订不超过三年履行期限的政府采购合同”。若到期后想续签合同，须在采购文件中及采购合同中进行事先约定。未事先进行约定的，不可以续签采购合同。

问题444：这种情况可以签订履行期限不超过3年的政府采购服务合同吗？

问：目前很多政府采购服务都在签订3年期的采购合同，或3年履行期，合同一年一签。《财政部关于推进和完善服务项目政府采购有关问题的通知》（财库〔2014〕37号）规定：“采购需求具有相对固定性、延续性且价格变化幅度小的服务项目，在年度预算能保障的前提下，采购人可以签订不超过三年履行期限的政府采购合同。”前提条件是“积极培育政府购买服务供给市场”。《政府购买服务管理办法》（财政部令第102号）第二十四条规定：“政府购买服务项目，可以签订履行期限不超过3年的政府购买服务合同。”但后者的适用范围直接是“政府购买服务”。请问，非政府购买服务范围的政府采购服务项目，如果满足预算有保障，购买内容相对固定、连续性强、经费来源稳定、价格变化幅度小的情形，可以签订履行期限不超过3年的政府采购服务合同吗？

答：政府购买服务项目都属于政府采购服务项目范畴。采购人在采购需求具有相对固定性、延续性且价格变化幅度小的政府采购服务项目，在年度预算能保障的前提下，可以签订不超过三年履行期限的政府采购合同。

问题445：发布采购公告后，可以修改标的数量和最高限价信息吗？

问：政府采购项目发布采购公告后，可以修改标的数量、最高限价信息吗？

答：政府采购项目发布采购公告后，采购人不得改变采购标的和资格条件。采购标的数量和最高限价是可以根据需要进行修改。改变后的数量影响采购标的的，应终止发布采购公告，并重新开展招标投标活动。

问题446：采购人可以追加采购并与供应商签订补充合同吗？

问：某单位采购食材，与供应商A签订政府采购合同。合同到期前，由于一些原因，拟与原供应商A签订不超过原合同采购金额10%的补充合同。这种做法合理吗？

答：在政府采购合同履行中，采购人需追加与合同标的相同的货物、工程或者服务的，在不改变合同其他条款的前提下，可以与供应商协商签订补充合同，但所有补充合同的采购金额不得超过原合同采购金额的10%。

问题447：采购人与供应商可以双方协商自愿解除采购合同吗？

问：（1）政府采购项目合同签订后，双方协商自愿解除采购合同，并形成了协议，这属于应当处罚的“擅自变更、中止、终止采购合同”的情形吗？

（2）《政府采购货物和服务招标投标管理办法》（财政部令第87号）第七十三条第二款规定，政府采购合同履行、违约责任和解决争议的方法适用合同法。那么，双方协商解除合同需要报财政部门审批吗？

（3）根据《财政部明确采购人顺延中标供应商规则的复函》中“双方解除合同的情况，应当按照合同法有关规定或者合同约定执行，原则上不得顺延确定中标或成交供应商。需要重新选定供应商的，应当重新开展采购活动”的表述，双方协议自愿解除合同后，采购人重新开展采购活动需要报财政部门批准后重新开展吗？

答：（1）根据《政府采购法》第五十条规定，政府采购双方当事人不得擅自变更、中止或者终止合同。若政府采购合同继续履行将损害国家利益或者公共利益的，双方可变更、中止或者终止合同。

（2）根据《政府采购法》第五十条规定，此情形无须向财政部门报批，但需妥善保留相关资料备查，并将合同变更、中止或者终止情况报财政部门备案。

（3）若中标或者成交供应商拒绝与采购人签订合同，采购人可以按照评审报告推荐的中标或者成交候选人名单排序确定下一候选人为中标或者成交供应商，也可以重新开展采购活动，无须向财政部门报批。

问题 448：采购人与供应商签订补充合同有金额限制吗？

问：在政府购买服务项目中，采购人与供应商签订补充合同的采购金额可以超过原合同采购金额的 10% 吗？

答：根据《政府采购法》第四十九条规定，采购人可以与中标供应商签订补充合同，但补充的内容不得超过原合同金额的 10%。

问题 449：对于数量不固定、单价固定的采购项目，采购人与供应商应该签订哪种采购合同？

问：（1）采购人对于数量不固定、单价固定的项目应当如何与中标（成交）供应商签订采购合同？

（2）若在采购合同履行过程中，采购人发现实际需要支付的金额超过了采购预算，采购人可以对超出部分进行支付吗？

答：（1）对于数量不固定、单价固定的项目，采购人可与供应商签订固定单价合同，据实结算，但也应当对数量做一定预计。

（2）根据《政府采购法》第六条规定，采购项目应当严格按照批准的预算执行。

问题 450：这种情况可以视为政府采购合同已履行吗？

问：在政府采购项目中标通知书发放后，采购人在与中标人签订书面合同之前，供应商已经向采购人提供部分货物，提供的货物采购人已经通过验收。那么，这种情形属于《政府采购质疑和投诉办法》第三十二条第一款第四项规定的政府采购合同已经履行的情形吗？

答：中标通知书发出后，采购人应当先按照采购文件确定的事项与中标人签订政府采购合同，再根据合同的约定依法履行合同义务。签订政府采购合同是履行合同的前提条件。同时由于政府采购合同的特殊性，实践中通常以支付货款作为合同履行的标准。

第五章　质疑与投诉

问题 451：供应商被禁止参加政府采购活动有权质疑投诉吗？

问：一个供应商被地方财政部门禁止参加政府采购活动，该供应商在其他地方参加采购，有权质疑投诉吗？

答：若供应商被地方财政部门禁止参加政府采购活动，则该供应商应当在全国范围内被禁止参加政府采购活动。进行质疑投诉的供应商应当是参与所质疑的项目采购活动的供应商或者潜在供应商，因此，被禁止参加政府采购活动的供应商是不能质疑投诉的。

问题 452：对于推荐的供应商的资格，可以质疑、投诉甚至举报吗？

问：推荐的供应商的资格，可以被质疑、投诉甚至举报吗？

答：按照《政府采购质疑和投诉办法》的规定，被推荐供应商的资格可以接受质疑投诉。

问题 453：质疑期限如何认定？

问：质疑期限为 7 个工作日，谈判响应文件递交时间为 3 个工作日，在递交文件后且在质疑期限内的供应商可以对谈判采购文件进行质疑吗？

答：可以。

问题 454：PPP 项目资格预审错误，如何处理？

问：某单位参与某 PPP 项目资格预审，收到未通过资格预审的原因后，通过质疑确定其具备参与资格，应为通过某项目的资格预审。此情形属于资格预审阶段的评审小组评审错误，经查询，《政府采购法》《政府采购法实施条例》《政府和社会资本合作项目政府采购管理办法》《政府采购货物和服务招标投标管理办法》均未对此情形进行规定，如何处理？

答：此情形可以参照《政府采购质疑和投诉办法》处理。如该单位经过质疑后，确定其具备参与资格，可参与 PPP 项目后续招标或采购活动。

问题 455：采购文件可以对“供应商进行质疑的期限”进行约定吗？

问：在一份竞争性磋商文件中约定“对采购文件提出质疑的，应自采购文件公告期满之日起计算，且应当在投标截止之日前提出”。但是，根据《政府采购质疑和投诉办法》（财政部令第 94 号）第十一条中的规定，“对采购文件提出质疑的，应当在获取采购文件或者采购文件公告期限届满之日起 7 个工作日内提出”。供应商在评标结束后未中标，遂对采购文件进行质疑。该时效应该如何执行？

答：供应商应当在《政府采购质疑和投诉办法》（财政部令第 94 号）第十一条规定的法定期限内依法质疑，采购人、代理机构不得以约定的方式减损供应商的法定权利。

问题 456：教育部直属高校同级财政部门是哪里？

问：根据《政府采购质疑和投诉办法》（财政部令第 94 号）规定，对政府采购中质疑不满意，可以投诉到采购人同级财政部门。请问，教育部直属高校同级财政部门是哪里？

答：教育部直属高校属中央预算单位，其同级财政部门为财政部。供应商如对质疑答复不满意，可依法向财政部投诉。

问题 457：中标结果公告期间，供应商提供货物品牌的厂商可以进行质疑吗？

问：在一个公开招标的政府采购货物类项目中，共有四名供应商通过资格性审查，评审委员会根据招标文件评分准则进行打分，获得最终中标候选人名单。在中标结果公告期间，有一供应商提供的货物品牌的厂商向代理机构进行质疑。该厂商称本项目第三名的供应商未取得其公司的合法有效授权，不能提供其投标文件响应的货物批次，属于虚假应标。代理机构认为该厂商不属于政府采购活动的当事人，不符合进行质疑的法定条件，遂未受理其质疑。若该供应商确属未取得有效授权，属于虚假应标吗？

答：（1）根据《政府采购质疑和投诉办法》（财政部令第94号）第十一条的规定，进行质疑的供应商应当是参与所质疑项目采购活动的供应商。

（2）供应商是否提供虚假材料谋取中标，由同级人民政府财政部门根据《政府采购法》及《行政处罚法》等相关规定，结合证据材料和有关篡改、伪造或变造事实以及行为的目的性、危害后果等情况作出判断。

问题458：可以就招标文件售价进行质疑投诉吗？

问：可以就招标文件售价进行质疑投诉吗？

答：根据《政府采购货物和服务招标投标管理办法》（财政部令第87号）第二十四条的规定，招标文件售价应当按照弥补制作、邮寄成本的原则确定，不得以营利为目的，不得以招标采购金额作为确定招标文件售价的依据。但招标文件收费问题不属于进行质疑、投诉的事由。如认为收费问题不合理，可向采购人所属预算级次的财政部门反映。

问题459：供应商可以对单一来源采购方式公示进行质疑投诉吗？

问：供应商可以对单一来源采购方式公示进行质疑投诉吗？

答：根据《政府采购非招标采购方式管理办法》（财政部令第74号）的规定，供应商、单位或者个人对采用单一来源采购方式公示有异议的，可以在公示期内将书面意见反馈给采购人、代理机构，同时抄送相关财政部门。因此，供应商、单位或者个人可以通过上述途径保障自己的权益，单一来源采购方式公示不属于供应商质疑投诉的事项范围。

问题460：潜在供应商可以对政府采购活动进行质疑吗？

问：（1）某供应商在某项目公告中已获取了电子版招标文件，但是在采购人公告的资格条件中规定“成功购买本纸质招标文件的供应商（采购代理机构收到供应商缴纳的标书款，视为供应商已成功购买纸质招标文件）”。此供应商因未购买该项目的纸质招标文件，未能通过资格审查，为无效投标。

此资格条件设置合理吗？

（2）该供应商是否满足《政府采购质疑和投诉办法》（财政部令第 94 号）第十一条规定，作为已依法获取可质疑的采购文件的潜在供应商对该文件进行质疑？

（3）《政府采购货物和服务招标投标管理办法》（财政部令第 87 号）第二十四条规定“招标文件售价应当按照弥补制作、邮寄成本的原则确定，不得以营利为目的，不得以招标采购金额作为确定招标文件售价的依据”，其中“制作成本”是仅指纸张、油墨消耗、装订等有形成本，还是包含了编制及售卖招标文件等无形的人力成本？

答：（1）已经提供电子版招标文件的，不宜将是否购买纸质招标文件作为资格条件。

（2）问题所述情形中，可作为潜在供应商向采购人、采购代理机构依法进行质疑。

（3）招标文件制作成本不仅限于纸张、油墨消耗等有形成本，还包括人工成本等。

问题 461：对于集中采购目录以内、限额标准以下的政府采购项目的投诉应当由谁受理？

问：对于集中采购目录以内、限额标准以下的政府采购，若有相关投诉，财政部门需要受理吗？

答：集中采购目录以内的项目属于政府采购范围，对本项目的投诉，应当依据《政府采购质疑和投诉办法》（财政部令第 94 号）第六条规定，由同级人民政府财政部门处理。

问题 462：质疑答复导致中标（成交）结果改变，应如何处理？

问：供应商对中标（成交）结果进行质疑，质疑成立并且质疑答复导致中标（成交）结果改变，应如何处理？

答：根据《政府采购质疑和投诉办法》（财政部令第94号）第十六条规定，对成交结果提出的质疑，合格供应商符合法定数量时，可以从合格的成交候选人中另行确定成交供应商的，应当依法另行确定成交供应商，否则应当重新开展采购活动。质疑答复导致成交结果改变的，采购人或代理机构应当书面报告本级财政部门。

问题463：在招标文件中规定质疑拒收条件合法吗？

问：若采购人或采购代理机构在招标文件里规定了供应商进行质疑的形式、时间等要求，并且声明不满足要求的质疑均不受理。

（1）此举合法吗？

（2）供应商可以投诉此类拒收条件吗？

答：（1）根据《政府采购质疑和投诉办法》（财政部令第94号）第十三条的规定，采购人、采购代理机构不得拒收质疑供应商在法定质疑期内发出的质疑函。采购人、代理机构不得以约定的方式减损供应商的法定权利。

（2）供应商能够证明自己以书面形式提出过质疑，但采购人、采购代理机构未在规定时间内作出答复的，可以在答复期满后15个工作日内向财政部门提起投诉。

问题464：质疑和投诉文书的“交邮”怎么认定？

问：《政府采购质疑和投诉办法》第四十二条中规定，“期间不包括在途时间，质疑和投诉文书在期满前交邮的，不算过期”。除了使用中国邮政寄送，其他的快递或邮政旗下的邮政EMS可以作为合法的交邮吗？

答：有物流信息记录的快递均可作为交邮的证明。

问题465：如何理解投诉的时间期限？

问：财政部门在处理政府采购项目投诉时进行了暂停处理，但在暂停期间又收到了新的投诉，但按正常时间计算，已经超过了质疑答复后15个工作日的有效期，该投诉有效吗？

答：根据《政府采购法》第五十五条规定，质疑供应商可在答复期满后

15 个工作日内向同级政府采购监督管理部门投诉，与项目是否暂停无关。

问题 466：“不同投标人委托同一单位或者个人办理投标事宜”情形中，包含对招标文件进行质疑吗？

问：《政府采购货物和服务招标投标管理办法》（财政部令第 87 号）第三十七条第二项规定中“不同投标人委托同一单位或者个人办理投标事宜”情形，包含其对招标文件进行质疑这一事项吗？

答：不同投标人委托同一个人对招标文件进行质疑，不属于《政府采购货物和服务招标投标管理办法》（财政部令第 87 号）第三十七条第二项规定的情形。

问题 467：供应商对更正公告质疑，质疑时间怎么计算？

问：若项目质疑期七个工作日已满，而后发布了更正公告，供应商可以对更正公告内容进行质疑吗？质疑时间如何计算？

答：根据《政府采购质疑和投诉办法》（财政部令第 94 号）第十条规定，供应商如果认为更正后的内容损害自己的权益，应当在更正公告期限届满之日起 7 个工作日内提出。

问题 468：未参与项目投标的供应商具有质疑投诉的资格吗？

问：某政府采购项目中，A 供应商在网上了报名但在开标环节未参与。评审结束后，A 供应商进行质疑。该供应商质疑符合《政府采购质疑和投诉办法》（财政部令第 94 号）第十一条规定要求吗？

答：根据《政府采购质疑和投诉办法》（财政部令第 94 号）第十条、第十一条的规定，对采购结果进行质疑的，供应商应当是参与所质疑项目的采购活动的供应商。如果 A 供应商未参与该项目投标，便不具备对采购结果进行质疑投诉的资格。

问题 469：供应商对于质疑的回复材料与谈判响应文件内容不一致，属于提供虚假材料应标吗？

问：某救护车谈判采购项目，谈判文件要求供应商须提供救护车公告截图。集中采购机构在处理质疑时发现，被质疑的成交供应商质疑回复材料中所提供的救护车公告截图（含车辆品牌、型号、汽车制造企业、基本技术参数等），与谈判时响应文件中提供的救护车公告截图（含车辆品牌、型号、汽车制造企业等）不一致，集中采购机构应当据此判定供应商虚假响应吗？可以作出采购人依法另行确定成交供应商的答复吗？

答：关于虚假材料的认定，需由财政部门结合相关证据材料和有关篡改、伪造或变造事实以及行为的目的性、危害后果等进行综合判断。

问题470：如何认定质疑期限的起算时间？

问：某政府采购项目中，2021年3月5日通过电子邮件发送招标文件，并于3月5日收到邮件回执。3月19日，某一潜在供应商制作文件时发现其收到的电子版招标文件有损坏打不开，即质疑并要求重新招标。此时质疑的计算日期应该为2021年3月19日吗？

答：根据《政府采购质疑和投诉办法》（财政部令第94号）第十一条规定，供应商已依法获取其可质疑的采购文件的，应当在获取采购文件或者采购文件公告期限届满之日起7个工作日内对采购文件进行质疑。供应商在3月5日以电子邮件方式获取招标文件，因此质疑期限应当从3月5日起算。

第六章　监督检查

问题471：如何正确理解《政府采购非招标采购方式管理办法》第二十七条的规定？

问：《政府采购非招标采购方式管理办法》第二十七条第二款规定，“采购人、采购代理机构按照本办法第四条经本级财政部门批准后可以与该两家供应商进行竞争性谈判采购”。

（1）“按照本办法第四条”是指按照第四条规定的“达到公开招标数额标准的货物、服务采购项目，拟采用非招标采购方式的，采购人应当在采购活动开始前，报经主管预算单位同意后”前置条件，还是指包括“向设区的市、自治州以上人民政府财政部门申请批准”的全部第四条要求？

（2）这里的“经本级财政部门”，如果本级财政部门是区县级，还需要取得设区的市级财政部门批准吗？

（3）这里的“经本级财政部门批准”，是指批准公开招标变更为竞争性谈判采购方式改变，还是指批准允许与该两家进行竞争性谈判？

（4）这里的“可以”是采购人、采购代理机构的权利吗？是取得财政部门变更采购方式的批准后的自主行为吗？

答：（1）《政府采购非招标采购方式管理办法》第二十七条第二款规定的“采购人、采购代理机构按照本办法第四条经本级财政部门批准后可以与该两家供应商进行竞争性谈判采购”是指采购人、采购代理机构应当按照第四条的全部规定变更采购方式。

（2）应当向设区的市、自治州以上人民政府财政部门申请批准。同时，《政府采购法实施条例》规定，财政管理实行省直接管理的县级人民政府可以根据需要并报经省级人民政府批准，行使《政府采购法》和本条例规定的设区的市级人民政府批准变更采购方式的职权。

（3）财政部门主要批准采购方式变更。

（4）这里的“可以”是指《政府采购非招标采购方式管理办法》赋予了采购人和采购代理机构经财政部门批准后将公开招标变更为竞争性谈判的自主权利，由采购人或者采购代理机构决定是否行使。

问题472：公共资源交易平台应当坚持公共服务职能，不得行使审核职能。

问：公共资源交易中心要求招标项目在挂网招标之前，对招标文件进行审查，组织招标人、招标代理机构、交易中心等单位对招标文件的条款进行审核。现在的公共资源项目都进入当地公共资源交易平台，由于代理机构都需要从客户端账号提交招标公告、招标文件等，再由交易中心进行审核操作，在交易中心审核通过后，信息才能在公共资源网显示。对于交易中心来说，需要对招标代理机构提交的招标公告、招标文件的内容进行审核吗（所有项目前期资料、手续等已经完善）？

答：根据《国务院办公厅关于印发整合建立统一的公共资源交易平台工作方案的通知》规定，公共资源交易平台应当坚持公共服务职能，凡是采取审核招标及拍卖文件、出让方案等实施行政审批，或者以备案名义变相实施行政审批的，一律限期取消。因此，公共资源交易平台不得行使审核职能。对于该情况，建议向当地财政部门或公共资源交易平台整合牵头部门反映。

问题473：政府采购工程项目的处理意见应由哪个部门出具？

问：某项目以货物类公开招标形式开展政府采购活动，目前中标通知书已经核发，尚未签订合同。财政部门对本项目进行监督检查，认定项目属性应为工程，应适用《招标投标法》，不属于《政府采购法》适用范围内的政府采购项目，未明确处理依据和处理结果。财政部门认定项目属性错误、适用法律错误，对项目的处理意见应由财政部门出具还是住建部门出具？

答：财政部门是政府采购的监督管理部门，适用《招标投标法》的政府采购工程，仍然属于财政部门监督管理范围。《政府采购法》规定，财政部门监督检查的内容包括有关政府采购的法律、行政法规和规章的执行情况。因此，这个项目应当由财政部门出具处理意见。

问题474：公共资源交易平台不履行监督管理职责。

问：现在一些地方在处理电子化操作的政府采购项目时，已经以国家发改委令《电子招标投标办法》作为法规依据，财政部门的监管权如何发挥？期望以《深化政府采购制度改革方案》出台为契机，明确集中采购机构的归属问题，厘清公共资源交易中心的权责边界，督促地方政府严格依法依规行政。

答：按照《国务院办公厅关于印发整合建立统一的公共资源交易平台工作方案的通知》和《公共资源交易平台管理暂行办法》的规定，公共资源交易中心和公共资源交易平台主要立足公共服务职能定位，不履行监督管理职责。财政部门应当按照政府采购法律制度规定，加强在公共资源交易中心开展的政府采购交易活动的监督管理。各地区公共资源交易中心和公共资源交易平台应当坚持电子化、无形化的发展方向，按照省级人民政府规定的场所设施标准，充分利用已有的各类场所资源，为公共资源交易活动提供必要的现场服务设施。

问题475：公共资源交易活动的监督执法职责如何分工？

问：目前，对政府采购活动的监督管理主要由财政部门、公共资源交易管理委员会办公室（以下简称“公管办”）、公共资源交易中心具体负责，在实际操作中，有时候会存在“多头管理”的情况。比如一个项目，财政部门负责立项审批；公共资源交易平台的使用规则，比如实施流程、违法处理等管理细则由公管办制定；评审现场管理、评委监督考核又由公共资源交易中心具体负责。这就造成了采购项目的完整流程被割裂，无法实现统一监管。

因此，根据国家推进公共资源交易平台整合的大趋势，建议形成统一的政府采购监管体系，形成由公管办统一领导、公共资源交易中心具体负责、财政部门处理投诉的监管格局，捋顺政府采购监管关系。

答：《国务院办公厅关于印发整合建立统一的公共资源交易平台工作方案的通知》明确指出，各级招标投标行政监督、财政、国土资源、国有资产监督管理等部门要按照职责分工，加强对公共资源交易活动的监督执法，依法查处公共资源交易活动中的违法违规行为。财政部门负责政府采购监督管理，公共资源交易中心等组织现场管理，各地要处理好政府采购监督管理和政府采购现场管理之间的关系，厘清职责，分工合作，推动政府采购管理规范高效。

问题476：公共资源交易改革中的一些现象如何规范？

问：《国务院办公厅关于印发整合建立统一的公共资源交易平台工作方案的通知》《财政部关于贯彻落实整合建立统一的公共资源交易平台工作方案有关问题的通知》等文件，均明确指出公共资源交易平台不得违法取代政府集中采购的法定代理权，也明确不限于一个交易场所。但在实际操作中，地方政府大量撤销政府采购中心，或并入公共资源交易中心，或强制政府采购中心进入公共资源交易中心的场地开展工作，或强制使用并非财政部门开发的公共资源电子交易系统，政府集中采购工作受到极大干扰。这些现象可以得到规范吗？

答：《国务院办公厅关于印发整合建立统一的公共资源交易平台工作方案的通知》中明确，发展改革部门会同有关部门加强对公共资源交易平台工作的指导和协调。各级财政部门要按照职责分工，加强对公共资源交易平台中政府采购活动的监督执法，依法查处违法违规行为。若发现公共资源交易平台存在违法违规行为，可以及时向当地发展改革部门及相关主管部门反映。

问题477：公共资源交易中心对政府采购评审专家没有监督管理权限。

问：××省公共资源交易中心下发了《××省公共资源交易中心关于规范评标专家进场评标行为的通知》，提出了禁止评审专家进入评标区域的情形以及专家行为管理、专家考评等一系列要求。

作为政府采购评审专家，我们对该通知有所疑问：一是作为交易平台的公共资源交易中心，有权下发对评审专家进行管理的文件吗？因为《政府采购法实施条例》规定评审专家的管理由财政部门负责，公共资源交易中心没有管理评审专家的法律授权。二是根据《政府采购法实施条例》，对评审专家履职情况的记录由采购人或采购代理机构负责，而该通知提出由交易中心进行记录，或者由招标人记录之后再交给交易中心。该通知具有法律效力吗？

答：按照《政府采购法》和《政府采购法实施条例》的有关规定，公共资源交易中心没有对政府采购评审专家的监督管理权限，因此该通知没有法律效力。

问题478：公共资源交易平台的定位不明确影响财政监管的发挥，怎么办？

问：作为政府采购的“领跑者、排头兵、国家队”的政府集中采购机构因为划入交易中心，受行政层级的影响（大部分只是公共资源交易中心的下属单位或内设部门，没有决定权），只能随波逐流，政府集中采购机构的作用得不到充分发挥。

答：《国务院关于印发整合建立统一的公共资源交易平台工作方案的通知》规定，各级公共资源交易平台不得取代政府集中采购机构的法人地位、法定代理权；各级招标行政监督、财政、国土资源、国有资产监督管理等部门按照职责分工加强对公共资源交易活动的监督执法。您在留言中反映的情况，可以同时向当地整合建立统一的公共资源交易平台工作牵头部门和财政部门反映。我们将协调国家有关部门重视此类问题，在今后工作中努力解决和纠正。

问题479：没有财政部门盖章的公管办文件对政府采购没有约束力。

问：本市的公共资源交易管理办公室（以下简称“公管办”）下发了一些文件，对政府采购活动的相关事项进行要求。但是该文件只有公管办加盖的公章，没有财政部门的盖章。按照《政府采购法》的相关规定，政府采购的监督管理由财政部门负责。那么，没有财政部门盖章的公管办文件对政府采购具有约束力吗？

答：《国务院办公厅关于印发整合建立统一的公共资源交易平台工作方案的通知》明确指出，各级招标投标行政监督、财政、国土资源、国有资产监督管理等部门要按照职责分工，加强对公共资源交易活动的监督执法，依法查处公共资源交易活动中的违法违规行为。公共资源交易管理办公室应当立足公共服务职能定位，做好政府采购评审现场服务等工作，并没有政府采购监督管理权限。如涉及政府采购监督管理事项，仅有公管办盖章而没有财政部门盖章的文件是没有约束力的。

问题480：财政部门对政府采购项目如何审批？

问：财政部门对政府采购项目如何审批？

答：目前，财政部门对政府采购的审批审核事项主要有两项：变更采购方式审批和进口产品审核。《政府采购法》规定，采购人采购货物或者服务应当采用公开招标方式的，因特殊情况需要采用公开招标以外的采购方式的，应当在采购活动开始前获得设区的市、自治州以上人民政府采购监督管理部门的批准。《政府采购进口产品管理办法》规定，政府采购应当采购本国产品，确需采购进口产品的实行审核管理。

问题481：进口产品审核可以授权区级财政部门审核吗？

问：根据《政府采购进口产品管理办法》的规定，设区的市、自治州以上人民政府财政部门应当依法开展政府采购进口产品审核活动，并实施监督管理。区级采购预算一般由区级财政安排，区级财政较为熟悉情况。市级财政部门可以授权区级进行进口产品审核吗？

答：《政府采购进口产品管理办法》第六条规定，进口产品审核由设区的市、自治州以上人民政府财政部门依法开展，不宜授权区级财政部门开展审核工作。

问题482：县区级政府采购项目变更采购方式怎么办？

问：《政府采购非招标采购方式管理办法》第二十七条规定，“公开招标的货物、服务采购项目，招标过程中提交投标文件或者经评审实质性响应招标文件要求的供应商只有两家时，采购人、采购代理机构按照本办法第四条经本级财政部门批准后可以与该两家供应商进行竞争性谈判采购”。本办法第四条规定，达到公开招标数额标准的货物、服务采购项目，拟采用非招标采购方式的，采购人应当在采购活动开始前，报经主管预算单位同意后，向设区的市、自治州以上人民政府财政部门申请批准。对于县区级政府采购项目，供应商只有两家时，由哪一级财政部门批准采用竞争性谈判采购方式？是县区级，还是设区的市、自治州以上人民政府财政部门？本人认为，该类项目是经过了市场测试，只有两家满足，与一开始就是竞争性谈判采购方式有区别，如果由设区的市、自治州以上人民政府财政部门批准，则效率太低，上级部门也不愿意办理。

答：根据《政府采购法》规定，县区级政府采购项目需要变更采购方式的，应当由设区的市、自治州以上人民政府财政部门批准。同时，根据《政府采购法实施条例》第七十八条规定，财政管理实行省直接管理的县级人民政府可以根据需要并报经省级人民政府批准，行使政府采购法和本条例规定的设区的市级人民政府批准变更采购方式的职权。

问题 483：对乡镇政府采购活动如何监管？

问：目前，本省及各市都没有发布乡镇的政府采购管理办法，按照《政府采购法》及其实施条例都是各级财政部门监管，在实际中如何对乡镇进行监管？

答：乡镇的政府采购活动由县级及以上财政部门按照政府采购法律法规的规定履行监管职责。

问题 484：单一来源采购如何组织专业技术人员论证？

问：对于集中采购公开招标限额以上、集中采购公开招标限额以下、分散采购公开招标限额以上、分散采购公开招标限额以下、分散采购限额以下这 5 种情形的单一来源采购，哪些情形应组织专业技术人员论证？负责论证的专业技术人员应具备什么资格条件？采购单位专业技术人员需要回避吗？

答：公开招标限额标准以上，需要采用单一来源采购方式进行采购的项目，应当在采购活动开始前获得设区的市、自治州以上人民政府采购监督管理部门的批准。根据《中央预算单位变更政府采购方式审批管理办法》的规定。中央预算单位申请单一来源采购方式，在进行单位内部会商前，应当组织3名以上专业人员对只能从唯一供应商处采购的理由进行论证。专业人员不能与论证项目有直接利害关系，不能是本单位或者潜在供应商及其关联单位的工作人员。

问题485：对政府采购中的备案如何理解？

问：目前，对政府采购备案的理解就是存档备查。它是相对于审批的一个概念，即采购人有义务让财政部门知道该事项，但不需要财政部门的批准同意。这样理解准确吗？

答：备案是指向主管机关报告事由存案以备查考。对于政府采购法律法规规定的备案事项，财政部门不进行审批，但可以根据工作需要，随时查阅。

问题486：对政府采购相关政策性文件如何执行？

问：按照《政府采购法》第十三条规定，“各级人民政府财政部门是负责政府采购监督管理的部门，依法履行对政府采购活动的监督管理职责”。政府采购应执行财政部门的文件，但是目前存在很多以当地公共资源交易管理办公室的名义下发文件对政府采购活动进行要求或干预的现象。并且很多这样的文件只有公共资源交易管理办公室的落款和盖章，没有财政部门的落款和盖章。政府采购活动应执行这些文件吗？

答：政府采购活动应当遵守政府采购法律法规的规定，《国务院办公厅关于印发整合建立统一的公共资源交易平台工作方案的通知》规定，由各级招标行政监督、财政、国土资源、国有资产监督管理等部门按照职责分工加强对公共资源交易活动的监督执法。若您发现当地公共资源交易部门下发的文件有违反政府采购法律法规及国务院关于公共资源交易活动的相关规定的情形，可以向整合建立统一的公共资源交易平台工作牵头部门和当地财政部门反映。

问题487：如何进行采购管理与操作的职责分工？

问：采购的管理与操作执行按规定需要分离。那么，采购操作执行一般具体指哪些行为？采购管理一般具体指哪些行为？

答：《政府采购法》规定，各级政府财政部门是负责政府采购监督管理的部门，政府采购监督管理部门不得设置政府集中采购机构，不得参与政府采购项目的采购活动。采购代理机构与行政机关不得存在隶属关系或者其他利益关系。采购操作执行是指采购人或者其委托的代理机构具体组织采购活动的行为。采购管理是指财政部门制定政府采购制度和政策并实施监督的行为。

问题488：公立医院招标由哪个部门监管？

问：公立医院自筹资金招标由哪个部门监管？有无相关依据？

答：公立医院所有收支都应纳入部门预算，属于财政性资金，公立医院使用纳入预算管理的资金，采购集中采购目录以内或者采购限额标准以上的货物、工程和服务，应按照《政府采购法》及其实施条例的规定执行采购。《政府采购法》第十三条规定，各级人民政府财政部门是负责政府采购监督管理的部门，依法履行对政府采购活动的监督管理职责。

问题489：已生效法院判决确认的事实，可以作为行政处罚的依据吗？

问：政府采购中标供应商被法院刑事判决书判为串通投标罪后，政府采购监管部门可以依据法院的刑事判决书，将该供应商列入不良行为记录名单吗？可以继续追究该供应商串通投标的行政责任吗？

答：已生效法院判决确认的事实，可以作为行政处罚的依据。如果法院刑事判决书认定中标供应商构成串通投标罪，财政部门可以据此对其作出列入不良行为记录名单、在一至三年内禁止参与政府采购活动的行政处罚。

问题490：政府采购监督检查中的“书面关注”指的是什么？

问：《政府采购需求管理办法》（财库〔2021〕22号）第三十六条：“在政府采购项目投诉、举报处理和监督检查过程中，发现采购人未按本办法规定建立采购需求管理内控制度、开展采购需求调查和审查工作的，由财政部门采取约谈、书面关注等方式责令采购人整改，并告知其主管预算单位。对情节严重或者拒不改正的，将有关线索移交纪检监察、审计部门处理。”其中的“书面关注”指的是什么？

答：“书面关注”指财政部门向采购人的主管预算单位发送书面关注函，告知其下属单位即采购人存在的问题，请其对相关问题予以关注，加强监管，并采取措施防范此类情况再次发生。

问题491：监督人员可以对评审现场以及评标报告进行拍照并带走吗？

问：某学校进行公开招标评审时，当地教育局称其是学校主管部门，必须要由其单位派人现场监督，监督人员用手机对评审现场以及评标报告进行拍照并带走，这种行为合法吗？

答：根据《政府采购货物和服务招标投标管理办法》（财政部令第87号）第六十二条、第六十六条规定，采购人、采购代理机构应当采取必要措施，保证评标在严格保密的情况下进行。除采购人代表、评标现场组织人员外，其他与评标工作无关的人员不得进入评标现场。评标委员会在评审现场不得记录、复制或带走任何评标资料。

第七章　法律责任

问题492：对达到公开招标数额未经批准采用其他采购方式的采购行为如何处罚？

问：某货物项目达到公开招标数额，但采购人未经财政部门批准，在委托代理协议中明确采用竞争性谈判方式采购，采购代理机构按照委托协议中规定的谈判方式进行了采购，那么对采购代理机构应该按照《政府采购法》第七十一条进行处罚吗？

答：达到公开招标数额标准以上的货物项目，需要采用竞争性谈判采购方式采购的，应当由采购人报财政部门批准。若应当采用公开招标方式而擅自采用其他方式采购的，应当按照《政府采购法》第七十一条的规定对采购人进行处罚。采购代理机构应当履行相关提醒义务。

问题493：对合同追加金额如何理解？

问：政府部门通过公开招标采购了一批货物，包括A、B、C三个规格，其中A的总价占总投资的35%，B的总价占总投资的45%，C的总价占总投资的20%。由于在实施过程中方案需要变更，导致A、B、C采购数量发生较大变化，其中A的单价最高，实际采购量比招标量增加超过1倍；B的单价居中，实际采购量比招标量减少一半；C的单价最低，实际采购量比招标量大幅度减少，最终项目总投资比采购总价略有增加，项目总投资变化不超过10%，但A的货物变更量超过了100%。该变更合法吗？

答：《政府采购法实施条例》第六十七条第五项规定的情形应当是同一合同中追加的金额不超过原合同金额的10%。若A、B、C三种规格的货物为同一供应商在同一合同中提供，三种规格货物合计追加的总金额不超过原合同采购金额的10%，则不属于《政府采购法实施条例》第六十七条第五项规定的情形。若A、B、C三种规格货物为不同供应商在不同合同中提供，其中某一个合同的追加金额超过原合同金额的10%，则属于《政府采购法实施条例》第六十七条第五项规定的情形。

问题494：对供应商是否属于提供虚假材料谋取中标如何判定？

问：《政府采购法》第七十七条规定了对供应商“提供虚假材料谋取中标、成交的”处理口径，现对供应商提供虚假材料如何认定存在疑问：如果供应商所投产品未实质上响应招标文件要求，但在技术参数偏离中承诺响应，除此之外，投标文件中未提供虚假材料，所附证明资料可以看出其所投产品技术参数不响应招标文件要求。这种情况下，能认定该供应商属于提供虚假材料谋取中标吗？

答：这种情况不属于提供虚假材料谋取中标。

问题495：如何认定竞争性磋商活动中供应商的串通行为？

问：采用竞争性磋商方式采购的政府采购项目，发现供应商的响应文件出现了《政府采购货物和服务招标投标管理办法》第三十七条中串标的情形。但是《政府采购竞争性磋商采购方式管理暂行办法》中没有对《政府采购货物和服务招标投标管理办法》第三十七条串标情形的规定。

（1）可以根据《政府采购货物和服务招标投标管理办法》第三十七条规定认定供应商串标吗？

（2）如果磋商文件规定了“响应文件若出现了《政府采购货物和服务招标投标管理办法》第三十七条中的情形，视为串标”，可以根据磋商文件中的规定认定供应商串标吗？

答：《政府采购货物和服务招标投标管理办法》规范对象为政府采购货物和服务招标投标行为，政府采购竞争性磋商采购方式串标情形不适用《政府采购货物和服务招标投标管理办法》的规定，应按照《政府采购法实施条例》第七十四条有关规定执行。

对于第二个问题，串通是法定情形。在竞争性磋商活动中，不能仅依据采购文件和《政府采购货物和服务招标投标管理办法》认定和处罚供应商的串通行为，必须有相适应的法律依据。

问题 496：对竞争性磋商采购中的围标串标如何认定？

问：本公司采用竞争性磋商方式采购的一个项目，在磋商文件发售期内共 5 家供应商报名参加，截至磋商时间 3 家供应商（A、B、C 公司）递交响应文件，经评审，A 公司成交。在合同签订后，发现 3 家有效供应商之间存在下列关系：一是 A 公司的某地区办事处负责人与 B 公司的另一地区分公司负责人为同一人；二是 A 公司控股子公司的法定代表人是 D 公司的另一位自然人股东，同时也是 C 公司的股东。上述 A、B、C 三家供应商构成围串标行为吗？

答：判断围串标行为的重点是投标人之间是否客观上存在串通行为。从您反映的情况看，不能认定 A 公司和 B 公司构成围串标行为。

问题 497：如何认定政府采购工程项目中的串通投标？

问：现在查出 2015 年某一政府采购货物项目，存在不同投标人的投标文件异常一致，能否根据《招标投标法实施条例》第四十条规定认定为串通投标。因为该条例第八十三条规定，政府采购的法律、行政法规对政府采购货物、服务的招标投标另有规定的，从其规定。如果属于政府采购工程项目（非招标采购方式），可以据此认定串通投标吗？

答：《政府采购法实施条例》第七十四条规定，供应商之间协商报价、技术方案等投标文件或者响应文件的实质性内容，属于恶意串通。政府采购货物和服务项目以及采用非招标采购方式采购的政府采购工程项目应当适用上述规定。

问题 498：对供应商被处罚禁止参加政府采购活动如何执行？

问：A 公司因围标被处罚 5000 元，列入不良行为记录名单，并行政处罚一年内禁止参加政府采购活动。

（1）A 公司所研发和生产的产品可以授权 B 公司或者别家公司参与政府采购吗？

（2）B公司与A公司是关联公司或者说是分公司。B公司可以用被财政部明令禁止的A公司的资质与产品授权参与政府采购投标吗？

（3）如果可以授权，被政府采购明令禁止的企业可以通过再单独成立一家公司或者委托别家公司或者关联公司投标，这种情况可以避免吗？

答：（1）《政府采购法》第七十七条的处罚措施是针对违法供应商本身。若A公司被列入不良行为记录名单，并在一年内禁止参加政府采购活动，其他公司可以使用其研发和生产的产品授权参加政府采购活动。

（2）A公司的关联公司若与A公司是互相独立的法人，只要符合《政府采购法》第二十二条的规定，是可以参加政府采购活动的。分公司不具备独立法人地位，若其总公司受到禁止参加政府采购活动的处罚，是不能参加政府采购活动的。

（3）《政府采购法》第七十七条对供应商的处罚措施主要是针对供应商本身。若将其处罚扩大化，将不利于采购活动的开展。财政部将加强政府采购活动的监督检查，促使供应商依法参加政府采购活动，维护政府采购良好的市场秩序。

问题499：专家未按照招标文件评审标准进行独立评审如何处罚？

问：现有采购人招标文件中规定评审标准如下，“供应商2015年以来承接的类似业绩每个得1分，满分14分（提供项目合同）”。根据评审标准中的表述，采购人及代理机构认为该项目投标人提供了合同才能给分，未提供项目合同的业绩不应得分。某供应商在投标文件中提供了3项类似业绩的中标通知书，评审小组成员一致给了相应业绩分。

（1）评审小组成员以上行为违背了《政府采购法实施条例》第七十五条“未按照招标文件评审标准进行独立评审”的规定吗？

（2）评审专家若出于对评审标准的理解错误，误认为中标通知书也可以作为给予其业绩分的依据而给予其相应业绩分，可以酌情从轻处罚吗？

（3）对专家的警告处分应列入不良行为记录名单吗？列入不良行为记录有时间限制吗？

答：（1）从您提供的情况无法判断评审小组成员是否属于《政府采购

法实施条例》第七十五条规定的“未按照采购文件规定的评审标准进行独立评审”。

（2）根据《政府采购法实施条例》第七十五条的规定，若评审专家未按照采购文件规定的评审程序、评审方法和评审标准进行独立评审或者泄露评审文件、评审情况的，由财政部门给予警告，并处2000元以上2万元以下罚款；影响中标、成交结果的，处2万元以上5万元以下的罚款，禁止其参加政府采购评审活动。由此可见，上述处罚措施是并罚而非单独处罚，应当依法对评审专家进行处罚。

（3）根据《政府采购评审专家管理办法》的规定，评审专家有该办法第二十九条规定的情形者，应当列入不良行为记录。同时该办法第六条规定，申请成为评审专家的前三年内，不能有本办法第二十九条规定的不良行为记录。

问题500：评审专家违纪如何进行处理？

问：某地方财政厅刻意屏蔽中介组织评审专家，对公务人员、事业单位、国企人员的专家不屏蔽，国家公职人员在岗期间参与评标，影响正常工作如何处理？大学老师随意调课，获得额外收入，在微信群拉帮结伙去评标，有专家串通的嫌疑吗？

答：《政府采购评审专家管理办法》第六条规定了评审专家的基本条件。符合第六条规定条件的，均可自愿申请成为评审专家。对评审专家在评审中存在违法违规行为，财政部门应当依法进行处理。对评审专家违反工作纪律的行为应当由其工作单位依照本单位的相关规定进行处理。

问题501：评审专家在评审过程中出现违法行为如何认定？

问：《政府采购法实施条例》第七十五条第一款规定，“政府采购评审专家未按照采购文件规定的评审程序、评审方法和评审标准进行独立评审或者泄露评审文件、评审情况的，由财政部门给予警告，并处2000元以上2万元以下的罚款；影响中标、成交结果的，处2万元以上5万元以下的罚款，禁止其参加政府采购评审活动”。评审专家未按照采购文件规定的评审程序、评审方法和评审标准进行评审和评审专家独立评审是构成本条违法行为的两个因素吗？这两个因素是应该同时满足还是只满足其中一个即可？如果评审专家未按照采购文件规定的评审程序、评审方法和评审标准进行评审，并且影响了中标、成交结果，但是评审专家是独立评审的。评审专家的前述行为构成本条的违法情形吗？

答：评审专家未按照采购文件规定的评审程序、评审方法和评审标准进行评审，或者评审专家未进行独立评审，以上任一行为均构成《政府采购法实施条例》第七十五条第一款规定的违法情形。

问题502：对政府采购项目中的违法行为如何进行行政处罚？

问：本局在处理相关案件时发现某单位采购项目中存在违反《政府采购法》的行为，应当给予行政处罚，但是按照《行政处罚法》第二十九条规定，违法行为在两年内未被发现的，不再给予行政处罚。法律另有规定的除外。前款规定的期限，从违法行为发生之日起计算；违法行为有连续或者继续状态的，从行为终了之日起计算。对这样的项目如何处理？

答：行政机关对违法行为进行处罚必须符合《行政处罚法》的相关规定。

问题503：中标公告发布后供应商放弃中标资格，如何处理？

问：中标公告发布后，中标供应商放弃中标资格，不与采购人（公办学校）签订合同，按照《政府采购法》第七十七条的规定，采购人或其预算管理部门（教育局）可以独自对该供应商进行罚款处理吗？还是必须向财政部上报后，由财政部门进行处理？

答：财政部门是政府采购的监督管理部门。对于中标供应商放弃中标资格的情况，采购人应当向财政部门报告，由财政部门作出处理决定。

问题504：对《政府采购法》第七十七条规定中的采购金额如何理解？

问：《政府采购法》第七十七条中的采购金额应该如何理解，是认定为采购预算金额，还是认定为中标、成交金额？

答：《政府采购法》第七十七条中的采购金额是指实际成交金额。

问题505：超过单项限价的投标作无效投标处理吗？

问：对于一次采购多个产品的政府采购项目，应当在招标文件中规定单项预算（限价），并规定超过单项限价的投标作无效投标处理吗？

答：《政府采购货物和服务招标投标管理办法》第六十三条规定，报价超过招标文件中规定的预算金额或者最高限价，应当作为投标无效处理。原则上，应当按照采购项目设置最高限价。对于有资产配置标准的产品，应当按照资产配置标准合理确定产品价格标准。

问题506：在评审过程中发现违法行为如何处理？

问：评审中发现以下情况：一是综合评分法要求供应商提供现场演示，分值设置比较高，10分或者20分。A公司提供，B、C公司不提供。显然其他评分项拉不开差距，最后A公司中标。二是综合评分法要求供应商提供项目实施方案，A公司提供的方案，除了招标文件采购需求部分，还包括了其他一些细节，B、C公司的方案只是简单地复制了采购需求的内容。最后A公司中标。三是综合评分法要求供应商提供项目技术支持人员的相关证书，A公司提供了所需数量的证书，B、C公司不提供，最后A公司中标。以上几种情况有时在同一个项目的评审中至少出现一个，明显围标，评审专家有什么对策吗？

答：《政府采购法实施条例》及《政府采购货物和服务招标投标管理办法》对政府采购活动中恶意串通和视同串通作出了明确规定。评审专家应当依据上述规定执行。评审专家在评审过程中发现行贿、提供虚假材料或串通等违法行为的，应当及时向财政部门报告。

问题507：合同签订后的供应商受到处罚，该合同还继续履行吗？

问：本单位为中央预算单位，若中标人在政府采购活动开始之前有违法行为（未被发现），在政府采购合同签订后相关违法行为才被税务机关查处并处以较大数额的罚款（听证标准以上的罚款），该合同还需继续履行吗？

答：根据《财政部关于在政府采购活动中查询和使用信用记录有关问题的通知》规定，采购人或者采购代理机构应当在采购文件中明确信用信息的查询渠道和使用规则，依法对参与政府采购活动的供应商实施联合惩戒。有关部门在政府采购合同签订后对供应商作出的处罚信息，属于政府采购活动结束后产生的信用信息，不应依据事后处罚信息对供应商实施惩戒。

问题508：县级以上财政部门作为采购人的政府采购项目，供应商的投诉应由谁受理？

问：如某一县级以上财政部门作为采购人组织实施一政府采购项目，供应商拟对该政府采购项目进行投诉，该投诉依然由该县级以上财政部门受理吗？若是，如何解决该县级以上财政部门既是采购人又是投诉处理主体的情形？

答：根据《政府采购质疑和投诉办法》（财政部令第94号）第五条、第六条的规定，县级以上各级人民政府财政部门负责依法处理供应商投诉，供应商投诉应当按照采购人所属预算级次，由本级财政部门处理。财政部门作为采购人的，由该财政部门负责投诉处理，如对投诉处理结果不服，可以依法申请行政复议或者提起行政诉讼

问题509：政府采购领域的处理处罚适用信用修复吗？

问：政府采购代理机构被列入“采购代理机构不良行为名单”，如何进行信用修复？

答：政府采购领域的处理处罚不适用信用修复。

问题510：供应商串通投标且中标，其违法所得如何确定？

问：供应商出现《政府采购法》第七十七条规定的违法情形，依法应处采购金额千分之五以上千分之十以下的罚款，列入不良行为记录名单，在一至三年内禁止参加政府采购活动，有违法所得的，并处没收违法所得。

（1）规定中的采购金额如何确定？

（2）若供应商串通投标且中标，其违法所得如何确定？

答：（1）对于采购金额的确定，有中标（成交）金额的按中标（成

交）金额计算，没有则按预算金额计算。

（2）如果供应商串通投标且中标，则其违法所得为中标合同金额。

问题 511：采购人对不同企业采用不同的付款方式合法吗？

问：采购人在某招标文件中规定，对中小企业给予更为优惠的付款方式。但是，针对不同企业采用不同的付款方式，采购人是否涉嫌以不合理的条件对供应商实行差别待遇或歧视待遇？

答：根据《政府采购促进中小企业发展管理办法》（财库〔2020〕46 号）第十二条第五项规定，采购人认为具备相关条件的，可以在采购文件中明确对中小企业在资金支付期限、预付款比例等方面的优惠措施。上述情形是采购人落实政府采购政策的举措，不应视为以不合理条件对供应商实行差别或歧视待遇。

第八章　其　　他[*]

问题512：自收自支事业单位是政府采购主体吗？

问：对于三本独立院校，性质为自收自支事业单位，事业单位法人证书上的举办单位为该大学和企业，这样的三本独立院校是在政府采购法规定的采购人范围之内吗？独立院校需要履行政府采购程序吗？

答：对于自收自支事业单位，如果属于预算单位，相关财务收支仍然纳入预算管理，即是政府采购主体。

问题513：对政府采购中的团体组织如何界定？

问：《政府采购法》规定，本法所称政府采购，是指各级国家机关、事业单位和团体组织，使用财政性资金采购依法制定的集中采购目录以内的或者采购限额标准以上的货物、工程和服务的行为。对团体组织如何界定？民政部门审批通过的拥有社会团体法人登记证书的团体组织是政府采购中的采购人吗？

答：《政府采购法》第二条所称团体组织是指各党派和经政府批准、作为预算单位管理的社会团体。经民政部门审查同意并依法进行登记的社会团体，原则上不执行政府采购制度，若其作为预算单位管理，应执行政府采购法律法规的规定。

---

* 本章的问答主要涉及政府采购性质、原则、范围、政策、法律适用等相关问题。

问题 514：如何判断是否达到采购限额标准？

问：按照《财政部关于推进和完善服务项目政府采购有关问题的通知》规定，“灵活开展服务项目政府采购活动……采购需求具有相对固定性、延续性且价格变化幅度小的服务项目，在年度预算能保障的前提下，采购人可以签订不超过三年履行期限的政府采购合同”。如果一个采购项目的品目未纳入集中采购目录，当地分散采购限额为 50 万元，该项目预算为 30 万元每年，3 年的政府采购预算金额为 90 万元，如果要一次性采购并签订 3 年合同，该项目是政府采购项目吗？

答：确定采购项目金额是否达到采购限额标准，应当以采购项目的年度预算金额为准。从反映的情况看，如果项目符合《政府采购法》关于政府采购项目的规定，就属于政府采购项目，采购项目金额达到分散采购限额标准的，应当按照政府采购法律制度规定执行。

问题 515：高校教师是采购人员吗？

问：高校教师申请的科研项目，项目中的设备金额达到公开招标限额，而教师本人同时也是潜在供应商的法人代表。在这种情况下，教师只是用户，不是采购人，是否属于《政府采购法实施条例》第九条所规定，“采购人员及相关人员与供应商有下列利害关系之一的，应当回避：……（二）参加采购活动前 3 年内担任供应商的董事、监事”的回避要求？由于该设备属于行业内创新设备，专业性极强，有专利因素，如果按照单一来源采购，该教师名下的供应商可以参加吗？

答：在您咨询的问题中，采购人为高校，而非教师。该教师是否为采购人员应当根据项目具体情况而定，若该教师直接参与该项目的采购活动，则属于《政府采购法实施条例》第九条中的“采购人员”；若该教师没有直接参与采购活动，则不属于《政府采购法实施条例》第九条中的“采购人员”。

问题 516：集中采购目录以外并且采购限额标准以下政府采购项目的采购方式如何选择？

问：集中采购目录以外并且采购限额标准以下的采购，我们采取的主要程序如下：一是选择供货单位。由2名以上（含2名）采购人员共同审查潜在供货单位资格，选择2个以上（含2个）符合资格的供货单位，从质量、价格、信誉等方面择优评选，形成推荐成交供货单位的建议，并对前述情况作书面记录。二是进行审核批准。采购人员制作比质比价采购记录，连同经法律事务、财务部门审核通过的采购合同文本，一并提交单位采购部门负责人审核批准后，通知供货单位供货。可以由采购单位的采购部门实行比质比价采购吗？

答：集中采购目录以外并且政府采购限额标准以下的采购项目，不属于政府采购法定范围的采购项目。采购人可以根据采购特点自行选择采购方式。

问题517：医院食堂经营权对外转让属于政府采购吗？

问：医院食堂经营权对外转让，委托集中采购机构进行统一招标。我们认为《政府采购法》第二条规定的采购是指以合同方式有偿取得货物、工程和服务的行为，包括购买、租赁、委托、雇佣等，“有偿取得”可以理解为采购人有偿支付取得而不是投标人在投标中承诺给予采购人一定的补偿取得吗？

答：《政府采购法》规定，本法所称采购，是指以合同方式有偿取得货物、工程和服务的行为，包括购买、租赁、委托、雇佣等。医院食堂经营权对外转让，采购人没有发生购买、租赁、委托、雇佣等行为，因此医院食堂经营权对外转让不属于政府采购。

问题518：在招标投标活动中，法无禁止即可为吗？

问：在政府采购相关法律法规中，经常可以看到“除招标文件有规定之外……”的描述。政府采购中，除了法律法规的规定之外，招标文件也可以做一些相关的要求，那么招标文件在做这些要求的时候，需要遵循哪些原则？

答：招标投标是民事活动。按照民事活动的原则，法无禁止即可为，只要招标文件中没有与法律法规相违背的规定都是可以的。

问题519：在党媒、党刊刊登稿件使用财政性资金付费，属于政府采购吗？

问：为了宣传、报道政府工作的需要，宣传部门需要经常在党媒、党刊上发表一些宣传报道或类似广告性质的招商新闻等，这些报道需要付费。但这些费用标准均由报刊所指定的广告代理公司制定，且党媒党刊具有唯一性的特点。财政部门要求宣传部门在刊登稿件时必须通过政府采购的方式确定合作媒体，此类活动适用政府采购吗？

答：按照《政府采购法》的规定，宣传部门在党媒、党刊刊登稿件使用财政性资金付费属于政府采购范围。具体如何采购建议咨询当地财政部门。

问题520：如何区别“工程类货物招标”和“政府采购类货物招标”？

问：在采购中，对同一货物有些地方开展工程类货物招标，有些地方开展政府采购类货物招标，所适用的法律不一样。《政府采购法实施条例》第七条“所称与工程建设有关的货物，是指构成工程不可分割的组成部分，且为实现工程基本功能所必需的设备、材料等”，但对“不可分割”与“基本功能”在实物操作中很难判断，有具体区分方法便于我们在实际操作中把握吗？

答：根据《〈中华人民共和国政府采购法实施条例〉释义》，“不可分割”是指离开了建筑物或构筑物主体就无法实现其使用价值的货物，比如门窗属于不可分割，而家具就属于可分割。“基本功能”是指建筑物、构筑物达到能够投入使用的基础条件，不涉及建筑物、构筑物的附加功能。比如学校教学楼建设，楼建成装修后基本功能即已达到，而不能以楼将用于教学，就把教学用的教学家具、仪器设备等这些为了实现楼的附加功能的货物作为楼的基本功能对待。

问题521：工会需要执行政府采购吗？

问：工会属于团体组织，工会经费来源是工会组织开展各项活动所需要的费用。一是会员按照中华全国总工会的规定交纳的会费；二是工会举办的事业的收入；三是行政方面根据工会法的规定拨交的经费；四是各级政府和企业、事业单位行政的补助。其中包含财政性资金，如果工会采购限额标准以上的货物、服务必须执行政府采购吗？

答：国家机关、事业单位和团体组织内部的工会组织不属于独立的预算单位，使用财政性资金进行的采购活动不属于政府采购监管范围。作为预算单位管理的各级总工会，使用财政性资金进行的采购活动属于政府采购监管范围。

问题522：政府采购预算是指政府采购资金计划吗？

问：政府采购预算是指政府采购资金计划吗？是先有采购预算，后有采购计划吗？采购计划应从属并服从于采购预算，用于指导采购预算的执行吗？采购计划包括哪些要素？

答：采购预算可以理解采购资金计划，先有采购预算，再有采购计划。采购计划包括采购预算、采购项目、采购方式等，是对采购预算的细化，用于指导和控制具体的采购活动。

问题523：对政府采购范围如何理解？

问：公共资源交易机构常常碰到一些带有经营性的服务项目招标，比如学校、医院的食堂外包项目，招标人一方面为了饮食安全要求供应商具有相应的资质，制定相关服务要求和考核办法。此类项目可以给供应商带来一笔可观的经营收入，所以招标文件一般都要求供应商支付承包费给招标人，把价格高低作为一项重要竞争要素。此类项目招标适用于政府采购吗？

答：《政府采购法》第二条规定，政府采购是指各级国家机关、事业单位和团体组织，使用财政性资金采购依法制定的集中采购目录以内或者采购限额标准以上的货物、工程和服务的行为。因此，采购人付费是政府采购活动的显著特征，供应商向招标人支付承包费的情况，不属于政府采购范畴。

问题 524：采购人采购设备向谁申报审批？

问：某一个行政机关的实验室前期建设项目是由当地发改委监管的，后期实验室的仪器设备采购当地财政部门不予审批，让继续走当地发改委程序合理吗？采购人应该怎么申报？

答：后期试验室的仪器设备采购应执行政府采购程序。从您反映的情况看，设备采购审批若涉及资金安排问题，按照预算管理制度规定执行。

问题 525：政府采购服务可以签订补充合同吗？

问：本单位属于京外单位，采购了一项物业服务，采购金额为 82 万元，在限额标准以下，通过公开招标采购，现在即将到期。由于机构改革，计划在原合同到期的次日，与原服务企业签订一份为期 3 个月的补充协议，由原服务企业继续提供 3 个月的服务，服务内容和每月的服务费用不变，3 个月费用共计 21 万元。可以签订补充合同吗？

答：从您反映的情况看，物业服务处于政府采购限额标准以下，不属于政府采购监管范围，具体采购方式和是否补签合同由单位自行决定。

问题 526：高校可以采用竞争性磋商方式采购服务项目吗？

问：高校可以适用《政府采购竞争性磋商采购方式管理暂行办法》第三条第一项的“（一）政府购买服务项目”的规定，按照竞争性磋商方式采购服务项目吗？

答：《政府采购法实施条例》第二条第四款规定，“政府采购法第二条所称服务，包括政府自身需要的服务和政府向社会公众提供的公共服务”。因此，高校可以采用竞争性磋商方式采购服务项目。

问题 527：政府采购项目的采购内容属性如何界定？

问：有一类项目（该项目设施设备等货物内容不包含在建筑物或构筑物等工程项目的设计图纸中，同时清单中的设施设备等货物清单费用高于施工安装等费用），是同时包含货物（设施设备）和服务（施工安装）的采购项目，如在已有水泥基础（或其他基础）上铺装塑胶跑道，此类项目是属于货物还是工程？

答：根据《政府采购货物和服务招标投标管理办法》规定，采购人应按照《政府采购品目分类目录》确定采购内容的属性。按照《政府采购品目分类目录》无法确定采购内容属性的，按照有利于采购项目实施的原则确定。

问题528：与工程建设有关的服务如何认定？

问：《政府采购法实施条例》第七条规定，“政府采购工程以及与工程建设有关的货物、服务，采用招标方式采购的，适用《中华人民共和国招标投标法》及其实施条例；采用其他方式采购的，适用政府采购法及本条例”。工程造价审计属于“与工程建设有关的服务”的范围吗？

答：《政府采购法实施条例》第七条规定的与工程建设有关的服务是指完成工程所需的勘察、设计、监理等为完成整个工程必不可少的服务。一些服务项目，例如工程造价审计，虽然与工程有关，但并不是完成该工程所必不可少的，不能认定为是与工程建设有关的服务。

问题529：《政府采购法》和《招标投标法》如何适用？

问：由国家发改委监管的使用财政资金的项目，适用《招标投标法》还是《政府采购法》？对于两个监管部门有冲突的部分，采购人和代理机构应该怎么做？

答：《招标投标法》和《政府采购法》对财政资金项目的采购程序有明确规定，请依照相关规定执行。

问题530：属于国家强制性节能环保品目清单范围的产品，需要供应商提供证明材料吗？

问：《关于促进政府采购公平竞争优化营商环境的通知》规定，对于采购人、采购代理机构可以通过互联网或者相关信息系统查询的信息，不得要求供应商提供。除必要的原件核对外，对于供应商能够在线提供的材料，不得要求供应商同时提供纸质材料。对于供应商依照规定提交各类声明函、承诺函的，不得要求其再提供有关部门出具的相关证明文件。

在实际政府采购活动中，国家强制性节能环保品目清单范围的产品或中国强制性认证（CCC）产品，招标文件中可以不要求供应商提供纸质材料予以证明，投标人只依照规定提交各类函、承诺函予以证明吗？

答：（1）根据《财政部 发展改革委 生态环境部 市场监管总局关于调整优化节能产品、环境标志产品政府采购执行机制的通知》（以下简称“财库〔2019〕9 号”）规定，采购人应当依据认证机构出具的节能产品、环境标志产品认证证书，对获得证书的产品实施政府优先采购或强制采购。采购人不能仅依据供应商的承诺认定其获得证书的资格。

（2）国家强制性节能环保品目清单范围的产品，按照财库〔2019〕9 号文件的规定，应当要求供应商提供认证证书的复印件，不能仅依据各类声明函、承诺函证明。

（3）政府采购制度对中国强制认证（CCC）产品的证明未作出规定。

问题 531：政府采购的优先采购和强制采购的产品，要求投标人提供相关认证证明吗？

问：在实际政府采购活动中，采购的产品实际为专业设备，比如医疗器械，但在专业设备中含有在整套采购设备中占比很低的配套打印机、电脑、显示屏或水嘴等属于国家强制性节能环保品目清单范围的产品，投标人必须要在投标文件里提供这些单台打印机、电脑、显示屏或水嘴等节能产品认证证明材料吗？

答：《财政部 发展改革委 生态环境部 市场监管总局关于调整优化节能产品、环境标志产品政府采购执行机制的通知》规定，依据品目清单和认证证书实施政府优先采购和强制采购（节能环保产品）。采购人拟采购的产品属于国家强制性节能环保品目清单范围的，投标人在投标文件中必须提供国家确定的认证机构出具的、处于有效期之内的节能产品、环境标志产品认证证书。政府采购项目中的采购内容如果包括实施政府优先采购和强制采购的产品，就应要求投标人提供投标产品中相关产品的认证。投标产品中没有认证的产品不享受优先采购待遇或者不得采购。

问题532：政府强制采购产品清单中无相应产品的，可在品目清单外购买吗？

问：在中国政府采购网上的往期节能产品目录中，《财政部 国家发展改革委关于调整公布第二十期节能产品政府采购清单的通知》中的时效性一栏均标注为“有效”，这些目录从12期开始，在强制节能产品采购要求中有“拟采购的产品属于政府强制采购节能产品范围，但本期节能清单中无对应细化分类或节能清单中的产品无法满足工作需要的，可在节能清单之外采购”的类似规定。但《关于印发节能产品政府采购品目清单的通知》文中无相关内容。执行相关文件后，采购人拟采购的产品属于政府强制采购节能产品范围，但本期节能清单中无对应细化分类或节能清单中的产品无法满足工作需要的，可以在节能清单之外采购吗？

答：按照《财政部 发展改革委 生态环境部 市场监管总局关于调整优化节能产品、环境标志产品政府采购执行机制的通知》的规定，采购人拟采购的产品属于政府强制采购节能产品范围的，如节能产品政府采购品目清单中无对应细化的产品或者产品不能满足工作需要的，可以在政府采购品目清单外购买。

问题533：这些政府采购工程应执行政府采购政策吗？

问：新建或改建的房屋建筑工程、市政公用工程（道路给排水等）、公路工程（新改建）在实施采购过程中适用于相关政府采购政策，中小企业、监狱企业、残疾人福利单位等参与竞争，相关价格扣除吗？

答：上述工程如果属于政府采购工程，就应该执行政府采购政策。

问题534：政府采购政策有哪些？

问：政府采购的政策包括哪些？进口产品管理办法属于政府采购政策吗？

答：《政府采购法》规定，政府采购政策包括购买本国货物、工程和服务、促进中小企业发展（包括福利企业和监狱企业）政策、促进节能环保政策等；进口产品管理办法是落实政府采购政策的管理办法。

问题535：航天产品所用器材的采购及外包需要执行政府采购吗？

问：航天产品所用器材的采购及外包还需要执行政府采购的相关规定吗？超出100万元合同额的经过上级单位评审确定的采购或外包项目还需要招标吗？

答：根据《政府采购法》的相关规定，各级国家机关、事业单位和团体组织，使用财政性资金采购集中采购目录以内或者采购限额标准以上的货物、工程和服务的行为均应当执行政府采购的相关规定。若采购人为企业，则不执行政府采购的相关规定。若采购人为国家机关、事业单位和团体组织，采购公开招标数额标准以上的货物或者服务，因特殊情况需要采用公开招标以外的采购方式的，应当在采购活动开始前获得设区以上财政部门批准。

问题536：对未列入节能清单产品如何采购？

问：本公司是生产电梯产品的，电梯产品不在节能清单范围之内，招标文件规定了节能电梯给予加分。现在有人质疑未列入节能清单的产品，不属于政府强制采购、优先采购的节能产品范围。本公司认为，节能清单对应的清单中的产品类别，电梯不在其中。应该按招标文件执行吗？

答：未列入节能清单内的产品类别，不属于政府采购强制、优先采购的节能产品。采购人可以在采购文件中提出对此类产品的节能要求。评标委员会、竞争性谈判小组、竞争性磋商小组、询价小组应当按照采购文件规定评审程序、评审方法和评审标准进行评审。

问题537：对不是节能清单内产品政府采购的质疑如何处理？

问：一次招标活动中，在评审阶段，只有3家供应商实质性响应，中标结果公布后，有供应商质疑第一名供应商的电脑不在节能产品清单内，应作为无效投标处理。经查实，台式机在节能产品清单内且属于强制性政府采购产品，但中标的台式机确实不是节能产品，质疑属实。在招标文件没有约定投标产品必须在节能清单内，且台式机不属于主要采购内容的前提下，本项目第一名是无效投标吗？应取消其中标资格吗？

答：《国务院办公厅关于建立政府强制采购节能产品制度的通知》明确，各级政府机构使用财政性资金进行政府采购活动时，在技术、服务等指标满足采购需求的前提下，要优先采购节能产品，对部分节能效果、性能达到要求的产品，实行强制采购。台式计算机属于节能产品政府采购清单规定的必须进行强制采购的产品，除节能清单内无对应细化分类或节能清单中产品无法满足工作需要外，采购人应当采购节能清单产品。

问题538：采购文件是执行废止前标准还是新标准？

问：根据《财政部 发展改革委 生态环境部 市场监管总局关于调整优化节能产品、环境标志产品政府采购执行机制的通知》的要求，“《财政部 生态环境部关于调整公布第二十二期环境标志产品政府采购清单的通知》和《财政部 国家发展改革委关于调整公布第二十四期节能产品政府采购清单的通知》同时停止执行”，如果在新标准发布前发布的政府采购项目，但开标时间在新标准发布以后，采购文件是执行废止前的标准还是新标准，或者两个标准可以同时执行？

答：投标截止时间或响应文件提交的截止时间在新标准发布以后的项目，应按照新的政策文件编写采购文件并评审。

问题539：企业生产的产品纳入优先采购或强制采购范围的时间如何确定？

问：在政府采购管理里看到关于调整优化节能产品、环境标志产品政府采购执行机制的通知。企业要等新的品目清单的形式发布后再填写资料吗？

答：根据《财政部 发展改革委 生态环境部 市场监管总局关于调整优化节能产品、环境标志产品政府采购执行机制的通知》规定，对政府采购节能产品、环境标志产品实施品目清单管理，企业生产的产品获得国家确定的认证机构出具的、处于有效期之内的节能产品、环境标志产品认证证书，即可纳入优先采购或强制采购范围。

问题540：工业级液晶监视器在第二十四期节能产品政府采购清单中吗？

问：工业级液晶监视器在第二十四期节能产品政府采购清单中吗？如在，属于哪个品目？

答：工业级液晶监视器在第二十四期节能产品政府采购清单中，具体对应的品目为A02091107视频监控设备，2019年4月1日政策调整后，仍在政府节能采购产品品目范围内，属于强制采购范围。

问题541：在《节能产品政府采购品目清单》附件中，部分产品品目前面的“★”有何作用？

问：《节能产品政府采购品目清单》附件中，部分产品品目前面打着“★”有什么作用？

答：以“★”标注的为政府强制采购产品类别，强制采购是指采购人应当采购获得节能产品证书的产品。

问题542：关于认证证书有效期如何认定？

问：根据最新发布的《节能产品政府采购品目清单》，计算机设备的标准为GB28380，之前在中国质量认证中心（CQC）认证使用的是CQC标准，根据清单注解第二条，原来的证书可使用到6月1日，之前在CQC获取的证书需要重新提交认证测试吗？目前CQC也没具体的操作方案。

答：认证标准发生变更的，依据原认证标准获得的、仍在有效期内的认证证书可使用至2019年6月1日。6月1日以后，您所在的单位需要根据新的认证标准向认证机构提交认证测试，获取新的认证证书。

问题543：《财政部　发展改革委　生态环境部　市场监管总局关于调整优化节能产品、环境标志产品政府采购执行机制的通知》如何具体实施？

问：2019年2月13日发布了《财政部　发展改革委　生态环境部　市场

监管总局关于调整优化节能产品、环境标志产品政府采购执行机制的通知》，通知要求自2019年4月1日起执行。截至目前，经查中国政府采购网并未找到政府采购节能产品、环境标志产品品目清单的文件，以及国家确定的节能产品、环境标志产品认证机构等名单。该通知具体如何实施？招标公告发布时间在3月，截标时间在4月的项目需要执行该通知吗？

答：关于环保产品品目清单，财政部和生态环境部已经发出了《关于印发环境标志产品政府采购品目清单的通知》。关于节能产品品目清单，财政部和发展改革委已经发出了《关于印发节能产品政府采购品目清单的通知》。关于认证机构名录信息，请查阅中国政府采购网的“节能环保”栏目。《财政部 发展改革委 生态环境部 市场监管总局关于调整优化节能产品、环境标志产品政府采购执行机制的通知》自2019年4月1日起执行。您提到的招标公告时间在3月、截标时间在4月的项目，如果招标文件中约定按照旧的节能环保产品采购政策执行，可以不按照新的政策机制执行。如果没有约定，则应当按照新的政策机制执行。

问题544：关于强制采购节能清单内产品如何认定？

问：在采购一批货物时，采购品目很多很杂，项目总预算有400多万元，其中包含5台笔记本的预算是3万元。招标文件要求投标人提供的货物符合国家节能环保政策。但是某一投标人投标的笔记本电脑不属于节能产品，根据节能产品政策要求，笔记本电脑属于强制性采购节能产品。这种情况下，对该投标人应作无效标处理吗？或者对该投标人如何评审？

答：《国务院办公厅关于建立政府强制采购节能产品制度的通知》明确，各级政府机构使用财政性资金进行政府采购活动时，在技术、服务等指标满足采购需求的前提下，要优先采购节能产品，对部分节能效果、性能达到要求的产品，实行强制采购。便携式计算机属于节能产品政府采购清单规定的必须进行强制采购的产品，除节能清单内无对应细化分类或节能清单中产品无法满足工作需要外，采购人应当采购节能清单内产品。

问题545：如何提交强制采购节能产品的证明材料？

问：政府采购台式计算机项目，采购文件中要求“供应商所竞争产品必须使用政府强制采购的节能产品，并于响应文件中必须提供所竞争产品属于现行政府强制采购节能产品的证明材料”，此证明材料，是指台式计算机整机属于现行政府强制采购节能产品的证明材料吗？需要另外提供其中LED 显示器的属于现行政府强制采购节能产品的证明材料吗？

答：《国务院办公厅关于建立政府强制采购节能产品制度的通知》明确，各级政府机构使用财政性资金进行政府采购活动时，在技术、服务等指标满足采购需求的前提下，要优先采购节能产品，对部分节能效果、性能达到要求的产品，实行强制采购。台式计算机和显示设备均属于节能产品政府采购清单规定的必须进行强制采购的产品，需要分别提供属于政府强制采购节能产品的证明材料。

问题 546：关于节能产品、环境标志产品的政府采购如何操作？

问：（1）根据发布的《财政部 发展改革委 生态环境部 市场监管总局关于调整优化节能产品、环境标志产品政府采购执行机制的通知》，只有列入当期的品目清单产品才属于节能环保优先采购产品，不列入当期的品目清单产品不能采取强制或者优先采购？

（2）对强制采购如何理解？比如，采购产品列入当期采购品目，可以在招标文件的用户需求书中说明本次采购只采购获得生态环境部下辖认证机构出具的具有相关环保认证标志的产品吗？

（3）节能产品、环境标志产品认证证书有相关规定或要求吗？只要是国家确定的认证机构出具的即可吗？

（4）优先采购环保节能产品在实际运用中如何操作？

答：（1）国家对政府采购节能产品、环境标志产品实施品目清单管理。凡列入政府采购节能产品、环境标志产品品目清单的产品，依据国家确定的认证机构出具的、处于有效期之内的节能产品、环境标志产品认证证书，对获得证书的产品实施政府优先采购或强制采购。对未列入品目清单的产品类别，采购人可以综合考虑节能节水、环保、循环、低碳、再生、有机等因素，参考相关国家标准、行业标准或团体标准，在采购活动中提出相关绿色采购要求。

（2）政府采购节能产品品目清单中，以“★”标注的为强制采购产品。

采购人拟采购的产品属于强制采购类别的，应当在招标文件（谈判文件、磋商文件、询价文件）中载明，产品必须获得国家确定的认证机构出具的证书。国家确定的认证机构名单请到中国政府采购网首页左侧“节能环保”栏目中查询。需要说明的是，环境标志产品尚未纳入强制采购范围。

（3）政府采购活动中依据的节能环保认证证书，应当是由国家确定的认证机构出具的节能（节水）产品认证标志和中国环境标志。

（4）优先采购的产品，采购人可以在政府采购招标文件（谈判文件、磋商文件、询价文件）载明对节能产品、环境标志产品的优惠幅度，包括价格扣除、评审因素加分等方法，但不能重复考虑。

问题547：关于环境标志产品采购如何操作？

问：《关于印发环境标志产品政府采购品目清单的通知》只是列出了清单目录，没有具体规定哪些是强制采购。招标文件只需要对优先采购进行政策支持，而无必要作为资格要求吗？

答：环境标志产品政府采购品目清单中的产品实行优先采购，目前还没有强制采购的要求。鼓励采购人可以根据项目的实际情况，在采购文件中约定采购环境标志产品，加大对绿色产品的政府采购支持力度。

问题548：政府采购进口机电产品执行政府采购政策吗？

问：《政府采购法》第九条规定：“政府采购应当有助于实现国家的经济和社会发展政策目标，包括保护环境，扶持不发达地区和少数民族地区，促进中小企业发展等。”政府采购进口产品（包括采购进口机电产品）需要体现政府采购政策吗？

答：对于采购进口产品有明确政府采购政策规定的，应当执行相关的政府采购政策。

问题549：关于进口产品可以要求设置核心产品吗？

问：经过市级财政部门批准，某一政府采购活动可以采购进口货物。对于进口产品，可以要求设置核心产品，然后按照《政府采购货物和服务招标投标管理办法》第三十一条评审吗？

答：《政府采购货物和服务招标投标管理办法》关于合理确定核心产品的规定，应当适用于包括进口产品在内的所有政府采购项目。

问题550：保税区工厂生产的产品属于政府采购项下的进口产品吗？

问：外国公司委托国内保税区工厂（该工厂性质是该外国公司投资企业）生产，该外国公司买回后在国内销售（进行海关出境和入境手续后进入国内销售）的产品，属于政府采购项下的进口产品吗？

答：按《关于政府采购进口产品管理有关问题的通知》文件规定，保税区内企业生产或加工（包括从境外进口料件）直接销往境内其他地区的产品，不作为政府采购项下进口产品。如果外国公司买回后，进行海关出境和入境手续后进入国内销售的产品，就属于政府采购项下进口产品。

问题551：对于政府采购国际招标机电产品的规定如何执行？

问：商务部2014年第1号《机电产品国际招标投标实施办法（试行）》第六条规定："通过招标方式采购原产地为中国关境外的机电产品，属于下列情形的必须进行国际招标：……（五）政府采购项目中进行国际采购的机电产品。"

该项政府采购应当属于进口产品，需要报财政部门批准吗？需要进行政府采购计划备案吗？需要进行政府采购有关信息公告以及合同公告和备案吗？

答：政府采购项目中进行国际招标的机电产品应当遵守政府采购法律法规的规定，其进口审批、计划备案、信息公告、合同公告和备案应当依据政府采购法律法规的规定执行。

问题552：关于政府采购进口机电产品的政策和制度如何执行？

问：《政府采购货物和服务招标投标管理办法》第八十三条规定："政府采购货物服务电子招标投标、政府采购货物中的进口机电产品招标投标有关特殊事宜，由财政部另行规定。"在财政部没有出台另行规定之前，采购进口机电产品是按照商务部《机电产品国际招标投标实施办法（试行）》的规定执行机电产品国际招标采购程序，还是按照《政府采购法》的规定执行政府采购程序？

答：目前，财政部尚未制定机电产品国际招标相关制度。经政府采购监督管理部门审核允许采购进口机电产品的，不得限制符合条件的国内产品投标。除对供应商条件有所区别外，有关招投标活动可参照《政府采购货物和服务招标投标管理办法》执行。

问题553：我国已取消所有政府采购自主创新产品目录了吗？

问：财政部2007年12月27日印发的《自主创新产品政府首购和订购管理办法》是否仍然有效，相关规定可以作为地方执行的依据吗？如继续可以执行，该管理办法是否与国务院于2011年、2016年两次清理促进自主创新产品与政府采购优惠挂钩的精神有矛盾？

答：目前，我国政府对外承诺创新政策与政府采购优惠政策不挂钩，取消所有政府采购自主创新产品目录。鉴于该文件以自主创新产品目录为前提，事实上已经无法执行。

问题554：关于政府采购进口产品如何理解？

问：《财政部关于印发〈政府采购进口产品管理办法〉的通知》提到，国家法律法规政策明确规定限制进口产品，对于限制进口有清单或者相应制度规定吗？此外，对于国家限制进口的重大技术装备和重大产业技术、国家限制进口的重大科学仪器和装备如何理解？

答：《关于政府采购进口产品管理有关问题的通知》第四条规定，《政府采购进口产品管理办法》规定的国家限制进口产品，是指商务部、发展改革委、科技部等部门制定的相关目录。采购人如果需要进口列入目录的限制进口产品，应出具专家和行业主管部门意见。国家限制进口的重大技术装备和重大产业技术由国家发展改革委管理，国家限制进口的重大科学仪器和装备由科技部管理，相关信息可以在国家发展改革委和科技部网站上获取。

问题555：政府采购进口服务需要财政审批吗？

问：根据《政府采购进口产品管理办法》第三条规定，“本办法所称进口产品是指通过中国海关报关验放进入中国境内且产自关境外的产品”，又根据《中华人民共和国海关法》第二条规定，“中华人民共和国海关是国家的进出关境（以下简称进出境）监督管理机关。海关依照本法和其他有关法律、行政法规，监管进出境的运输工具、货物、行李物品、邮递物品和其他物品（以下简称进出境运输工具、货物、物品），征收关税和其他税费，查缉走私，并编制海关统计和办理其他海关业务”，可知需要海关报关验放入境的产品为有形产品，服务为无形产品，所以进口服务不需要财政审批，是这样理解吗？

另外，直接提供进口服务的供应商一般为境外供应商，参与该政府采购项目的必定是国内的代理商（境外企业不满足《政府采购法》第二十二条）。但是进口服务不同于进口货物，合同签约主体虽然是代理商，但是合同的实际履约为境外供应商，这涉及转包的情况吗？

答：目前，采购国外服务无须报财政部门批准，但应当符合《政府采购法》第十条规定的条件。对于合同签约主体是代理商的情况，属于委托代理关系，不属于转包。

问题556：涉密采购及单一来源采购方式如何操作？

问：本单位为教育部直属高校，本校承担涉密科研项目，其中需采购一批元器件，预算金额超过200万元。该批元器件因用于特殊领域其技术指标不宜公开。根据《政府采购法》第八十五条规定，对因严重自然灾害和其他不可抗力事件所实施的紧急采购和涉及国家安全和秘密的采购，不适用本法。而《中央预算单位变更政府采购方式审批管理办法》第九条规定，中央预算单位因采购任务涉及国家秘密需要变更采购方式的，应当提供由国家保密机关出具的本项目为涉密采购项目的证明文件。

（1）涉及国家秘密的采购，是按《政府采购法》所述不适用政府采购，还是应变更为单一来源采购方式？

（2）如应按单一来源方式采购，本校为教育部直属高校，应由哪个保密单位出具涉密证明材料？

答：（1）对于您反映的涉及国家秘密的采购，在元器件供应非单一渠道的前提下，可参照竞争性谈判、竞争性磋商等方式，相关采购信息不对外公开。

（2）若申请单一来源采购方式变更，请按照《中央预算单位变更政府采购方式审批管理办法》的规定经主管预算单位同意后，报财政部审批。涉密证明材料应由你单位保密委员会或保密办出具。

问题557：因不可抗力所实施的紧急采购与单一来源采购有何区别？

问：根据《政府采购法》第三十一条第二款规定，发生了不可预见的紧急情况不能从其他供应商处采购的，可以依照本法采用单一来源方式采购。同时第八十五条规定，对因严重自然灾害和其他不可抗力事件所实施的紧急采购和涉及国家安全和秘密的采购，不适用本法。

（1）这两项条款存在前后矛盾的情况吗？

（2）如果不存在前后矛盾，第三十一条第二款提到的“不可预见的紧急情况”应当如何理解和界定？

答：《政府采购法》第八十五条规定的严重自然灾害和其他不可抗力事件是指发生地震、水灾、火灾、战争等。因严重自然灾害和其他不可抗力事件所实施的紧急采购，与因发生不可预见的紧急情况不能从其他供应商处采购所实施的单一来源采购，有着本质的区别。前者的实施基础是发生了不可预见、不能逆转也无法克服的严重自然灾害和其他不可抗力事件，采购人在采购时不按照《政府采购法》的规定执行；后者的实施基础是发生了不可预见但还未达到不能逆转也无法克服的紧急情况，采购人在采购时与供应商应当遵循《政府采购法》规定的原则，在保证采购项目质量和双方商定合理价格的基础上进行采购。

问题558：PPP项目采购如何适用法律？

问：PPP项目依据《政府采购法》及《政府和社会资本合作项目政府采购管理办法》，还有哪些法律法规可以适用PPP项目的采购？

答：政府采购法律法规均适用于PPP项目采购。其中，《政府和社会资本合作项目政府采购管理办法》对PPP项目采购有特别规定的，从其规定。

问题559：PPP项目采购环节需要严格执行《政府采购货物和服务招标投标管理办法》吗？

问：PPP项目采购环节需要严格执行《政府采购货物和服务招标投标管理办法》的规定吗？

答：《政府采购货物和服务招标投标管理办法》属于规范政府采购货物和服务招标投标活动的一般性规定，而《政府和社会资本合作项目政府采购管理办法》是专门规范PPP项目政府采购的制度。因此，PPP项目主要执行《政府和社会资本合作项目政府采购管理办法》的规定。

问题560：对政府采购范围如何理解？

问：对采购人的工会组织使用工会资金应当进行政府采购吗？

答：单位的工会会费不属于财政资金，用工会会费进行采购不属于政府采购管理范围。

问题561：对中小企业投标如何认定？

问：（1）小微企业A公司提供了小微企业B公司制造的货物，如果A公司要享受小微价格优惠，A公司除了需提供自己企业的《中小企业声明函》，还要提供制造商B公司盖公章出具的B公司的《中小企业声明函》吗？

（2）为确保投标人承诺的小微企业的真实性，可以要求投标人除了《中小企业声明函》外，再提供一份财务报告吗？

答：（1）《中小企业声明函》由投标人提供。A公司提供《中小企业声明函》即可。

（2）评标委员会根据投标人提供的《中小企业声明函》认定投标人是否属于中小企业。根据《政府采购法》，财务报告属于投标人应该提供的资格证明文件，用来证明供应商具有完善健全的财务制度。

问题562：对《政府采购货物和服务招标投标管理办法》第二十七条规定中“采购标的”如何理解？

问：《政府采购货物和服务招标投标管理办法》第二十七条：采购人或

者采购代理机构可以对已发出的招标文件进行必要的澄清或者修改，但不得改变采购标的和资格条件。

该处的“采购标的”具体定义指什么，是对采购内容名称、数量、价格等的统称还是仅指采购内容的名称？

答：采购标的一般是指按照《政府采购品目分类目录》确定的采购品目名称等内容。

问题563：对评审因素设定和依法采购如何操作？

问：（1）在政府采购领域可以针对现场踏勘情况进行打分吗？

（2）采购文件中的规定和法律规定不一致时，以哪个为准？

（3）法律中有明确规定但采购文件中未详细列举的情形，以哪个为准？

答：（1）依照《政府采购货物和服务招标投标管理办法》第五十五条有关规定，评审因素的设定应当与投标人所提供货物服务的质量相关，包括投标报价、技术或者服务水平、履约能力、售后服务等。实践中，采购人应当结合实际需求，按照上述原则合理确定评审因素。

（2）采购文件与法律规定不一致的，以法律规定为准。

（3）法律中有明确规定但采购文件中未详细列举的，以法律规定为准。

问题564：关于采购进口产品核准如何操作？

问：本公司是政府采购代理机构，目前有一个预算单位（地方海关）的采购项目，内容涉及采购进口产品，中央预算单位（地方机构）使用中央财政资金，进口产品经过论证，并获得行业主管部门意见后，需要送到财政部哪个部门“获得财政部门核准”？

答：中央预算单位进口产品申请由其主管预算单位送财政部国库司核准。

问题565：引进产业服务可以进行政府采购吗？

问：某地方政府部门为了服务地方经济发展，根据地方政府发展规划，拟引进一批高端制造业和生物制药业。考虑到某大型集团公司在这方面的背景，拟以政府采购的方式，采购该公司为引进产业服务项目的供应商，并视其引进产业固定投资和产生税收情况，给予其奖励。这样的引进产业服务能够进行政府采购吗?

答:《政府采购法》第二条规定，政府采购是指各级国家机关、事业单位和团体组织，使用财政性资金依法制定的集中采购目录以内的或者采购限额标准以上的货物、工程和服务的行为。从留言描述情况看，“采购该引进产业服务项目的供应商，并视其引进产业固定投资和产生税收情况，给予其奖励”属于招商引资和财政补贴行为。

问题 566：疫情期间政府采购项目如何实施?

问：因疫情严重，给合同签订工作带来巨大困难，已发布中标公告的政府采购项目依然必须在30日内完成签订吗?

答：按照《关于疫情防控期间开展政府采购活动有关事项的通知》规定，因疫情防控而无法开展或无法按规定时间继续进行的政府采购活动，可酌情暂停或延期，并按规定发布相关信息、通知有关当事人。

问题 567：中小企业参与政府采购如何进行价格扣除?

问：政府采购时，对小型企业和微型企业进行价格扣除必须执行一个标准吗?

答：政府采购活动中，同一项目对小型企业和微型企业进行价格扣除应当执行一个标准。

问题 568：在疫情防控期间，政府采购“绿色通道”如何实施?

问：根据财政部办公厅2020年1月26日发布的《关于疫情防控采购便利化的通知》规定，“各级国家机关、事业单位和团体组织使用财政性资金采购疫情防控相关货物、工程和服务的，应以满足疫情防控工作需要为首要目标，建立采购‘绿色通道’，可以不执行政府采购法规定的方式和程序”。有清单明确哪些产品或服务是属于“疫情防控相关”的范围进而通过“绿色通道”开展采购吗?相关“绿色通道”采购清单及采购信息进行公示吗?相关采购人在采购时如何确认所采购产品属于“防疫相关”，进而不履行正常的采购程序?采购人应当取得何种审批文件来确保相关采购行为合规？

答：（1）关于具体的疫情防控相关货物、工程和服务的范围，应当是与疫情防控工作直接相关的货物、工程和服务，具体由采购人确定并承担相应责任。

（2）相关“绿色通道”采购清单及采购信息没有要求进行公示或者公开，但是相关资料需要留存备查。

问题569：部门规章与规范性文件的法律效力如何区别？

问：《财政部关于进一步规范政府采购评审工作有关问题的通知》当前仍然有效吗？

答：《财政部关于进一步规范政府采购评审工作有关问题的通知》目前仍是有效的文件。但是，由于《政府采购货物和服务招标投标管理办法》属于部门规章，《财政部关于进一步规范政府采购评审工作有关问题的通知》属于规范性文件，《政府采购货物和服务招标投标管理办法》的法律效力高于《财政部关于进一步规范政府采购评审工作有关问题的通知》，因此，对于这两个文件中不一致的规定，以《政府采购货物和服务招标投标管理办法》的相关规定为准。

问题570：在疫情防控期间，政府采购时间如何安排？

问：受疫情影响，地方政府要求延长的春节复工时间计算入政府采购过程的“工作日”吗？采购人、采购代理机构、投标人的复工时间均不同，政府采购各环节应以谁的复工时间为准进行计算“工作日”？

答：政府采购中的工作日是相对法定节假日而定的。在计算有关程序的工作日时，应扣除法定节假日时间。疫情对政府采购活动的影响应归入不可抗力事件。在进行政府采购活动时，应充分考虑疫情对开展工作的影响，合理安排招标文件发售时间、招标文件发出至投标截止的时间等。

问题571：如何出具检验报告？

问：政府采购指定检验报告要由某个机构出具违反相关法律规定吗？

答：政府采购活动中一般不得指定检验报告要由某个机构出具。

问题 572：外文图书需要进行进口产品论证吗？

问：高校想购买一批原版外文图书，达到了限额标准需要进行政府采购，按照《政府采购进口产品管理办法》，需要进行进口产品论证吗？

答：原版外文图书属于特殊商品，是特定智力成果的载体，可不报经财政部门实施采购进口产品核准和进行进口产品论证。

问题 573：对联合体投标的要求如何设定？

问：对于联合体投标的要求，是应该设定为资格要求（本项目不接受联合体投标），还是应该设定为符合性审查要求（实质性要求）？

答：对联合体投标相关要求应当设定为资格要求。

问题 574：投标产品中使用了相同制造商提供的零部件，影响正常政府采购投标活动吗？

问：在政府采购项目投标中，本公司提供的产品品牌与其他公司不一样。但是，本公司产品中使用的某个部件与其他投标人产品的部件出自同一个制造商。这影响正常投标活动吗？

答：不同投标人提供产品的品牌不同，仅投标产品中使用了相同制造商提供的零部件的情形，不影响正常政府采购投标活动。

问题 575：对于未预留份额专门面向中小企业采购的货物采购项目，以及预留份额项目中的非预留部分货物采购包，对参与的企业类型有要求吗？

问：对于未预留份额专门面向中小企业采购的货物采购项目，以及预留份额项目中的非预留部分货物采购包，大中型企业提供的货物全部为小微企业制造，可以享受6%～10%的报价扣除吗？还有“双小”（即直接参与采购活动的企业是中小企业，并且货物由中小企业制造）的要求吗？

答：按照《政府采购促进中小企业发展管理办法》规定，在货物采购项目中，货物由中小企业制造（货物由中小企业生产且使用该中小企业商号或者注册商标）的，可享受中小企业扶持政策。如果一个采购项目或采购包含有多个采购标的的，则每个采购标的均应由中小企业制造。在问题所述的采购项目或者采购包中，大型企业提供的所有采购标的均为小微企业制造的，可享受价格评审优惠政策。

问题576：在货物采购项目中，如何判断供应商提供的货物是否享受《政府采购促进中小企业发展管理办法》规定的小微企业扶持政策？

问：在货物采购项目中，供应商提供的货物既有小微企业制造货物，也有中型企业制造货物的，享受《政府采购促进中小企业发展管理办法》规定的小微企业扶持政策吗？

答：在货物采购项目中，供应商提供的货物既有中型企业制造，也有小微企业制造的，不享受办法规定的小微企业扶持政策。

问题577：投标人必须对提供的数据真实性负责吗？

问：有些货物采购项目涉及多种货物和多个制造商，投标人从批发商或者经销商处拿货，而非从制造商处直接拿货，难以获知所有制造商的从业人员人数、营业收入、资产总额等数据。如果制造商提供给投标人的数据有误或者故意提供虚假的数据（投标人没有主观故意），可以认定投标人虚假投标吗？

答：投标人应当对其出具的《中小企业声明函》真实性负责，投标人出具的《中小企业声明函》内容不实的，属于提供虚假材料谋取中标。在实际操作中，投标人希望获得《政府采购促进中小企业发展管理办法》规定政策支持的，应从制造商处获得充分、准确的信息。对相关制造商信息了解不充分，或者不能确定相关信息真实、准确的，不建议出具《中小企业声明函》。

问题578：如何判断供应商是否属于中小企业？

问：对于既有货物又有服务的采购项目，如何判断供应商属于中小企业？

答：采购人应当根据政府采购有关规定和采购项目的实际情况，确定拟采购项目是货物、工程还是服务项目。享受中小企业扶持政策的供应商应当满足下列条件：在货物采购项目中，货物应当由中小企业制造，不对其中涉及的服务的承接商作出要求；在工程采购项目中，工程应当由中小企业承建，不对其中涉及的货物的制造商和服务的承接商作出要求；在服务采购项目中，服务的承接商应当为中小企业，不对其中涉及的货物的制造商作出要求。

问题 579：联合体可以享受对中小企业的预留份额政策吗？

问：对于 200 万元以下的货物和服务采购项目、400 万元以下的工程采购项目，适宜由中小企业提供的，联合体享受对中小企业的预留份额政策吗？

答：联合体参与政府采购项目的，联合体各方所提供货物、工程、服务均为中小企业制造、承建、承接的，联合体视同中小企业，享受对中小企业的预留份额政策；联合体各方提供货物、工程、服务均为小微企业制造、承建、承接的，联合体视同小微企业，享受对小微企业的预留份额政策。

问题 580：对政府采购中的企业负责人等相关定义如何理解？

问：《政府采购促进中小企业发展管理办法》第二条中，“但与大企业的负责人为同一人，或者与大企业存在直接控股、管理关系的除外”如何理解？

答：按照相关法律法规规定，负责人是指单位法定代表人或者法律、行政法规规定代表单位行使职权的主要负责人。控股是指出资额占有限责任公司资本总额 50% 以上或者其持有的股份占股份有限公司股本总额 50% 以上的，以及出资额或者持有股份的比例虽然不足 50%，但依其出资额或者持有的股份所享有的表决权已足以对股东会、股东大会的决议产生重大影响。管理关系是指与不具有出资持股关系的单位之间存在的其他管理与被管理关系。与大企业之间存在上述情形的中小企业可依法参加政府采购活动，但不享受政府采购对中小企业的扶持政策。

问题581：对“基础设施限制”如何理解？

问：《政府采购促进中小企业发展管理办法》第六条中“基础设施限制”是指什么？

答：“基础设施限制”主要是指受供水、供电、供气、供热、道路和交通设施等基础设施条件限制。采购人可根据实际情况作出判断。

问题582：关于预留份额的相关问题是如何界定的？

问：《政府采购促进中小企业发展管理办法》第八条规定：“超过200万元的货物和服务采购项目、超过400万元的工程采购项目中适宜由中小企业提供的，预留该部分采购项目预算总额的30%以上专门面向中小企业采购，其中预留给小微企业的比例不低于60%。”“该部分采购项目预算总额”中“该部分”是指哪些？

答：“该部分”是指超过200万元的货物和服务采购项目、超过400万元的工程采购项目中适宜由中小企业提供的采购项目。

问题583：价格评审优惠如何扣除？

问：在未预留份额专门面向中小企业的货物采购项目中，小微供应商提供的货物既有中型企业制造货物、也有小微型企业制造货物的，是否予以6%~10%的价格扣除？

答：按照《政府采购促进中小企业发展管理办法》规定，如果题中所述货物采购项目含有多个采购标的，只有当供应商提供的每个标的均由小微企业制造，才能享受6%~10%的价格扣除政策。如果小微供应商提供的货物既有中型企业制造货物、也有小微企业制造货物的，不享受价格扣除相关政策。

问题584：价格评审优惠的对象如何区分？

问：专门面向中小企业采购的采购项目或者采购包，还需执行价格评审优惠的扶持政策吗？

答：专门面向中小企业采购的项目或者采购包，不再执行价格评审优惠的扶持政策。

问题 585：政府采购工程项目中对中小企业价格分应当如何计算？

问：《政府采购促进中小企业发展管理办法》第九条规定：“适用招标投标法的政府采购工程建设项目，采用综合评估法但未采用低价优先法计算价格分的，评标时应当在采用原报价进行评分的基础上增加其价格得分的3%~5%作为其价格分。”若小微企业在工程建设项目中价格分为满分，是否在满分基础上增加其价格分的3%~5%作为其价格分？

答：政府采购工程项目中对中小企业价格分加分属于政策性加分，小微企业价格分即使是满分也应当享受政策优惠，再给予加分。

问题 586：对“小微企业”应当如何定义？

问：《政府采购促进中小企业发展管理办法》第九条规定：“接受大中型企业与小微企业组成联合体或者允许大中型企业向一家或者多家小微企业分包的采购项目，对于联合协议或者分包意向协议约定小微企业的合同份额占到合同总金额30%以上的……”，此处的“小微企业”在货物采购项目中是指企业本身，还是按照第四条规定指其提供的产品属于何种类型企业制造？

答：《政府采购促进中小企业发展管理办法》第九条中关于联合体和分包的规定中的“小微企业”应当满足该办法第四条的相关规定，“小微企业的合同份额”应当为小微企业制造的货物、承建的工程和承接的服务的合同份额。

问题 587：对采购标的所属行业应如何确定？

问：《政府采购促进中小企业发展管理办法》第十二条规定，采购文件应当明确采购标的对应的中小企业划分标准所属行业。若一个采购项目中包含多个不同品种的产品，采购人或者采购代理机构要明确每种产品的行业吗？

答：采购人、采购代理机构应当依据国务院批准的中小企业划分标准，根据采购项目具体情况，在采购文件中明确采购标的对应的中小企业划分标准所属行业。如果一个采购项目涉及多个采购标的，应当在采购文件中逐一明确所有采购标的对应的中小企业划分标准所属行业。供应商根据采购文件中明确的行业所对应的划分标准，判断是否属于中小企业。现行中小企业划分标准行业包括农业、林业、牧业、渔业、工业、建筑业、批发业、零售业、交通运输业、仓储业、邮政业、住宿业、餐饮业、信息传输业、软件和信息技术服务业、房地产开发经营、物业管理、租赁和商业服务业以及其他未列明行业16类。

问题588：新成立企业可以全部划分为中小企业吗？

问：《中小企业声明函》规定，无上一年度数据的新成立企业可不填报从业人员、营业收入、资产总额等相关数据，可以理解为新成立企业全部划分为中小企业吗？

答：新成立企业应参照国务院批准的中小企业划分标准，根据企业自身情况如实判断。认为本企业属于中小企业的，可按照《政府采购促进中小企业发展管理办法》的规定出具《中小企业声明函》，享受相关扶持政策。

问题589：联合体和分包企业均需按照《中小企业声明函》格式提供企业信息吗？

问：供应商需在《中小企业声明函》中填写相关企业（含联合体中的中小企业、签订分包意向协议的中小企业）的具体情况。请问，联合体和分包企业均需按照声明函格式提供企业信息吗？

答：《中小企业声明函》由参加政府采购活动的供应商出具。以联合体形式参加政府采购活动或者合同分包的，《中小企业声明函》中需填写联合体中的中小企业或签订分包意向协议的中小企业相关信息。

问题590：出具《中小企业声明函》即可享有中小企业扶持政策吗？

问：只要供应商出具《中小企业声明函》，即可在政府采购活动中享受《政府采购促进中小企业发展管理办法》规定的中小企业扶持政策吗？

答：符合《政府采购促进中小企业发展管理办法》规定条件的供应商只要出具《中小企业声明函》，即可在政府采购活动中享受相关扶持政策，任何单位和个人不得要求供应商提供声明函之外的中小企业身份证明文件。

问题591：《中小企业声明函》中的要求与《政府采购促进中小企业发展管理办法》中规定的联合体参加、合同分包等措施相矛盾吗？

问：《中小企业声明函》要求，“提供的货物全部由符合政策要求的中小企业制造”“工程的施工单位全部为符合政策要求的中小企业（或者服务全部由符合政策要求的中小企业承接）”。这与《政府采购促进中小企业发展管理办法》中规定的联合体参加、合同分包等措施相矛盾吗？

答：对于联合体中由中小企业承担的部分或者分包给中小企业的部分，必须全部由中小企业制造、承建或者承接。供应商应当在《中小企业声明函》“项目名称”部分标明联合体中中小企业承担的具体内容或者中小企业的具体分包内容。

问题592：残疾人福利性单位与民办非企业等社会组织可以享受促进中小企业发展的政府采购政策吗？

问：残疾人福利性单位参与政府采购活动如何享受《政府采购促进中小企业发展管理办法》规定的相关扶持政策？民办非企业等社会组织可以享受促进中小企业发展的政府采购政策吗？

答：关于残疾人福利性单位享受政府采购支持中小企业有关措施的问题，财政部正在研究完善与《政府采购促进中小企业发展管理办法》文件的衔接措施，在相关文件印发前，仍按照《关于促进残疾人就业政府采购政策的通知》有关规定执行。

关于社会组织享受促进中小企业发展政府采购政策问题，财政部正会同有关部门研究制定相关规定。

问题593：在政府采购活动中，有些招标文件中关于缴纳税收和社会保障资金的要求符合规定吗？

问：（1）在政府采购活动中，某供应商提供的社会保障资金材料是法人给自己购买的城乡居民医疗保险和养老保险，这种情况供应商符合《政府采购法实施条例》第十七条第二款依法缴纳社会保障资金的规定吗?

（2）在政府采购活动中，招标文件中要求供应商提供近6个月中任意1个月依法缴纳税收和社会保障资金的证明材料，这种情况符合《政府采购法实施条例》第十七条第二款的规定吗?

答：（1）为员工缴纳社保是企业的义务。企业应提供为员工缴纳社保的证明。

（2）采购人可以根据项目实际情况，在采购文件中明确供应商需要提供的证明材料，可以要求供应商提供最近半年任一个月依法缴纳税收和社会保障资金的相关材料。

问题594：事业单位可以将政府采购项目（物业服务）直接委托其下属全资公司执行吗?

问：事业单位可以将政府采购项目（物业服务）直接委托其下属全资公司执行吗?

答：事业单位列入政府采购预算的采购项目原则上不得直接委托其下属全资公司执行。

问题595：采购单位应该执行注册地还是执行地的政策?

问：采购单位注册地为××市，目前还没有取得中央预算单位账号，使用科技部下拨科研财政资金需要遵照中央的政府采购政策还是执行××市政府采购政策?

答：采购单位属于中央预算单位的，应当执行财政部关于中央预算单位政府采购的有关管理规定。

问题596：一次性采购3年的项目的采购预算应当如何执行?

问：在预算资金有保障的情况下可以一次性采购3年，但采购合同可以一年一签订，根据履约情况决定是否续签。预算资金保障是指3年的保障?还是采购时1年的预算资金保障，在下一个年度资金有保障的情况下，可以续签，最多续签2次吗?

答：政府采购应当严格按照批准的预算执行，采购预算应当逐年申报。实践中政府采购合同建议采取一年一签的方式，并在采购文件中明确不超过3年的采购周期和续签条件。

问题597：采购人可以设定采购项目整体只面向小微企业，不面向大中型企业吗？

问：《政府采购促进中小企业发展管理办法》第八条规定，“超过200万元的货物和服务采购项目……预留该部分采购项目预算总额的30%以上专门面向中小企业采购，其中预留小微企业的比例不低于60%”。本单位有一个服务采购项目预算为900万元，适宜由中小企业提供服务，考虑到本单位全年政府采购项目比较少，为了完成预留给小微企业的比例，可以设定这个采购项目整体只面向小微企业，不面向大中型企业吗？

答：采购人可以通过将采购项目整体面向小微企业采购的方式，预留采购份额专门面向小微企业采购。

问题598：《中小企业声明函》出现明显错误怎么办？

问：关于财政部国库司在2021年2月20日发布的《政府采购促进中小企业发展政策问答》中提到的第四条“关于价格评审优惠”第三条中的回答，“政府采购工程项目中对中小企业价格分加分属于政策性加分，小微企业价格分即使是满分也应当享受政策优惠，再给予加分”。如果投标人的各分项得分都能获得满分，就出现了超过100分的情况怎么办？政策问答提到，“若《中小企业声明函》出现明显错误，可要求供应商澄清修改，澄清修改后符合中小企业条件的供应商，可以享受中小企业扶持政策”。该处提到的明显错误是指哪方面？

答：政府采购工程项目中对中小企业价格分加分属于政策性加分，小微企业价格分即使是满分也应当享受政策优惠，再给予加分。如存在明显笔误、《中小企业声明函》同一内容前后不一致等情况，可以要求供应商澄清修改，请结合采购项目具体情形作出判断。

问题599：如何理解《政府采购促进中小企业发展管理办法》第四条和第九条的关系？

问：根据《政府采购促进中小企业发展管理办法》第四条规定，在货物采购项目中，供应商提供的货物既有中型企业制造，也有小微企业制造的，不享受办法规定的小微企业扶持政策。但第九条第二款又规定，接受大中型企业与小微企业组成联合体的采购项目，对于联合协议约定小微企业的合同份额占到合同总金额30%以上的会给予价格扣除。上述两条规定似乎有冲突之处，应如何理解适用？

答：《政府采购促进中小企业发展管理办法》第九条关于联合体和分包的规定中的“小微企业”应当满足《政府采购促进中小企业发展管理办法》第四条的相关规定，联合体其中一方提供的全部货物为小微企业制造，其合同份额占到合同总金额30%以上的，可按规定享受2%～3%的价格扣除。

问题600：对供应商参加专门面向中小企业的采购活动如何理解？

问：《政府采购促进中小企业发展管理办法》第八条规定，要求供应商以联合体形式参加采购活动，且联合体中中小企业承担的部分达到一定比例；要求获得采购合同的供应商将采购项目中的一定比例分包给一家或者多家中小企业。此两种情况，是供应商必须以联合体或必须分包形式参加吗？还是满足比例要求的中小企业可以独立投标，不必再组成联合体或分包（比如某供应商提供的货物均为中小企业生产或服务均为中小企业承接）？

答：供应商是否可以参加专门面向中小企业的采购活动，供应商应当按照《政府采购促进中小企业发展管理办法》有关规定和采购文件中明确的资格条件作出判断，对于通过联合体投标和合同分包形式预留份额的，如果供应商本身提供所有标的均由中小企业制造、承建或承接，应当视同符合了资格条件，无须再向中小企业分包或与其他中小企业组成联合体参加政府采购活动。

问题601：对《政府采购促进中小企业发展管理办法》第四条、第九条以及《中小企业声明函》的内容如何理解？

问：（1）《政府采购促进中小企业发展管理办法》第四条规定，货物采购只要货物是大型企业生产的，就不享受政策，这个是面向厂商的。后文提到了联合体构成，视同中小企业和视同小微企业，又是面向参与采购项目的供应商的，整个政策中，哪些是面向厂商的，哪些是面向参与采购项目的供应商的？

（2）《政府采购促进中小企业发展管理办法》第九条规定，对非专门面向中小企业的采购项目，如货物全部是小微企业提供的，有价格扣除或加分。但对于联合体或分包的部分，描述的是联合体内小微企业占比超过30%，可以有2%～3%的价格扣除。这里是只看联合体内参与采购项目的小微企业的协议占比，不是看所投产品的厂商吗？如果是这样，结合《政府采购促进中小企业发展管理办法》第四条视同小微企业的描述，就会存在两层操作：要先看所投产品是否全部为小微企业，如果是就给予6%～10%的价格扣除；否则，看是否是联合体或分包，还要看联合体协议中参与的小微企业的合同占比是否超过30%，超过的才给予2%～3%的价格扣除，是这样吗？本办法关于联合体参与项目的所有政策，正确的释义应该是什么？

（3）关于《中小企业声明函》，如果是联合体参与项目，这里是按厂商来填写，以便按《政府采购促进中小企业发展管理办法》第四条的视同政策来执行，还是按联合体或分包协议中的参与方来填写，以便按《政府采购促进中小企业发展管理办法》第九条中小微企业制造的合同份额占比30%的政策来执行？

（4）《中小企业声明函》格式中针对每个商品的部分内容几乎是固定的，可以采用表格形式来表达，便于评审专家在固定位置（列）上快速定位相关数据，提高评审效率吗？

答：（1）《政府采购促进中小企业发展管理办法》第九条中关于联合体和分包的规定中的“小微企业”应当满足该办法第四条的相关规定，“小微企业的合同份额”应当为小微企业制造的货物、承建的工程和承接的服务的合同份额。

（2）联合体其中一方提供的全部货物为小微企业制造，其合同份额占到合同总金额30%以上的，可按规定享受2%～3%的价格扣除。

（3）对于联合体参与政府采购活动，应当在《中小企业声明函》填写所提供货物制造商、工程承建方、服务承接方的小微企业的相关信息。

（4）《政府采购促进中小企业发展管理办法》中的《中小企业声明函》可以满足留言所述有关要求，应当根据《政府采购促进中小企业发展管理办法》的要求格式出具《中小企业声明函》。

问题602：面向中小企业采购的项目，联合体协议或分包协议需要公开吗？

问：（1）《政府采购促进中小企业发展管理办法》第八条规定，“要求获得采购合同的供应商将采购项目中的一定比例分包给一家或者多家中小企业”，要求采购人在采购文件中明确参加采购活动的供应商应当在投标文件或者响应文件中确定分包公司。实践中，有些项目可能比较复杂，需要向多家中小企业分包，而且投标人自身有严格的采购程序，无法短时间内确定分包公司，导致无法在投标文件中明确具体分包公司。对于投标人而言，如果招标文件没有特别要求，投标人可以采取书面承诺的方式，承诺按招标文件要求的比例等要求向合格的中小企业分包吗？

（2）《政府采购促进中小企业发展管理办法》第十四条规定，“要求以联合体形式参加采购活动或者合同分包的，应当将联合协议或者分包意向协议作为采购合同的组成部分”。对于中标、成交供应商未享受本办法规定的中小企业扶持政策的，该联合体协议或分包意向协议无须随采购合同一并公开吗？

答：（1）采用合同分包形式专门面向中小企业采购的政府采购项目中，供应商应当在出具的《中小企业声明函》中声明签订分包意向协议的中小企业具体情况，不能采用题中所述方式，仅承诺向合格的中小企业分包。

（2）《政府采购促进中小企业发展管理办法》提出的“要求以联合体形式参加采购活动或者合同分包的，应当将联合协议或者分包意向协议作为采购合同的组成部分”，是指专门预留份额面向中小企业采购的情形，在这种情况下，中标、成交供应商已经享受了相关扶持政策，联合体协议和分包意向协议应当随采购合同一并公开。对于中标、成交供应商未享受本办法规定的中小企业扶持政策的，分包协议不属于必须公开的范围，联合体协议是政府采购合同的一部分，应当予以公开。

问题603：这种情况，可以认定为小微企业吗？

问：投标人的经营范围明显与招标文件明确的所属行业不符，但其提供了《中小企业声明函》，为小微企业，可以认定为小微企业吗？如专门面向中小企业采购的物业管理服务项目，招标文件资格条件要求设定须提供《中小企业声明函》，明确了本项目所属行业为物业管理，投标人为建筑类企业（经营范围仅有建筑工程类，无物业管理），其提供了《中小企业声明函》承诺其为物业管理小型企业，评标委员会可以对此提出疑问吗？因为投标人的经营范围明显与招标文件明确的所属行业不符，可以认定其提供虚假材料谋取中标，不符合招标文件资格要求而作无效响应处理吗？

答：供应商应当按照采购文件中明确的采购标的对应行业出具《中小企业声明函》，而非按照供应商的经营范围出具《中小企业声明函》。留言所述情形中，供应商应当对照物业管理划型标准，判断自己是否属于中小企业，符合条件的，出具《中小企业声明函》。供应商出具的《中小企业声明函》不属于采购标的所属行业的，可以不认可其中小企业资格，但不能以此为由否决其参加投标的资格。

问题604：经我国关境内的企业生产或加工的产品属于进口产品吗？

问：经我国关境内（包括海关特殊监管区域内）的企业生产或加工（包括从境外进口料件）的产品可以不认定为进口产品吗？

答：《关于政府采购进口产品管理有关问题的通知》（财办库〔2008〕248号）明确规定，凡在海关特殊监管区域内企业生产或加工（包括从境外进口料件）销往境内其他地区的产品，不作为政府采购项下进口产品。

问题605：参照某品牌型号参数设置技术标准属于对供应商实行歧视待遇吗？

问：某货物采购项目，采购人参照某品牌型号参数设置技术标准，属于以不合理的条件对供应商实行差别待遇或者歧视待遇吗？

答：根据《政府采购法实施条例》第二十条相关规定，采购需求中的技术、服务等要求如指向特定供应商、特定产品，属于以不合理的条件对供应商实行差别待遇或者歧视待遇，供应商可依法向采购人或采购代理机构进行质疑。

问题606：采购人设定的技术参数可以高于国家标准或行业标准吗？

问：政府采购项目采购需求的产品技术参数的设定是否必须满足国家标准或行业标准，可以高于国家标准或行业标准吗？

答：采购人应根据法律制度规定和采购项目实际情况，自行提出技术要求和技术标准。采购人提出的技术要求和技术标准必须符合国家强制性标准，可以高于国家标准或行业标准，必要时可以要求供应商提供检测机构出具的检测报告。

问题607："一签三年"的政府购买服务项目，预算金额是以第一年的为标准，还是以三年合计的为标准？

问：对于一次招标，续签三年合同的情况，在招标文件编制、招标公告以及评审过程中的预算金额是以第一年预算安排的资金额为标准还是以三年合计的预算额为预算金额标准？

答：《政府购买服务管理办法》第二十四条规定，政府购买服务合同履行期限一般不超过1年；在预算保障的前提下，对于购买内容相对固定、连续性强、经费来源稳定、价格变化幅度小的政府购买服务项目，可以签订履行期限不超过三年的政府购买服务合同。根据以上规定，采购人如果决定与供应商签订履行期限为三年的政府购买服务合同，在采购时应按照三年的合计预算确定采购方式、采购文件应公布三年的合计采购预算。确定中标供应商后，应与供应商签订履行期限为三年的采购合同。

问题608：供应商严重违法失信行为的处罚期已过，可以参加政府采购活动吗？

问：某供应商被行政处罚，“列入不良行为记录名单，禁止一年内参加政府采购活动”，若行政处罚期限已过，企业还会在政府采购严重违法失信行为记录名单中吗？会影响其参加政府采购活动吗？

答：根据《政府采购法实施条例》第十九条第二款规定，供应商被禁止在一定期限内参加政府采购活动，期限届满的，不受《政府采购法》第二十二条第一款第五项所称重大违法记录限制，可以参加政府采购活动。政府采购严重违法失信行为记录名单实时更新。

问题609：政府采购计划可以结转至下一个预算年度实施吗？

问：本年度财政部门备案的政府采购计划，可以结转到下一个预算年度实施吗？若可以，在下一个预算年度，可以按原采购计划实施吗？

答：中央预算单位已填报本年度采购计划但未履行采购程序的政府采购项目，可结转到下一个预算年度年使用，可以在采购计划管理系统中填报一条新的计划，并履行后续采购程序；若为地方预算单位，则需符合地方相关规定。

问题610：货物采购项目中，只要制造商是小微企业，就可以享受价格扣除吗？

问：《政府采购促进中小企业发展管理办法》（财库〔2020〕46号）第九条规定，对于经主管预算单位统筹后未预留份额专门面向中小企业采购的采购项目，以及预留份额项目中的非预留部分采购包，采购人、采购代理机构应当对符合本办法规定的小微企业报价给予6%～10%（工程项目为3%～5%）的扣除，用扣除后的价格参加评审。

（1）对于货物采购项目，是否只需要制造商是小微企业就可以享受以上扣除，而不需要投标人（非制造商）是小微企业？

（2）对于货物采购项目，预留采购份额专门面向中小企业采购项目，是否也只需要制造商是小微企业就可以，而不需要投标人（非制造商）是小微企业？

答：（1）非专门面向中小企业采购的货物类采购项目，产品的制造商为小微企业即可享受小微企业“评审价格扣除”优惠政策。

（2）专门面向中小企业采购的货物类采购项目或者采购包，产品的制造商应为中小企业，对投标人的企业类型不作要求。

问题611：若中标单位为中小企业，还需要分包吗？

问：《政府采购促进中小企业发展管理办法》第八条第三项规定，“要求获得采购合同的供应商将采购项目中的一定比例分包给一家或者多家中小企业”。采购项目通过要求中标单位将采购项目中的一定比例分包给一家或者多家中小企业来达到预留份额，若中标单位为中型企业或小型企业，此情形下，中标单位依然必须进行分包吗？

答：若采购项目的货物制造商、服务承接商、工程承建商为中小企业，则无须再进行分包。

问题612：中标单位投标文件中货物需求一览表参数与技术偏离表参数不一致，如何处理？

问：货物招标过程中，中标公告结束后，采购人与中标单位签订合同时发现中标单位投标文件中货物需求一览表参数描述与技术偏离表参数描述不一致，这种情况如何处理？

答：采购人发现评标委员会未按照评审文件规定的评审程序、方法和标准评审的，应当向财政部门报告，由财政部门依法处理。

问题613：在专门面向中小企业采购的政府采购项目中，需要预留小微企业比例吗？

问：依据《政府采购促进中小企业发展管理办法》（财库〔2020〕46号）第八条规定，某政府采购项目（需公开招标）已设置为面向中小企业采购，还需要预留小微企业比例吗？

答：采购人应在专门面向中小企业提供的所有项目中，统筹预留该部分预算总额的60%以上专门面向小微企业采购。采购人可通过设定专门面向中小企业的采购项目（或采购包）、供应商分包、联合体投标等方式统筹落实上述政策要求即可。

问题614：在采购文件中，可以将授权作为评审因素吗?

问：根据《政府采购货物和服务招标投标管理办法》（财政部令第87号）第十七条规定，采购人、采购代理机构不得将投标人的注册资本、资产总额、营业收入、从业人员、利润、纳税额等规模条件作为资格要求或者评审因素，也不得通过将除进口货物以外的生产厂家授权、承诺、证明、背书等作为资格要求，对投标人实行差别待遇或者歧视待遇。在某政府采购项目中，采购人为了确保设备的合法来源，将授权作为评审条件而不是资格条件，可行吗?

答：为避免对供应商实行差别待遇或歧视待遇，在采购文件中不得将生产厂家授权、承诺、证明、背书等作为资格条件，也不鼓励将其作为评审因素。采购人及其委托的代理机构不应当在采购文件中强制要求提供原厂服务，可在采购文件中对设备来源等提出明确要求，并由供应商作出承诺。

问题615：大型企业将项目一定比例分包给中小企业，《中小企业声明函》应由谁来出具呢?

问：若供应商为大型企业，需将采购项目中的一定比例分包给中小企业，《中小企业声明函》落款盖章单位应为大型企业吗?

答：根据《政府采购促进中小企业发展管理办法》（财库〔2020〕46号）第十一条规定，《中小企业声明函》由参加政府采购活动的供应商出具。以联合体形式参加政府采购活动或者合同分包的，在《中小企业声明函》中需填写联合体中的中小企业及签订分包意向协议的中小企业相关信息。

问题616：在专门面向中小企业采购的项目中，大型企业可以参与投标吗?

问：专门面向中小企业采购的项目（货物类），可以允许大型企业参与投标，但提供货物的制造厂商属于中小微型企业吗?

答：按照《政府采购促进中小企业发展管理办法》（财库〔2020〕46号）第四条规定，在货物采购项目中，货物由中小企业制造（货物由中小企业生产并且使用该中小企业商号或者注册商标）的，可享受中小企业扶持政策。如果一个采购项目或采购包含多个采购标的的，则每个采购标的均应由中小企业制造。

问题617：小微企业价格分为满分还享受优惠政策吗？

问：《政府采购促进中小企业发展管理办法》（财库〔2020〕46号）第九条规定，“适用招标投标法的政府采购工程建设项目，采用综合评估法但未采用低价优先法计算价格分的，评标时应当在采用原报价进行评分的基础上增加其价格得分的3%~5%作为其价格分”。如果在原报价得分的基础上，按规定比例增加价格得分后超过了满分的话，企业还可以享受政策优惠吗？

答：在政府采购工程项目中对中小企业价格加分属于政策性加分，小微企业价格分即使为满分也应当享受政策优惠。

问题618：政府采购内控制度应由谁来建立？

问：在建立健全政府采购内控制度时，是否由主管预算单位统一建立本系统（含所属预算单位）政府采购内控制度？

答：各单位可以根据自身实际情况，依法建立健全政府采购内控制度，原则上由各单位分别建立。主管预算单位应加强对所属预算单位的政策指导，也可统一建立本部门政府采购内控制度。

问题619：残疾人福利企业可以享受小微企业的政策优惠吗？

问：残疾人福利企业能在政府采购项目中享受小微企业的政策优惠吗？

答：按照《关于促进残疾人就业政府采购政策的通知》（财库〔2017〕141号）规定，残疾人福利企业视同小微企业。在同一个采购项目中，原则上对小微企业及残疾人福利企业的优惠应保持一致。

问题620：LED显示屏政府采购应该执行强制采购政策吗？

问：LED显示屏政府采购应该执行强制采购政策吗？

答：根据《节能产品政府采购目录清单》（财库〔2019〕19 号）相关规定，“LED 大屏”与节能产品清单中“液晶显示器”执行同一国家制造标准，且使用场景、功能类似，因此，采购人、采购代理机构应参照“液晶显示器”品目，实行政府采购节能产品强制采购政策。

问题 621：物业面积可以作为物业采购项目的评审因素吗？

问：公开招标物业项目，在设置业绩时，可以以物业企业所服务的物业面积来设定评审因素吗？

答：评审因素的设定应当与投标人所提供货物服务的质量相关，还包括投标报价、技术或者服务水平、履约能力、售后服务等。不鼓励使用物业企业所服务的物业面积作为物业项目评审因素。

问题 622：集中采购目录以外、限额标准以下的项目如何实施？

问：各级国家机关、事业单位和团体组织利用财政性资金，采购集中采购目录以外、限额标准以下的项目如何实施？

答：对集中采购目录外且单项批量未达到分散采购限额标准的项目，不属于政府采购项目，各采购单位应按内部管理办法以及内控制度要求实施。

问题 623：政府购买服务项目“一签三年”，需要在采购文件中说明吗？

问：在年度预算能保障的前提下，采购人可以签订不超过三年履行期限的政府采购服务项目。政府购买服务项目“一签三年”，需要在采购文件中说明吗？

答：根据《政府购买服务管理办法》（财政部令第 102 号）第二十四条规定，政府采购服务项目可在年度预算有保障的前提下，可以一次签订服务期限为三年的合同，也可以通过一年一续签方式与采购人签订合同，期限总长不得超过三年。采购人应当在采购文件中就此事项作出说明，事先告知潜在供应商。

附录　相关法律法规部门规章规范性文件

中华人民共和国民法典

第十三届全国人大三次会议表决通过　2020 年 5 月 28 日

中华人民共和国政府采购法

第九届全国人民代表大会常务委员会第二十八次会议通过　2002 年 6 月 29 日

第十二届全国人民代表大会常务委员会第十次会议修改　2014 年 8 月 31 日

中华人民共和国招标投标法

第九届全国人民代表大会常务委员会第十一次会议通过　1999 年 8 月 30 日

第十二届全国人民代表大会常务委员会第三十一次会议修改　2017 年 12 月 27 日

中华人民共和国行政处罚法

第八届全国人民代表大会第四次会议通过　1996 年 3 月 17 日

第十一届全国人民代表大会常务委员会第十次会议《关于修改部分法律的决定》第一次修正　2009 年 8 月 27 日

第十二届全国人民代表大会常务委员会第二十九次会议《关于修改〈中华人民共和国法官法〉等八部法律的决定》第二次修正　2017 年 9 月 1 日

第十三届全国人民代表大会常务委员会第二十五次会议修订　2021 年 1 月 22 日

中华人民共和国公司法

第八届全国人民代表大会常务委员会第五次会议通过　1993 年 12 月 29 日

第九届全国人民代表大会常务委员会第十三次会议《关于修改〈中华人民共和国公司法〉的决定》第一次修正　1999 年 12 月 25 日

第十届全国人民代表大会常务委员会第十一次会议《关于修改〈中华人民共和国公司法〉的决定》第二次修正　2004 年 8 月 28 日

第十届全国人民代表大会常务委员会第十八次会议修订　2005 年 10 月 27 日

第十二届全国人民代表大会常务委员会第六次会议《关于修改〈中华人民共和国海洋

环境保护法〉等七部法律的决定》第三次修正　2013年12月28日

第十三届全国人民代表大会常务委员会第六次会议《关于修改〈中华人民共和国公司法〉的决定》第四次修正　2018年10月26日

中华人民共和国注册会计师法

第八届全国人民代表大会常务委员会第四次会议通过　1993年10月31日

第十二届全国人民代表大会常务委员会第十次会议《关于修改〈中华人民共和国保险法〉等五部法律的决定》修正　2014年8月31日

中华人民共和国标准化法

第七届全国人民代表大会常务委员会第五次会议通过　1988年12月29日

第十二届全国人民代表大会常务委员会第三十次会议修订　2017年11月4日

中华人民共和国消费者权益保护法

第八届全国人大常委会第四次会议通过　1993年10月31日

第十一届全国人民代表大会常务委员会第十次会议《关于修改部分法律的规定》第一次修正　2009年8月27日

第十二届全国人民代表大会常务委员会第五次会议通过《全国人民代表大会常务委员会关于修改〈中华人民共和国消费者权益保护法〉的决定》第二次修正　2013年10月25日

中华人民共和国海关法

第六届全国人民代表大会常务委员会第十九次会议通过　1987年1月22日

第九届全国人民代表大会常务委员会第十六次会议《关于修改〈中华人民共和国海关法〉的决定》第一次修正　2000年7月8日

第十二届全国人民代表大会常务委员会第三次会议《关于修改〈中华人民共和国文物保护法〉等十二部法律的决定》第二次修正　2013年6月29日

第十二届全国人民代表大会常务委员会第六次会议《关于修改〈中华人民共和国海洋环境保护法〉等七部法律的决定》第三次修正　2013年12月28日

第十二届全国人民代表大会常务委员会第二十四次会议《关于修改〈中华人民共和国对外贸易法〉等十二部法律的决定》第四次修正　2016年11月7日

第十二届全国人民代表大会常务委员会第三十次会议《关于修改〈中华人民共和国会计法〉等十一部法律的决定》第五次修正　2017年11月4日

中华人民共和国中小企业促进法

第九届全国人民代表大会常务委员会第二十八次会议通过　2002年6月29日

第十二届全国人民代表大会常务委员会第二十九次会议修订　2017年9月1日

中华人民共和国政府采购法实施条例

国务院第75次常务会议通过　2014年12月31日

中华人民共和国招标投标法实施条例

国务院令第183次常务会议通过　2011年11月30日

国务院令第676号《国务院关于修改和废止部分行政法规的决定》第一次修订　2017年3月21日

国务院令第698号《国务院关于修改和废止部分行政法规的决定》第二次修订　2018年3月19日

国务院令第709号《国务院关于修改部分行政法规的决定》第三次修订　2019年3月2日

建设工程质量管理条例

国务院第25次常务会议通过　2000年1月10日

国务院令第687号《国务院关于修改部分行政法规的决定》修订　2017年10月7日

国务院令第714号《国务院关于修改部分行政法规的决定》修订　2019年4月23日

建设工程安全生产管理条例

国务院第28次常务会议通过　2003年11月12日

政府采购非招标采购方式管理办法

财政部令第74号　2013年12月19日

政府采购货物和服务招标投标管理办法

财政部第87号令　2017年7月11日

政府采购质疑和投诉办法

财政部第94号令　2017年12月26日

政府购买服务管理办法

财政部令第102号　2020年1月3日

必须招标的工程项目规定

国家发改委令第16号　2018年3月27日

国务院办公厅关于建立政府强制采购节能产品制度的通知

国办发〔2007〕51号　2007年7月30日

国务院办公厅关于印发整合建立统一的公共资源交易平台工作方案的通知

国办发〔2015〕63号　2015年8月10日

政府采购进口产品管理办法

财库〔2007〕119号　2007年12月27日

关于政府采购进口产品管理有关问题的通知

财库〔2008〕248 号　2008 年 7 月 9 日

关于明确政府采购保证金和行政处罚罚款上缴事项的通知

财库〔2011〕15 号　2011 年 1 月 20 日

财政部关于进一步规范政府采购评审工作有关问题的通知

财库〔2012〕69 号　2012 年 6 月 11 日

政府采购品目分类目录

财库〔2013〕189 号　2013 年 10 月 29 日

财政部关于推进和完善服务项目政府采购有关问题的通知

财库〔2014〕37 号　2014 年 4 月 14 日

政府和社会资本合作项目政府采购管理办法

财库〔2014〕215 号　2014 年 12 月 31 日

政府采购竞争性磋商采购方式管理暂行办法

财库〔2014〕214 号　2014 年 12 月 31 日

中央预算单位变更政府采购方式审批管理办法

财库〔2015〕36 号　2015 年 1 月 15 日

财政部关于政府采购竞争性磋商采购方式管理暂行办法有关问题的补充通知

财库〔2015〕124 号　2015 年 6 月 30 日

财政部关于贯彻落实整合建立统一的公共资源交易平台工作方案有关问题的通知

财库〔2015〕163 号　2015 年 9 月 15 日

财政部关于在政府采购活动中查询及使用信用记录有关问题的通知

财库〔2016〕125 号　2016 年 8 月 1 日

政府采购评审专家管理办法

财库〔2016〕198 号　2016 年 11 月 18 日

财政部关于进一步加强政府采购需求和履约验收管理的指导意见

财库〔2016〕205 号　2016 年 11 月 25 日

关于促进残疾人就业政府采购政策的通知

财库〔2017〕141 号　2017 年 8 月 22 日

政府采购代理机构管理暂行办法

财库〔2018〕2 号　2018 年 1 月 4 日

关于促进政府采购公平竞争优化营商环境的通知

财库〔2019〕38号　2019年7月26日

工业和信息化部、财政部关于公布国务院部门涉企保证金目录清单的通知

工信部联运行〔2017〕236号　2017年9月21日

财政部　发展改革委　生态环境部　市场监管总局关于调整优化节能产品、环境标志产品政府采购执行机制的通知

财库〔2019〕9号　2019年2月1日

关于印发环境标志产品政府采购品目清单的通知

财库〔2019〕18号　2019年3月29日

政府采购促进中小企业发展管理办法

财库〔2020〕46号　2020年12月18日

机电产品国际招标投标实施办法（试行）

商务部令2014年第1号　2014年2月21日

关于疫情防控采购便利化的通知

财办库〔2020〕23号　2020年1月26日

关于疫情防控期间开展政府采购活动有关事项的通知

财办库〔2020〕29号　2020年2月6日

关于开展政府采购意向公开工作的通知

财库〔2020〕10号　2020年3月2日

公平竞争审查制度实施细则（暂行）

发改价监〔2017〕1849号　2017年10月23日

国务院办公厅转发国家发展改革委关于深化公共资源交易平台整合共享指导意见的通知

国办函〔2019〕41号　2019年5月19日

关于多家代理商代理一家制造商产品参加投标如何计算供应商家数的复函

财办库〔2003〕38号　2003年4月14日

关于未达到公开招标数额标准政府采购项目采购方式适用等问题的函

财办库〔2015〕111号　2015年5月28日

关于〈中华人民共和国政府采购法实施条例〉第十八条第二款法律适用的函

财办库〔2015〕295号　2015年9月7日

财政部关于印发《政府采购品目分类目录》的通知

财库〔2022〕31 号　2022 年 9 月 2 日

财政部办公厅　农业农村部办公厅　国家乡村振兴局综合司　中华全国供销合作总社办公厅关于进一步做好政府采购脱贫地区农副产品有关工作的通知

财办库〔2022〕273 号　2022 年 11 月 17 日

财政部关于做好政府采购框架协议采购工作有关问题的通知

财库〔2022〕17 号　2022 年 5 月 16 日

财政部关于进一步加大政府采购支持中小企业力度的通知

财库〔2022〕19 号　2022 年 5 月 30 日

财政部办公厅关于在中央预算单位开展政府采购评审专家和采购代理机构履职评价试点工作的通知

财办库〔2022〕192 号　2022 年 8 月 10 日

财政部关于扩大政府采购支持绿色建材促进建筑品质提升政策实施范围的通知

财库〔2022〕35 号　2022 年 10 月 12 日

关于印发《预算指标核算管理办法（试行）》的通知

财办〔2022〕36 号　2022 年 9 月 21 日

关于印发《财政总会计制度》的通知

财库〔2022〕41 号　2022 年 12 月 21 日